纳税实务

（含实训教程）（第 2 版）

主　编　黄　敏

副主编　赵文红　林　琳　张春瑜

北京理工大学出版社
BEIJING INSTITUTE OF TECHNOLOGY PRESS

图书在版编目（CIP）数据

纳税实务：含实训教程/黄敏主编．—2版．—北京：北京理工大学出版社，2018.8（2020.1重印）

ISBN 978-7-5682-6156-2

Ⅰ．①纳… Ⅱ．①黄… Ⅲ．①纳税-中国-高等学校-教材 Ⅳ．①F812.42

中国版本图书馆CIP数据核字（2018）第191689号

出版发行／北京理工大学出版社有限责任公司
社 址／北京市海淀区中关村南大街5号
邮 编／100081
电 话／（010）68914775（总编室）
（010）82562903（教材售后服务热线）
（010）68948351（其他图书服务热线）
网 址／http：//www.bitpress.com.cn
经 销／全国各地新华书店
印 刷／唐山富达印务有限公司
开 本／787毫米×1092毫米 1/16
印 张／21.5
字 数／505千字
版 次／2018年8月第2版 2020年1月第4次印刷
总 定 价／49.90元

责任编辑／陈 玉
文案编辑／陈 玉
责任校对／周瑞红
责任印制／李 洋

前 言

本书根据高等院校培养高技能型人才的任务目标，将岗位工作与课堂教学紧密结合，以职业活动为导向，围绕涉税业务岗位职责所需专业知识和职业能力进行编写。

本书分别就基本政策法规、应纳税额的计算和纳税申报三个方面，对现行主要的 17 个税种进行了全面的讲述。本书具有以下特点：

第一，学习角色明确。本书从纳税人的角度出发，以如何办理涉税事宜为目的编写税制内容。

第二，编写内容实用，结构新颖。本书紧跟税收改革的步伐，编写依据的是最新的税收法规，融理论讲解与技能训练于一体，以情景业务需要带出税收政策，并依此贯穿整个技能环节。学生既完成了课堂实践，又掌握了税制基本内容。同时，书中穿插有提示、处理、知识拓展、思考等小窗口，可以帮助学生更好地理解政策、掌握技能。

第三，本书在编写过程中还参考了会计初级资格考试的范围和要求，对其有所要求的内容，力求全面覆盖。另外，将“税收征收管理法”按照考试要求整理为“税收征收管理法概述”，作为补充资料附于书后，便于考生学习。

同时，为了配合基础知识的巩固和技能的强化，教材配有《纳税实务实训教程》，便于复习和学习效果检查。

本书共分十个项目，由黄敏担任主编，由赵文红、林琳、张春瑜担任副主编。具体编写分工如下：项目一、六、八、九由黄敏编写，项目二由赵文红编写，项目三、项目七中任务四、任务五、项目十中任务一由林琳编写，项目四、五、项目七中任务一、任务二、任务三、项目十中任务二及附录由张春瑜编写。

本书可作为高职高专院校会计、财政、税收、审计、财务管理等财经类专业教学使用，也可作为成人高校、民办高校财经类专业的教材和社会从业人员的学习参考书。

本书在编写的过程中参考了不少专著和教材，得到了有关专家学者的大力支持，在此深表感谢。

由于编者理论知识和实践能力有限，书中难免有错误和不足之处，敬请专家学者和各位读者批评指正。

编 者

目 录

项目一

认识税收

实际岗位

涉及税收业务的各种岗位。

学习任务

了解税收概念。

学习目的

通过“项目一”的学习和实训，达到：

1. 了解税收的概念、特点及税收理论基本常识
2. 掌握税法构成要素，理解各要素的含义

任务一　了解税收的基本概念

基本内容学习

所谓税收，是指国家为了满足社会公共需要，凭借其政治权力，按照法律预先规定的标准，强制、无偿地参与社会产品的分配，取得财政收入的一种形式。

基本内容应用

依据税收定义，分析理解税收这种收入形式的主体、分配的对象、目的、特征、实现的依据。

处理：

税收分配的主体是国家；国家征税的目的是满足社会公共需要；税收具有无偿性、强制

性和固定性的特征；税收分配的对象是社会产品或其价值；税收实现的依据是政治权力。

A 与经过培训的 B，就税收基本理论进行探讨：

情境一　明确征税主体

A 问：如何理解“征税以国家为主体”？

解答处理

B 回答说，“以国家为主体”是指在税收分配中，国家居主导地位。对经营活动及收益征何种税、征多少税、如何征税、通过征税应达到什么目的等，都是由国家确定的，体现着国家的意志，纳税人只能服从。

情境二　了解税收目的

B 说：“通过学习我才明白，税收的目的原来是满足国家的公共需要。”A 问：“你能说得明确些吗?”

解答处理

B 回答说，公共需要是指满足社会公共利益的需要，如维护社会公共秩序、补救市场失灵、防洪抗旱、环境保护、国家安全等。公共需要具有整体性，无差异性，不同于私人需要。提供公共需要，必须以巨额的资金支出为基础，而且无直接利益获取，所以只能由国家而不是市场来满足人们的需要。

思考

能举例说明什么是私人需要吗?

情境三　理解税收的“三性”

B 问：“你知道什么是税收的‘三性’”吗? A 回答：“不就是无偿性、强制性和固定性嘛。”B 又问：“为什么不能是有偿性、自愿性、变动性呢?”A 说：“请你解释一下吧。”

解答处理

B 回答说：

（1）无偿性。

税收的无偿性是指国家征税后，纳税人缴纳的实物或货币转为国家所有，国家不需要直接给纳税人任何代价、承诺或报酬，也不再将税款直接返还给纳税人；纳税人也不能在法律规定的权利之外提出任何利益要求和回报。

因为税收目的的特点，决定了税收的无偿性。无偿性是税收“三性”的核心，居中心地位。

（2）强制性。

税收的强制性是指国家的征税活动是以国家的法律为依据实施的，任何单位和个人都必须依法履行纳税义务。对拒不纳税或逃避纳税者，国家依法强制征收或进行法律制裁。

因为税收是无偿的，会减少纳税人的经济利益，所以纳税人有可能不及时足额缴纳税款以维护其利益，其实在实际中也时有发生。如果对不正确履行纳税义务的行为无有力措施应对，就不能保证纳税人之间的公平性和国家的税收收入。所以，无论纳税人的纳税自觉性如何，国家征税必须是强制的。而强制的表现就是税收是以法的形式规定征收的，若不及时足额纳税，将受到法律制裁。

思考

税收强制性是否只适用于纳税人？对征收机关和征管人员是否也适用？

（3）固定性。

税收的固定性是指国家在征税前就以法律的形式规定了每个税种的征收范围、征收标准、征收期限，这个范围是相对固定的。税法一旦公布实施，在一定时期内、在一定条件下不得变动，征纳双方都必须严格遵守。

税收只有相对固定，才能使税收有可预测性，对纳税人的经营活动在宏观政策上起到引导作用，也才能使国家税收收入有一定的稳定性。

理论常识

税收“三性”的关系

税收的“三性”是税收本质的外在表现，是相互联系的统一体，只有同时具备了“三性”的以国家为主体的分配形式，才称其为“税收”。这是税收分配形式区别于其他任何分配形式的标志，它不受社会制度的影响。

情境四　理解税收分配的对象

A说：“社会再生产的过程有生产、分配、交换、消费，税收属于哪一种？”B回答：“分配。”A问：“为什么是分配？”

解答处理

B回答说：

生产，是人们通过劳动创造产品的过程；分配，指已生产出来的产品，通过一定形式被社会成员所占有的过程；交换，指人们相互交换劳动产品的过程；消费，指人们为维持自身的生存和发展的需要而对各种生活资料的使用和消耗过程。税收以国家为主体，将社会产品（或其价值）的一部分，通过征税的方式从企业、个人手中集中起来，也是一种参与分配的方法。

思考

税收分配社会产品中的哪一部分呢？

情境五　理解国家征税凭借的是政治权力

A说：“权力和权利可不一样，既有政治权力又有财产权利。国家征税凭借的是哪一个？”B回答：“政治权力。”A问：“为什么不是财产权利？”

解答处理

B回答说：

作为国家，对其所统治的区域内的所有社会成员均可行使政治权力，但不一定可以行使财产权利，因为国家不是对每个社会成员的财产都拥有财产权利。以政权为依据来获取税收收入，对纳税人而言，是一视同仁的；对国家而言，不涉及经济利益的交换，也是最强有力的依据。

任务二　理解税法基本要素

基本内容学习

税法要素是指构成税收法律制度的共同因素。

每一种税都有其相应的税收法律制度，尽管各个时期的各个税种有着不同的内容和特点，但构成税制的基本要素是相同的，即任何一部税法都是按照统一的因素来规定本税种对什么征、向谁征、征多少、如何征，也就是税法要素一般包括纳税人、征税对象、税率、纳税环节、纳税期限、减免税、违章处理（法律责任）等。

其中，纳税人、征税对象、税率是税法的基本要素；征税对象是最基本的要素；税率是最重要的要素，或称核心要素。

基本内容应用

A公司，生产销售服装。

要求： 就增值税而言，指出相应的税法要素。

处理：

在了解了增值税税制内容后，即可知道：纳税人是A公司；征税对象是销售服装所取得的增值额；税率是比例税率；纳税环节为取得销售收入环节；纳税期限据纳税人具体情况而定，一般为一个月；若A公司或其经营行为有符合国家减免税政策的情形，可申请享受税收优惠；若纳税人未及时足额缴纳税款，则视其情节承担相应的法律责任。

在掌握了税法基本要素的基础上，进一步学习税法要素的具体政策：

情境一　确定纳税人

A公司，以生产高档化妆品、护肤品为主，还兼营一美容院，收入分别核算。A公司的主要客户有B公司、C商店、D个体户。A公司每月发工资时还要履行对工资收入超过应税标准的E员工、F员工扣缴个人所得税的义务。

要求： 就消费税和个人所得税而言，确定高档化妆品的生产销售业务、扣缴个人所得税的纳税人。

政策提示

纳税人是“纳税义务人”的简称，亦即纳税主体，是税法规定的直接负有纳税义务的单位和个人（法人或自然人）。

扣缴义务人是指法律、行政法规规定负有代扣代缴、代收代缴税款义务的单位和个人。履行扣缴税款义务是税法规定的，目的是实行源泉控制，保证国家财政收入。一般在收入零星、纳税分散、隐蔽的情况下，采取扣缴的办法。

负税人是指在经济上实际负担税款的单位和个人。

解答处理

高档化妆品的生产销售应缴纳消费税。按照消费税相关规定，生产销售高档化妆品的单位或个人为纳税人。所以，纳税人为A公司。在履行扣缴工资个人所得税时，A公司是扣缴义务人，E员工、F员工是负税人。

思考

知道扣缴义务人、负税人、代征人、代扣代缴、代收代缴是怎么回事吗？

情境二　征税对象、征税范围、税目、计税依据的关系

如“情境一”中的A公司，生产的产品有高档香水、高档口红、指甲油、眉笔、洗面奶、爽肤水、面膜等。

要求： 针对具体业务，以消费税为例，说明征税对象、征税范围、税目、计税依据。

政策提示

征税对象是一个税种征税的标的物，是征税的客体。消费税的征税对象是应税消费品。

税目是征税对象的具体项目，是征税对象的具体化。税目体现了征税的广度，反映了各税种具体的征税范围。消费税将应税消费品分为十五个税目，其中就有“高档化妆品”。

征税范围是指税法规定的征税对象的具体内容，凡列入征税范围的都要征税。消费税规定：高档化妆品征收范围包括高档美容、修饰类化妆品，高档护肤类化妆品和成套化妆品。

计税依据是指计算应纳税额所依据的标准，分为价值形态和实物形态。化妆品计征消费税的计税依据是价值形态，即以不含增值税的销售额为计税依据。

业务处理

根据政策规定，A公司生产的具体产品中，高档香水、高档口红属消费税征收范围，归属于“高档化妆品”这个税目，在计算消费税时，以不含增值税的销售额为计税依据；洗面奶、爽肤水、面膜等产品是护肤品，不属于消费税征税范围，不征消费税。

归纳

征税对象、征税范围、税目、计税依据的关系

- 征税对象
  - 质（具体项目、范围、具体内容）
    - 税目（广度）
    - 征税范围
  - 量（数量）：计税依据
    - 价值形态
    - 实物形态

情境三 认识税率形式及用法

如“情境一”中的A公司，从事产品生产和经营美容院，生产经营场所设在市区。根据相关税法可知，A公司应纳消费税、城镇土地使用税，还要代扣个人所得税。经查阅，看到如此税率，分别见表1-1、表1-2、表1-3。

表1-1 消费税税目税率表（节选）

税目	计税单位	税率
……		
三、化妆品		30%
……		

表1-2 城镇土地使用税税率表

地区	每平方米年税额/元
大城市	1.5~30
中等城市	1.2~24
小城市	0.9~18
县城、建制镇、工矿区	0.6~12

表 1-3　个人所得税税率表（工资薪金适用）

级数	全月应纳税所得额	税率/%	速算扣除数
1	不超过 1 500 元的	3	0
2	超过 1 500 ~ 4 500 元的部分	10	105
3	超过 4 500 ~ 9 000 元的部分	20	555
4	超过 9 000 ~ 35 000 元的部分	25	1 005
5	超过 35 000 ~ 55 000 元的部分	30	2 755
6	超过 55 000 ~ 80 000 元的部分	35	5 505
7	超过 80 000 元的部分	45	13 505

要求： 指出税率形式及使用方法。

政策提示

税率是对征税对象的征收比例或征收额度。它是计算应纳税额的尺度，体现征税的深度，是税收制度的中心环节、核心要素。

税率的形式有三种：

（1）比例税率。

比例税率是不随着征税对象数量的变化而变化的一个百分比形式的税率。设置比例税率的税种的计税公式为

税额 = 计税依据 × 税率

（2）定额税率。

定额税率是不随着征税对象数量的变化而变化的一个对征税对象的实物量单位规定税额的税率。设置定额税率的税种的计税公式为

税额 = 计税依据 × 税率

（3）累进税率。

累进税率是随着征税对象数量的逐级增大而逐级提高的一组百分比形式的税率。在我国现行税制中只存在超额累进税率和超率累进税率。设置累进税率的税种的计税公式为

税额 = 计税依据全额 × 适用税率 - 速算扣除数

业务处理

根据政策规定，高档化妆品适用的消费税税率形式为比例税率，计算税款时，用不含增值税的销售额乘以适用税率；城镇土地使用税适用的税率形式为定额税率，计算税款时，用实际占地面积乘以适用税率；个人所得税的工资薪金所得适用的税率形式为七级超额累进税率，计算税款时，以计税依据乘以适用税率，再减去速算扣除数。

思考

什么是速算扣除数？超率累进税率在计算税款时如何使用？

情境四　确定纳税环节、纳税期限、纳税地点

如“情境一”所述 A 公司，就其业务应缴纳消费税（其他税种略）。

要求： A 公司应在哪个环节缴纳消费税？多长时间缴纳一次？在什么地点缴纳？

政策提示

问题涉及纳税环节、纳税期限、纳税地点的确定。

纳税环节是指在商品流转过程中某种税应该缴纳税款的环节。流转税类一般在产品销售环节或劳务提供环节征收。

纳税期限指纳税人发生纳税义务后，依法纳税的时间界限。各种税收都需要明确规定缴纳税款的期限。这是税收固定性决定的，也是国家及时取得税收收入的保证。纳税期限分为计算期、入库期。计算期分为：按期（年、季、月、天）、按次。

纳税地点是纳税人依法向征税机关申报纳税的具体地点。一般规定为：纳税人机构所在地、经营活动发生地、财产所在地、保管地等。

这三项要素由主管税务机关根据纳税人和应缴纳的税种的实际情况确定。

业务处理

根据政策规定，对一般情况下纳税人缴纳消费税的，主管税务机关会核定：纳税环节为 A 公司销售高档化妆品的环节；纳税期限为 1 个月，每月税款于次月 15 日前申报缴纳；纳税地点为 A 公司机构所在地的国家税务局系统的主管税务机关。

情境五　了解减税、免税

中国公民 A 在某单位任职，本月取得以下几项收入：工资收入、稿酬收入、保险赔款收入、教育储蓄存款利息收入。

要求： A 是否应该就其所有所得项目收入缴纳个人所得税？

政策提示

问题涉及个人所得税的应税项目和减税、免税优惠。

减税、免税，也称税收优惠，是对某些纳税人或征税对象的鼓励或照顾措施。减税是从应征税款中减征部分税款；免税是免征全部税款。减税、免税有税基式减免、税率式减免和税额式减免三种形式；分为法定减免、临时减免和特定减免三类。减税、免税政策是税收灵活性的体现。

业务处理

根据个人所得税的减税、免税政策规定，个人取得的教育储蓄存款利息收入和保险赔款收入为免税项目，所以，A只需就工资收入、稿酬收入申报个人所得税。

知识拓展

减税、免税的形式和分类

(1) 减税、免税的基本形式。

减税、免税的基本形式有三种：税基式减免、税率式减免、税额式减免。税基式减免是通过缩小计税依据的方式实现的减税、免税，具体包括起征点、免征额、项目扣除、跨期结转等。税率式减免是通过降低税率的方式实现的减税、免税，具体包括重新确定税率、选用其他税率、零税率等。税额式减免是通过减少应纳税额的方式实现的减税、免税，具体包括全部免征、减半征收、抵免税额、核定减免率等。

(2) 减税、免税的分类。

减税、免税一般分为三类：法定减免、临时减免、特定减免。凡是由各种税的基本法规定的减税、免税均为法定减免，具有长期适用性。特定减免是根据经济发展变化状况而规定的减税、免税，是基本法的一种补充，大多数特定减免是有期限的，到期后应按规定恢复征税。除法定减免和特定减免外的其他临时性减税、免税，称为临时减免，主要是为照顾某些特殊的、暂时的困难，通常是定期的或一次性的优惠政策。

情境六 了解违章处理

某税务局接举报，A企业在账簿上多列支出金额巨大，涉嫌虚假报账偷税漏税。税务机关在取证后，进行税务检查，认为举报情况属实，拟对本违法行为进行处罚。

要求： 税务机关是否应该进行处罚行为？

政策提示

违章处理是对纳税人违反税收法规行为所采取的处罚措施，它保证税收法令的贯彻执行，体现税收的强制性。对违章行为的处理措施，可以根据情节轻重，分别采取以下方式进行处理：批评教育、强行扣款、征收滞纳金、处以税务罚款、追究刑事责任等。

业务处理

根据税收征收管理法规定，纳税人在账簿上多列支出或者不列、少列收入，属于偷税行为，应对其进行税收处罚。

知识拓展

税收违章行为

(1) 违反税务管理基本规定，如纳税人未按规定办理税务登记、纳税申报等。

(2) 偷税，纳税人伪造、变造、隐匿、擅自销毁账簿、记账凭证，或者在账簿上多列支出或者不列、少列收入，或者经税务机关通知申报而拒不申报或者进行虚假纳税申报，不缴或者少缴应纳税款的，是偷税。

（3）逃税，指纳税人逃避追缴欠税。

（4）骗税，指纳税人骗取国家出口退税。

（5）抗税，指纳税人以暴力、威胁方法拒不缴纳税款。

项目二

增值税的计算与申报

实际岗位

成本费用核算人员、收入核算人员、办税员、办理进出口业务的人员。

工作任务

依照现行增值税暂行条例及实施细则的规定，确定增值税征税范围和适用税率、核定当期增值税应税业务销售额及进项税额、计算当期应纳增值税额；编制会计凭证，并登录相关账簿；按期填制《增值税纳税申报表》及其附表，并进行纳税申报。

对具体业务编制会计凭证，登录相关账簿的任务由会计课程完成，本课程对该部分岗位任务不作具体学习和训练（后同）。

教学目的

通过“项目二”的教学和实训，达到：

1. 能确定增值税征税范围及适用税率
2. 能够运用一般计税方法计算税额
3. 能够运用简易计税方法计算税额
4. 了解几种特殊计税方法
5. 能够正确填制《增值税纳税申报表》

任务一　了解增值税基本税制内容

基本内容学习

增值税是对在中华人民共和国境内（以下称境内）从事应税业务的单位和个人，就其取得的法定增值额征收的一种税。应税业务包括销售货物、提供加工修理修配劳务、进口货物、销售服务、销售无形资产和销售不动产。

“法定增值额”指增值额是根据税法的规定计算出来的。由于增值税征收制度对购进业务是否可以抵扣的规定不同，致使增值额的内涵也有所区别，由此将增值税划分为生产型、收入型、消费型三种类型。我国目前实行的是消费型增值税。

增值税具有以下三个特点：增值税属于价外税，以不含增值税的价格或销售额为计税依据；实行道道征税，形成严密抵扣链，有利于征收管理；不重复征税，具有中性税收的特征。

知识拓展

增值税的类型

（1）生产型增值税：是指以销售收入减去所购中间产品价值的余额为征税对象的增值税，不允许扣除外购固定资产的价值，所计算的增值额相当于国民生产总值。

（2）收入型增值税：是指以销售收入减去所购中间产品价值与折旧额后的余额为征税对象的增值税，所计算的增值额相当于国民收入。

（3）消费型增值税：是指以销售收入减去所购中间产品价值与固定资产投资额后的余额为征税对象的增值税，就整个社会来说，对生产时的投入品不征税，而只对消费品征税。

消费型增值税有以下积极的社会效应：第一，鼓励投资，有利于技术升级和产业结构调整。第二，消除重复征税，有利于税制优化。第三，减少不得抵扣的项目，简化了税收征收管理，有利于降低税收成本，提高征管效率。

思考

三种类型的增值税对纳税人和国家的影响有何不同？

一、征税范围

从2016年5月1日起，我国全面推行营业税改征增值税，在境内发生的所有经营业务的流转额均属于增值税征税范围。为了征收管理的需要，增值税将其征税范围进行了分类，即销售货物、提供加工、修理修配劳务、进口货物、销售服务、销售无形资产和销售不动产。

（一）销售货物

“销售货物”是指有偿转让货物的所有权。货物是指有形动产，包括水、电力、热力、气体在内。有偿是指从购买方取得货币、货物或者其他经济利益（下同）。

（二）提供加工、修理修配劳务

“提供加工、修理修配劳务（以下称应税劳务）”指有偿提供加工、修理修配劳务。加工劳务是指受托加工货物，即委托方提供原料及主要材料，受托方按照委托方的要求，制造货物并收取加工费的业务。修理修配劳务是指受托对损伤和丧失功能的货物进行修复，使其恢复原状和功能的业务。提供应税劳务不包括单位或者个体工商户聘用的员工为本单位或者雇主提供加工、修理修配劳务。

（三）进口货物

“进口货物”是指报关进口有形动产的业务。

（四）销售服务

“销售服务”是指有偿提供交通运输服务、邮政服务、电信服务、建筑服务、金融服务、现代服务、生活服务。

交通运输服务，是指利用运输工具将货物或者旅客送达目的地，使其空间位置得到转移的业务活动。包括陆路运输服务、水路运输服务、航空运输服务和管道运输服务。

邮政服务，是指中国邮政集团公司及其所属邮政企业提供邮件寄递、邮政汇兑和机要通信等业务活动。包括邮政普遍服务、邮政特殊服务和其他邮政服务。

电信服务，是指利用有线、无线的电磁系统或者光电系统等各种通信网络资源，提供语音通话服务，传送、发射、接收或者应用图像、短信等电子数据和信息的业务活动。包括基础电信服务和增值电信服务。

建筑服务，是指各类建筑物、构筑物及其附属设施的建造、修缮、装饰，线路、管道、设备、设施等的安装以及其他工程作业的业务活动。包括工程服务、安装服务、修缮服务、装饰服务和其他建筑服务。

金融服务，是指经营金融保险的业务活动。包括贷款服务、直接收费金融服务、保险服务和金融商品转让。

现代服务，是指围绕制造业、文化产业、现代物流产业等提供技术性、知识性服务的业务活动。包括研发和技术服务、信息技术服务、文化创意服务、物流辅助服务、租赁服务、鉴证咨询服务、广播影视服务、商务辅助服务和其他现代服务。

生活服务，是指为满足城乡居民日常生活需求提供的各类服务活动。包括文化体育服务、教育医疗服务、旅游娱乐服务、餐饮住宿服务、居民日常服务和其他生活服务。

（五）销售无形资产

“销售无形资产”是指有偿转让无形资产所有权或者使用权的业务。无形资产，是指不具实物形态，但能带来经济利益的资产，包括技术、商标、著作权、商誉、自然资源使用权和其他权益性无形资产。

（六）销售不动产

“销售不动产”是指有偿转让不动产所有权的业务活动。不动产，是指不能移动或者移动后会引起性质、形状改变的财产，包括建筑物、构筑物等。

“在境内”是指销售货物的起运地或者所在地在境内；提供的加工修理修配劳务发生在境内；销售服务（租赁不动产除外）或者销售无形资产（自然资源使用权除外）的销售方或者购买方在境内；所销售或者租赁的不动产在境内；所销售自然资源使用权的自然资源在境内。

二、非应税范围

下列活动不属于增值税应税范围：

（1）行政单位收取的同时满足以下条件的政府性基金或者行政事业性收费。

①由国务院或者财政部批准设立的政府性基金，由国务院或者省级人民政府及其财政、价格主管部门批准设立的行政事业性收费。

②收取时开具省级以上（含省级）财政部门监（印）制的财政票据。

③所收款项全额上缴财政。

（2）单位或者个体工商户聘用的员工为本单位或者雇主提供取得工资的服务。

（3）单位或者个体工商户为聘用的员工提供服务。

（4）境外单位或者个人向境内单位或者个人销售完全在境外发生的服务。

（5）境外单位或者个人向境内单位或者个人销售完全在境外使用的无形资产。

（6）境外单位或者个人向境内单位或者个人出租完全在境外使用的有形动产。

（7）财政部和国家税务总局规定的其他情形。

三、纳税人

在中国境内从事应税业务的单位和个人，为增值税的纳税人。单位是指企业、行政单位、事业单位、军事单位、社会团体及其他单位。个人是指个体工商户和其他个人。

知识拓展　**单位以承包、承租、挂靠方式经营时纳税人的确定**

单位以承包、承租、挂靠方式经营的，承包人、承租人、挂靠人（以下统称承包人）以发包人、出租人、被挂靠人（以下统称发包人）名义对外经营并由发包人承担相关法律责任的，以该发包人为纳税人。否则，以承包人为纳税人。

面对增值税纳税人数量众多、核算水平差距大的现状，为了集中管理，加强对规模大、核算规范、税收贡献大的纳税人的管理，有必要对其进行分类。我国按年应税销售额是否超过标准和会计核算是否健全将增值税纳税人划分为一般纳税人和小规模纳税人。

年应税销售额，是指纳税人在连续不超过12个月或四个季度的经营期内累计应征增值税销售额，包括纳税申报销售额、稽查查补销售额、纳税评估调整销售额。销售服务、无形资产或者不动产有扣除项目的纳税人，其应税行为年应税销售额按未扣除之前的销售额计算。纳税人偶然发生的销售无形资产、转让不动产的销售额，不计入年应税销售额。会计核算是否健全，是指是否能够按照国家统一的会计制度规定设置账簿，根据合法、有效凭证进行会计核算。

从2018年5月1日起，年应征增值税销售额在500万元以上的纳税人为一般纳税人；年应征增值税销售额未超过500万元，并且会计核算不健全的纳税人为小规模纳税人。年应税销售额未超过规定标准的纳税人，会计核算健全，能够提供准确税务资料的，可以向主管税务机关办理一般纳税人登记。

知识拓展　**增值税纳税人转登记是怎么回事**

为了完善增值税制度，进一步支持中小微企业发展，根据《国家税务总局关于统一小规模纳税人标准等若干增值税问题的公告》（国家税务总局公告2018年第18号），同时符合以下条件的一般纳税人，在2018年12月31前，可选择转登记为小规模纳税人，或选择继续作为一般纳税人：

（1）已经根据有关规定，登记为一般纳税人。

（2）转登记日前连续12个月或者连续4个季度累计应征增值税销售额（以下称应税销售额）未超过500万元。

一般纳税人转登记为小规模纳税人后，自转登记日的下期起，按照简易计税方法计算缴纳增值税；转登记日当期仍按照一般纳税人的有关规定计算缴纳增值税。

自转登记日的下期起连续不超过12个月或者连续不超过4个季度的经营期内，转登记纳税人应税销售额超过小规模纳税人标准的，应当按照有关规定，向主管税务机关办理一般纳税人登记。

转登记纳税人按规定再次登记为一般纳税人后，不得再转登记为小规模纳税人。

四、税率、征收率

（一）税率、征收率的设置及适用范围

1. 税率16%的适用范围

一般纳税人的下列业务，适用本档税率：销售或者进口一般的货物、提供加工修理修配劳务、有形动产租赁服务。

2. 税率10%的适用范围

一般纳税人销售或进口下列货物，适用本档税率：粮食、食用植物油、食用盐；自来水、暖气、冷气、热水、煤气、石油液化气、天然气、二甲醚、沼气、居民用煤炭制品；图书、报纸、杂志、音像制品、电子出版物；饲料、化肥、农药、农机、农膜；国务院规定的其他货物。

一般纳税人销售下列服务，适用本档税率：交通运输服务、邮政服务、基础电信服务、建筑服务、一般纳税人销售不动产、从事不动产租赁服务、转让土地使用权，适用本档税率。

3. 税率6%的适用范围

一般纳税人销售下列服务，适用本档税率：增值电信服务、金融服务、现代服务（不含租赁服务）、生活服务。

一般纳税人销售无形资产（不含转让土地使用权），适用本档税率。

4. 零税率的适用范围

纳税人出口货物、跨境销售应税服务、无形资产，适用零税率（另有规定除外）。

5. 征收率5%的适用范围

一般纳税人从事下列业务允许使用简易计税法，及小规模纳税人从事下列业务，适用本档征收率：销售不动产，经营租赁不动产（含土地使用权），转让营改增前取得的土地使用权，房地产开发企业销售或出租自行开发的房地产老项目，一级二级公路、桥、闸通行费，特定的不动产融资租赁，选择差额计税的劳务派遣、安全保护服务，中外合作油（气）田开采的原油、天然气。

个人出租住房，按5%的征收率减按1.5%计算应纳税额。

6. 征收率3%的适用范围

小规模纳税人从事下列业务，适用本档征收率：销售货物、提供应税劳务、销售应税服务、销售无形资产。

一般纳税人发生允许使用简易计税法的业务，适用本档征收率（适用5%征收率的业务除外）。

小规模纳税人及符合规定条件的一般纳税人销售自己使用过的固定资产，可依3%征收率减按2%计算应纳税额。

（二）兼营不同业务时税率、征收率的使用

纳税人兼营不同业务适用不同税率或者征收率的，应当分别核算相应业务的销售额，分

别适用税率；未分别核算销售额的，按照以下方法适用税率或者征收率：

（1）兼营不同税率的应税业务，从高适用税率。

（2）兼营不同征收率的应税业务，从高适用征收率。

（3）兼营不同税率和征收率的应税业务，从高适用税率。

知识拓展

部分低税率产品的范围

一、农产品：指种植业、养殖业、林业、牧业、水产业生产的各种植物、动物的初级产品。

二、音像制品：指正式出版的录有内容的录音带、录像带、唱片、激光唱盘和激光视盘。

三、电子出版物：指以数字代码方式，使用计算机应用程序，将图文声像等内容信息编辑加工后存储在具有确定的物理形态的磁、光、电等介质上，通过内嵌在计算机、手机、电子阅读设备、电子显示设备、数字音（视）频播放设备、电子游戏机、导航仪以及其他具有类似功能的设备上读取使用，具有交互功能，用以表达思想、普及知识和积累文化的大众传播媒体。如只读光盘、一次写入式光盘、可擦写光盘、软磁盘、硬磁盘、集成电路卡等。

四、二甲醚：是一种易燃、无毒、无腐蚀性的气体，常温常压下为具有轻微醚香味。二甲醚潜在的用途是替代柴油，作为车用、船用、发电用发动机的燃料。

五、优惠政策

（一）下列项目免征增值税

（1）销售以下货物：农业生产者销售的自产农产品；销售避孕药品和用具；销售古旧图书；销售自己使用过的物品。

（2）进口以下货物：直接用于科学研究、科学试验和教学的进口仪器、设备；外国政府、国际组织无偿援助的进口物资和设备；由残疾人的组织直接进口供残疾人专用的物品。

（3）托儿所、幼儿园提供的保育和教育服务。

（4）养老机构提供的养老服务。

（5）残疾人福利机构提供的育养服务。

（6）婚姻介绍服务。

（7）殡葬服务。

（8）残疾人员本人为社会提供的服务。

（9）医疗机构提供的医疗服务。

（10）从事学历教育的学校提供的教育服务。

（11）学生勤工俭学提供的服务。

（12）农业机耕、排灌、病虫害防治、植物保护、农牧保险以及相关技术培训业务，家禽、牲畜、水生动物的配种和疾病防治。

（13）纪念馆、博物馆、文化馆、文物保护单位管理机构、美术馆、展览馆、书画院、图书馆在自己的场所提供文化体育服务取得的第一道门票收入。

（14）寺院、宫观、清真寺和教堂举办文化、宗教活动的门票收入。

（15）行政单位之外的其他单位收取的符合规定的政府性基金和行政事业性收费。

（16）个人转让著作权。

（17）个人销售自建自用住房。

（18）纳税人提供的直接或者间接国际货物运输代理服务。

（19）符合条件的利息收入。

（20）保险公司开办的一年期以上人身保险产品取得的保费收入。

（21）下列金融商品转让收入：合格境外投资者（QFII）委托境内公司在我国从事证券买卖业务；证券投资基金（封闭式证券投资基金、开放式证券投资基金）管理人运用基金买卖股票、债券；个人从事金融商品转让业务。

（22）金融同业往来利息收入。

（23）符合条件的担保机构从事中小企业信用担保或者再担保业务取得的收入（不含信用评级、咨询、培训等收入）3年内免征增值税。

（24）国家商品储备管理单位及其直属企业承担商品储备任务，从中央或者地方财政取得的利息补贴收入和价差补贴收入。

（25）纳税人提供技术转让、技术开发和与之相关的技术咨询、技术服务。

（26）符合条件的合同能源管理服务。

（27）政府举办的从事学历教育的高等、中等和初等学校（不含下属单位），举办进修班、培训班取得的全部归该学校所有的收入。

（28）政府举办的职业学校设立的主要为在校学生提供实习场所，并由学校出资自办、由学校负责经营管理、经营收入归学校所有的企业，从事《销售服务、无形资产或者不动产注释》中"现代服务"（不含融资租赁服务、广告服务和其他现代服务）、"生活服务"（不含文化体育服务、其他生活服务和桑拿、氧吧）业务活动取得的收入。

（29）家政服务企业由员工制家政服务员提供家政服务取得的收入。

（30）福利彩票、体育彩票的发行收入。

（31）军队空余房产租赁收入。

（32）为了配合国家住房制度改革，企业、行政事业单位按房改成本价、标准价出售住房取得的收入。

（33）将土地使用权转让给农业生产者用于农业生产。

（34）涉及家庭财产分割的个人无偿转让不动产、土地使用权。

（35）土地所有者出让土地使用权和土地使用者将土地使用权归还给土地所有者。

（36）县级以上地方人民政府或自然资源行政主管部门出让、转让或收回自然资源使用权（不含土地使用权）。

（37）为安置随军家属就业和军队转业干部就业，符合条件的企业可在规定年限内享受免税待遇。

（38）符合条件的跨境应税行为。

（二）下列业务实行即征即退政策

（1）一般纳税人提供管道运输服务，对其增值税实际税负超过3%的部分实行增值税即征即退政策。

（2）经人民银行、银监会或者商务部批准从事融资租赁业务的试点纳税人中的一般纳税人，提供有形动产融资租赁服务和有形动产融资性售后回租服务，对其增值税实际税负超过3%的部分实行增值税即征即退政策。

纳税人兼营免税、减税项目的，应当分别核算免税、减税项目的销售额；未分别核算销售额的，不得免税、减税。

提示

增值税税负率是增值税税额与应税销售额的比率。

（三）起征点

增值税的起征点适用于个人（不包括登记为一般纳税人的个体工商户）。纳税人达到起征点的，全额计算缴纳增值税。

按期纳税的，为月销售额5 000～20 000元（含本数）。按次纳税的，为每次（日）销售额300～500元（含本数）。

对增值税小规模纳税人中，月销售额未达到20 000元的，免征增值税。

知识拓展

退税政策一览

税收优惠政策有多种形式，如减税、免税、退税等。退税形式包括即征即退、出口退税、先征后退、再投资退税等，其实质是一种特殊方式的免税和减税。

即征即退是指对按税法规定缴纳的税款，由税务机关在征税时部分或全部退还纳税人的一种税收优惠。

出口退税是出口货物退、免税的简称，是指对出口货物退还其在国内生产和流通环节实际缴纳的增值税、消费税。主要目的是使本国产品以不含税成本进入国际市场，从而增强竞争能力。

先征后退是指对生产企业在货物报关出口并在财务上作销售的当期先按增值税有关规定征税，然后由企业凭有关退税单证按月报主管税务机关根据国家出口退税政策的规定办理退税。

再投资退税是指对特定投资者的再投资行为就其再投资额给予部分或全部退还税款的一种税收优惠，一般适用于企业所得税条款，是发展中国家为吸引外商增加投资所采取的一种税收措施。

基本内容应用

A公司，以生产农用机械和摩托车为主。年应征增值税销售额为100万元左右。会计核算健全，且两种产品分别核算。

要求： 确定A公司计算缴纳增值税时的征税范围、纳税人类型、适用税率等相应要素。

处理：

A公司以生产农用机械和摩托车为主，属于增值税“销售货物”的范围；年应征增值税销售额为1 000万元左右，会计核算健全，应进行增值税一般纳税人资格认定；两种产品分别核算，作为一般纳税人，适用税率分别为：农用机械10%，摩托车16%。

在掌握增值税基本税制内容的基础上，进一步学习增值税要素的具体政策：

情境一 确定征税范围——视同销售的处理

A 公司当月发生下列经济业务：

（1）将外购的一批商品委托甲商场代销。

（2）将自产的面粉一批移送职工食堂消费。

（3）将一批委托加工收回的装饰材料用于本公司厂房装饰。

（4）外购钢材一批用于对外投资。

（5）将外购的一批电脑捐赠山区学校。

（6）以自产的一批产品作为分配给投资者的利润，移送给投资人乙公司。

要求： 确定 A 公司的上述业务是否属于增值税征税范围。

政策提示

增值税相关法规规定，单位或个体经营者的下列行为视同销售应税业务，简称“视同销售”。

（1）将货物交付其他单位或者个人代销。

（2）销售代销货物。

（3）设有两个以上机构并实行统一核算的纳税人，将货物从一个机构移送其他机构用于销售，但相关机构设在同一县（市）的除外。

（4）将自产、委托加工的货物用于集体福利或者个人消费。

（5）将自产、委托加工或者购进的货物作为投资，提供给其他单位或者个体工商户。

（6）将自产、委托加工或者购进的货物分配给股东或者投资者。

（7）将自产、委托加工或者购进的货物无偿赠送给其他单位或者个人。

（8）单位或者个体工商户向其他单位或者个人无偿提供服务，但用于公益事业或者以社会公众为对象的除外。

（9）财政部或国家税务总局规定的其他情形。

业务处理

根据政策规定，此 6 笔业务均属于增值税视同销售范围，均应征收增值税。

情境二 确定征税范围——混合销售行为的处理

B 电器商店，以零售各种家用电器为主。销售冰箱一台，并约定送至买方家中，共收取含税销售额 6 960 元。

要求： 确定 B 商店的此笔业务的增值税征税范围。

政策提示

一项销售行为如果既涉及应税服务又涉及货物，为混合销售。从事货物的生产、批发或者零售的单位和个体工商户（包括以从事货物的生产、批发或者零售为主，并兼营销售服务的单位和个体工商户）的混合销售行为，按照销售货物缴纳增值税；其他单位和个体工商户的混合销售行为，按照销售服务缴纳增值税。

若纳税人销售活动板房、机器设备、钢结构件等自产货物，同时提供建筑、安装服务，不属于混合销售行为，应分别核算货物销售和建筑安装服务的销售额，分别适用各自应适用的税率或征收率。

业务处理

根据政策规定，B商店的此笔业务全部收入按“销售货物”征收增值税。

情境三　确定征税范围——兼营行为的处理

C公司是从事小汽车生产销售的制造企业，现在根据市场需求和本公司资源，又投资经营了一个汽车修理厂，C公司将两种业务进行了分别核算。

要求： 确定C公司的业务归属的增值税征税范围。

政策提示

纳税人同时经营增值税不同种类、不同税率的应税业务，称为兼营。纳税人应分别核算所兼营业务的销售额，分别计征增值税。未分别核算的，从高计税。

业务处理

根据政策规定，C公司分别按销售货物和提供应税劳务征收增值税。

知识拓展

特殊业务是否属于征税范围

（1）罚没物品通过合法渠道拍卖或变价处理所取得的收入，属于罚没收入，由执法部门或指定单位如数上缴财政，不征增值税。

（2）纳税人取得的中央财政补贴，不征增值税。

（3）融资性售后回租业务中，承租方出售资产，不征增值税；出租方收取的收入按贷款业务征税。

（4）药品生产企业销售自产创新药按销售货物征税，其提供给患者后续免费使用的相同创新药，不属于增值税视同销售范围。

（5）存款利息，不征增值税。

（6）被保险人获得的保险赔付，不征增值税。

（7）纳税人在资产重组过程中，通过合并、分立、出售、置换等方式，将实物资产及与之相关的债权、负债和劳动力一并转让给其他单位或个人，不属于增值税征税范围。

（8）单用途商业预付卡（简称单用途卡，下同）的相关业务。单用途卡是指发卡企业按照国家有关规定发行的，仅限于在本企业、本企业所属集团或同一品牌特许经营体系内兑付货物或服务的预付凭证。发卡企业是指按照国家有关规定发行单用途卡的企业。售卡企业是指集团发卡企业或品牌发卡企业指定的、承担单用途卡销售、充值、挂失、换卡、退卡等业务的本集团或同一品牌特许经营体系内的企业。

①销售单用途卡或者接受持卡人充值，取得的预售资金不缴纳增值税，可向购卡人、充值人开具增值税普通发票，不得开具增值税专用发票。

②办理单用途卡业务，取得的手续费、结算费、服务费、管理费等收入，按规定缴纳增值税。

③持卡人使用单用途卡购买货物或服务时，货物或服务的销售方按规定缴纳增值税，且不得向持卡人开具增值税发票。

任务二　会运用一般计税方法计算增值税税额

基本内容学习

增值税一般计税方法适用于一般纳税人应纳增值税的计算，计算公式为

应纳增值税税额 = 当期销项税额 - 当期进项税额

当期销项税额小于当期进项税额时，其不足抵扣部分可以结转下期继续抵扣。

一、销项税额的确定

纳税人提供应税业务，按照销售额和适用税率计算并向购买方收取的增值税税额为销项税额。其计算公式为

销项税额 = 销售额 × 税率

（一）确定销售额的一般规定

销售额为纳税人提供应税业务，向购买方收取的不含增值税的全部价款和价外费用。价外费用，包括价外向购买方收取的手续费、补贴、基金、集资费、返还利润、奖励费、违约金、滞纳金、延期付款利息、赔偿金、代收款项、代垫款项、包装费、包装物租金、储备费、优质费、运输装卸费以及其他各种性质的价外收费。但不包括以下五项：

（1）受托加工应征消费税的消费品所代收代缴的消费税。

（2）同时符合以下条件的代垫运输费用：承运部门的运输费用发票开具给购买方的；纳税人将该项发票转交给购买方的。

（3）同时符合以下条件的代为收取的政府性基金或者行政事业性收费：由国务院或者财政部批准设立的政府性基金；由国务院或者省级人民政府及其财政、价格主管部门批准设立的行政事业性收费；收取时开具省级以上财政部门印制的财政票据；所收款项全额上缴财政。

（4）销售货物的同时代办保险而向购买方收取的保险费、代购买方缴纳的车辆购置税、车辆牌照费。

（5）以委托方名义开具发票代委托方收取的款项。

价外费用应视为含税收入，换算成不含税收入后再计入销售额。

（二）按差额确定销售额

增值税的实施，一个很重要的目的是要避免重复征税。但在营改增试行期间，仍有一些业务无法避免重复征税，所以，引进了差额确定销售额的方法。涉及的业务主要有：

1. 金融商品转让

金融商品转让，按照卖出价扣除买入价后的余额为销售额。

2. 融资租赁

融资租赁服务，以取得的全部价款和价外费用，扣除支付的借款利息、发行债券利息和车辆购置税后的余额为销售额。

3. 融资性售后回租

融资性售后回租，是指承租方以融资为目的，将资产出售给从事此种业务的企业后，该企业将该资产出租给承租方的业务活动。

融资性售后回租服务，以取得的全部价款和价外费用（不含本金），扣除对外支付的借款利息、发行债券利息和车辆购置税后的余额为销售额。

4. 经纪代理

经纪代理服务，以取得的全部价款和价外费用，扣除向委托方收取并代为支付的政府性基金、行政事业性收费后的余额为销售额。

5. 航空运输服务

航空运输服务，以取得的全部价款和价外费用，扣除代收的机场建设费、代售其他航空运输企业客票而代收转付的价款后的余额为销售额。

6. 客运场站服务

客运场站服务，以取得的全部价款和价外费用，扣除支付给承运方运费后的余额为销售额。

7. 旅游服务

旅游服务，以取得的全部价款和价外费用，扣除向消费者收取并替消费者支付给其他单位或个人的住宿费、餐饮费、交通费、门票费、接团费等后的余额为销售额。

8. 建筑服务

使用简易计税法计税的建筑服务，以取得的全部价款和价外费用，扣除支付的分包款后的余额为销售额。

房地产开发企业销售房地产，也采取差额确定销售额的方法，具体见后述。

二、进项税额的确定

纳税人购进应税业务所支付的增值税额，为进项税额。

增值税是对法定增值额征税，所以，纳税人的进项税额是否可以抵扣，要遵照税法的相关政策，不是所有的进项税额都可以从销项税额中抵扣。

（一）可以抵扣进项税额的法定扣税凭证种类

准许从销项税额中抵扣的进项税额，限于下列增值税扣税凭证上注明的增值税额和按规定的扣除率计算的进项税额。

（1）从销售方取得的或其主管税务机关代开的增值税专用发票、机动车销售统一发票及通行费电子发票上注明的增值税额。

(2) 从海关取得的进口增值税专用缴款书上注明的增值税额。

(3) 购进农产品，按下列不同情形抵扣进项税额：

购进农产品可作为扣税凭证的，除上述两种外，还包括从农业生产者购进农产品，取得的销售发票或收购发票。

(4) 从境外单位或者个人购进劳务、服务、无形资产或者境内的不动产，从税务机关或者扣缴义务人取得的解缴税款的完税凭证上注明的增值税额。

以上凭证统称扣税凭证。纳税人购进或接受应税业务取得扣税凭证的，进项税额允许扣除。

纳税人取得的增值税扣税凭证不符合法律、行政法规或者国家税务总局有关规定的，其进项税额不得抵扣。纳税人凭上述第四种完税凭证抵扣进项税额的，应当具备书面合同、付款证明和境外单位的对账单或者发票，资料不全的，相应的进项税额不得抵扣。

(二) 可以抵扣进项税的购进业务的用途

纳税人购进货物（除农产品外）、接受劳务、购进服务、购进无形资产、购进不动产，耗用于应税业务或视同销售行为，按税法规定应确定销项税额的，其进项税额可以抵扣。

纳税人租入固定资产、不动产（购进租赁服务），既用于一般计税方法计税项目，又用于简易计税方法计税项目、免征增值税项目、集体福利或者个人消费的，其进项税额准予从销项税额中全额抵扣。

单位购买的自用摩托车、汽车、游艇，其进项税额准予从销项税额中抵扣，但必须取得有防伪税控系统开具的机动车销售统一发票。

当购进业务属下列情形，进项税额不得抵扣：

(1) 用于使用简易计税方法计算增值税的项目、免征增值税的项目、集体福利或者个人消费的。若购进的是固定资产、无形资产、不动产，仅指专用于上述项目的固定资产、无形资产（不包括其他权益性无形资产）、不动产。

(2) 发生了非正常损失的购进货物及相关的加工修理修配劳务和交通运输服务。

(3) 发生了非正常损失的在产品、产成品所耗用的购进货物（不包括固定资产）、加工修理修配劳务和交通运输服务。

(4) 发生了非正常损失的不动产或不动产在建工程，以及该不动产所耗用的购进货物、设计服务和建筑服务。货物，是指构成不动产实体的材料和设备，包括建筑装饰材料和给排水、采暖、卫生、通风、照明、通信、煤气、消防、中央空调、电梯、电气、智能化楼宇设备及配套设施。

纳税人新建、改建、扩建、修缮、装饰不动产，均属于不动产在建工程。

(5) 购进的旅客运输服务、贷款服务、餐饮服务、居民日常服务和娱乐服务。

(6) 接受贷款服务向贷款方支付的与该笔贷款直接相关的投融资顾问费、手续费、咨询费等费用。

(7) 已抵扣进项税额的无形资产或者不动产，发生不得扣除进项税额情形的，按照下列公式计算不得抵扣的进项税额：

$$不得抵扣的进项税额 = 无形资产或者不动产净值 \times 适用税率$$

(8) 纳税人有下列情形之一者，应按销售额依照增值税税率计算应纳税额，不得抵扣进项税额，也不得使用增值税专用发票：

①一般纳税人会计核算不健全，或者不能够提供准确税务资料的；

②销售额超过小规模纳税人标准，按规定应办理而未办理一般纳税人认定手续的。

（9）财政部和国家税务总局规定的其他情形。

（三）可以抵扣的进项税额金额

除税法有特殊政策外，纳税人购进应税业务，其进项税额按法定扣税凭证上注明的增值税税额如实抵扣。

（1）纳税人购进农产品，其进项税额的扣除，要视不同用途和取得的扣税凭证种类确定。购进农产品的主要用途一般有：第一种，用于生产或委托加工货物，且构成产品实体；第二种，用作辅料、燃料、低值易耗品或包装物，不构成产品实体；第三种，用于上述两种用途之外的业务；第四种，购进后直接销售。具体可以抵扣的进项税额的确定见表2－1。

表2－1 购进农产品进项税额抵扣一览表

票据 进项税额 用途	增值税专用发票	增值税专用缴款书	（从农业生产者购入）销售发票或收购发票	从批发、零售环节购入免税农产品	
				普通发票	（销售方放弃免税优惠）增值税专用发票
第一种用途且货物的税率为16%	票上注明税款，再加计扣除2%	票上注明税款，再加计扣除2%	票上注明价款与12%计算	无	票上注明税款，再加计扣除2%
其他用途	票上注明税款	票上注明税款	票上注明价款与10%计算	无	票上注明税款

（2）2016年5月1日后取得并在会计制度上按固定资产核算的不动产或者不动产在建工程，其进项税额应自取得之日起分2年从销项税额中抵扣，第一年抵扣比例为60%，第二年抵扣比例为40%。

取得不动产，包括以直接购买、接受捐赠、接受投资入股、自建以及抵债等形式取得不动产，不包括融资租入的不动产和房地产开发企业自行开发的房地产项目。

（3）不得抵扣且未抵扣进项税额的固定资产、无形资产、不动产，发生用途改变，用于允许抵扣进项税额的应税项目，可在用途改变的次月按照下列公式计算可以抵扣的进项税额：

可以抵扣的进项税额＝固定资产、无形资产、不动产净值÷(1＋适用税率)×适用税率

知识拓展

部分行业试行农产品增值税进项税额核定扣除办法

自2012年7月1日起，以购进农产品为原料生产销售液体乳及乳制品、酒及酒精、植物油的增值税一般纳税人，其购进农产品无论是否用于生产上述产品，增值税进项税额不再凭增值税扣税凭证抵扣增值税进项税额，均实行核定扣除的方法。

一、纳税人以购进农产品为原料生产货物的，农产品增值税进项税额可按照以下方法，由省级税务机关按顺序核定：

（一）投入产出法：参照国家标准、行业标准（包括行业公认标准和行业平均耗用值）

确定销售单位数量货物耗用外购农产品的数量（以下称农产品单耗数量）。

当期允许抵扣农产品增值税进项税额依据农产品单耗数量、当期销售货物数量、农产品平均购买单价（含税，下同）和农产品增值税进项税额扣除率（以下简称“扣除率”，为销售货物的适用税率）计算。公式为

$$\text{当期允许抵扣农产品增值税进项税额}=\text{当期农产品耗用数量}\times\text{农产品平均购买单价}\times\text{扣除率}/(1+\text{扣除率})$$

$$\text{当期农产品耗用数量}=\text{当期销售货物数量（不含采购除农产品以外的半成品生产的货物数量）}\times\text{农产品单耗数量}$$

平均购买单价是指购买农产品期末平均买价，不包括买价之外单独支付的运费和入库前的整理费用。期末平均买价计算公式：

$$\text{期末平均买价}=\left(\text{期初库存农产品数量}\times\text{期初平均买价}+\text{当期购进农产品数量}\times\text{当期买价}\right)\Big/\left(\text{期初库存农产品数量}+\text{当期购进农产品数量}\right)$$

（二）成本法：依据试点纳税人年度会计核算资料，计算确定耗用农产品的外购金额占生产成本的比例（以下称农产品耗用率）。当期允许抵扣农产品增值税进项税额依据当期主营业务成本、农产品耗用率以及扣除率计算。公式为

$$\text{当期允许抵扣农产品增值税进项税额}=\text{当期主营业务成本}\times\text{农产品耗用率}\times\text{扣除率}/(1+\text{扣除率})$$

$$\text{农产品耗用率}=\text{上年投入生产的农产品外购金额}/\text{上年生产成本}$$

农产品外购金额（含税）不包括不构成货物实体的农产品（包括包装物、辅助材料、燃料、低值易耗品等）和在购进农产品之外单独支付的运费、入库前的整理费用。

农产品耗用率由试点纳税人向主管税务机关申请核定。

年度终了，主管税务机关应根据试点纳税人本年实际对当年已抵扣的农产品增值税进项税额进行纳税调整，重新核定当年的农产品耗用率，并作为下一年度的农产品耗用率。

（三）参照法：新办的试点纳税人或者试点纳税人新增产品的，试点纳税人可参照所属行业或者生产结构相近的其他试点纳税人确定农产品单耗数量或者农产品耗用率。次年，试点纳税人向主管税务机关申请核定当期的农产品单耗数量或者农产品耗用率，并据此计算确定当年允许抵扣的农产品增值税进项税额，同时对上一年增值税进项税额进行调整。核定的进项税额超过实际抵扣增值税进项税额的，其差额部分可以结转下期继续抵扣；核定的进项税额低于实际抵扣增值税进项税额的，其差额部分应按现行增值税的有关规定将进项税额做转出处理。

二、试点纳税人购进农产品直接销售的，农产品增值税进项税额按照以下方法核定扣除：

$$\text{当期允许抵扣农产品增值税进项税额}=\text{当期销售农产品数量}/(1-\text{损耗率})\times\text{农产品平均购买单价}\times 13\%/(1+13\%)$$

$$\text{损耗率}=\text{损耗数量}/\text{购进数量}$$

三、试点纳税人购进农产品用于生产经营且不构成货物实体的（包括包装物、辅助材料、燃料、低值易耗品等），增值税进项税额按照以下方法核定扣除：

$$\text{当期允许抵扣农产品增值税进项税额}=\text{当期耗用农产品数量}\times\text{农产品平均购买单价}\times 13\%/(1+13\%)$$

农产品单耗数量、农产品耗用率和损耗率统称为农产品增值税进项税额扣除标准（以

下称扣除标准）。

纳税人销售货物，应合并计算当期允许抵扣农产品增值税进项税额。纳税人若购进农产品取得农产品增值税专用发票和海关进口增值税专用缴款书，应按照注明的金额及增值税额一并计入成本科目；自行开具的农产品收购发票和取得的农产品销售发票，按照注明的买价直接计入成本。并自执行本办法之日起，将期初库存农产品以及库存半成品、产成品耗用的农产品增值税进项税额作转出处理。

纳税人购进除农产品以外的货物、应税劳务和应税服务，增值税进项税额仍按现行有关规定抵扣。

基本内容应用

A厂，一般纳税人。生产销售化妆品，也提供加工化妆品的加工劳务，此两种业务均按一般计税方法缴纳增值税。另外，还将一栋楼房出租，采取简易计算方法缴纳增值税。本月有如下业务：

（1）受托加工化妆品一批，收取不含增值税加工费50 000元，代收消费税30 000元，开具了代收消费税凭证。

（2）销售化妆品，本月共取得不含税销售额200 000元，包装费11 600元。

（3）购入生产化妆品需用的原料甲一批，取得增值税税控专用发票，注明货款40 000元，增值税额6 400元。

（4）进口生产化妆品需用的原料乙一批，取得进口增值税专用缴款书，注明增值税额10 200元。

（5）购入办公用品一批，配备在所出租的楼房内，取得增值税专用发票，注明货款20 000元，增值税额3 200元。

（6）发现购入生产化妆品需用的原料丙因管理不善损失了一部分，经核定丙原料的进项税额已经全部抵扣了，损失部分的进项税额为1 600元。

（7）购进生产化妆品需用的原料丁（农产品）一批，收购发票注明价款30 000元。

（8）受让专利一项用于生产化妆品，取得增值税普通发票，注明价款60 000元，增值税额1 800元。

要求： 计算A厂本月应缴纳的增值税额。

处理：

增值税税额 $=[50\,000\times16\%+200\,000\times16\%+11\,600\div(1+16\%)\times16\%]-[(6\,400+10\,200+30\,000\times12\%]-1\,600]$

$=23\,000$（元）

在掌握了一般计税方法的基本政策的基础上，进一步学习运用一般计税方法计算税款的具体政策：

情境一 确定销售额——含税销售额的处理

A 公司（一般纳税人）本月提供客运服务，收取含税运输服务收入 82 500 元。

要求： 确定 A 公司本月计算销项税额的销售额。

政策提示

一般纳税人提供应税业务，采用销售额和销项税额合并定价方法的，按下列公式计算销售额：

销售额 = 含税销售额 ÷（1 + 税率）

业务处理

根据政策规定：

销售额 = 82 500 ÷（1 + 10%）= 75 000（元）

思考

在千变万化的销售行为中，如何判定销售额是否含税？

情境二 确定销售额——无销售额业务的处理

A 厂（一般纳税人）将自产的甲、乙两种产品发给本厂职工用于消费。发放甲产品 400 件，生产成本为 120 元/件，不含税售价为 150 元/件；发放乙产品 200 件，生产成本为 190 元/件，无同类产品售价。查知甲、乙产品的成本利润率均为 10%。

要求： 确定 A 厂计算销项税额的销售额。

政策提示

纳税人有视同销售业务，或发生应税行为但价格明显偏低或者偏高且不具有合理商业目的的，主管税务机关有权按下列顺序确定销售额：

（1）按纳税人最近时期同类业务的平均销售价格确定。

（2）按其他纳税人最近时期同类业务的平均销售价格确定。

（3）按组成计税价格确定：

组成计税价格 = 成本 ×（1 + 成本利润率）

或 = 成本 ×（1 + 成本利润率）+ 消费税

其中，成本是指实际生产成本或实际采购成本；成本利润率由国家税务总局确定。若货物属于应征消费税的货物，其组成计税价格中应加计消费税额。

业务处理

根据政策规定：

销售额 = 150 × 400 + 190 × 200 × (1 + 10%) = 101 800（元）

情境三　确定销售额——混合销售及兼营业务的处理

A粮油店（一般纳税人）兼营货物销售和饮食业服务，销售业务如下：

(1) 零售粮油取得含税销售额121 000元。

(2) 零售糕点取得含税销售额16 240元。

(3) 批发销售粮油取得不含税价款30 000元，按购买方的要求将该批货物运至其仓库，收取运费1 320元。

(4) 提供饮食服务取得含税营业收入31 800元。

要求： 确定A粮油店本月计算销项税额的销售额。

政策提示

按照税法规定：当混合销售行为按销售货物征收增值税时，其销售额为应税货物和服务营业额的合计，使用货物适用的税率。兼营不同税率业务，应分别核算，否则从高适用税率。

业务处理

根据政策规定，A粮油店确定销项税额的销售额分别为

(1) 零售粮油业务销售额 = 121 000 ÷ (1 + 10%) = 110 000（元）

(2) 零售糕点业务销售额 = 16 240 ÷ (1 + 16%) = 14 000（元）

(3) 批发销售粮油业务销售额 = 30 000 + 1 320 ÷ (1 + 10%) = 31 200（元）

(4) 提供饮食服务销售额 = 31 800 ÷ (1 + 6%) = 30 000（元）

情境四　确定销售额——折扣销售业务的处理

A厂（一般纳税人）销售给甲公司1 000件清洁剂，每件不含税价格为20元。经双方协商，A厂按原价的八折销售，开具了增值税折扣发票。

要求： 确定A厂计算销项税额的销售额。

政策提示

销货方给予的价格优惠，称折扣销售，也称商业折扣。纳税人采取折扣销售方式销售货物的，如果销售额和折扣额在同一张发票上分别注明的，可以按折扣后的销售额征收增值税；如果将折扣额另开发票，不论其在财务上如何处理，均不得从销售额中减除折扣额。

业务处理

根据政策规定：

销售额 = 20 × 1 000 × 80% = 16 000（元）

提示

限制折扣销售的条件

折扣销售仅限于货物价格的折扣，若销货方将自产、委托加工和购买的货物用于实物折扣，则该实物应按“视同销售”中的“赠送他人”处理。

情境五 确定销售额——销售折扣业务的处理

A 厂（一般纳税人）销售给甲厂铝合金材料一批，应收账款 116 万元。商定的收款条件为 2/10，1/20，*n*/30。现甲厂在第八天付款，A 厂只收到 113.68 万元。

要求： 确定 A 厂计算销项税额的销售额。

政策提示

销货方为鼓励购买方早日偿付货款而给予购买方的债务扣除，称销售折扣，也称现金折扣。销售折扣发生在销货之后，是一种融资性质的理财费用，因此，税法规定销售折扣不得从销售额中扣除。

业务处理

根据政策规定：

A 厂的销售额 = 116 ÷（1 + 16%）= 100（万元）

情境六 确定销售额——销售折让业务的处理

甲公司（一般纳税人）将一批货物销售给乙公司，开具增值税专用发票，注明价款 23 000 元。乙公司验收货物时，发现收到的货物品种与合同不符。经协商，甲公司将价款减让了 3 000 元，并开具了红字发票。

要求： 确定 A 厂计算销项税额的销售额。

政策提示

销售折让是指企业销售商品后，由于商品的品种、质量与合同不符合等原因，而给予购货方价格上的减让。发生销售折让、中止或者退回的，销售方应凭购货方退回的发票或按购货方主管税务机关开具的“进货退出及索取折让证明单”开具红字发票后冲减当期销售收入，相应退还给购买方的增值税额，应当从当期的销项税额中扣减。但用实物减让需按视同销售处理。

业务处理

根据政策规定，甲公司的销售额为20 000元（23 000 − 3 000）。

提示

销售折扣不是销售折让

销售折让是指货物销售后，由于其品种、质量等与原约定有异，购货方未退货，但要求销货方给予的一种价格优惠。销售折让与销售折扣都是在货物销售后发生的，但因为销售折让是由于货物的品种和质量引起销售额的减少，因此，对销售折让可以以折让后的货款为销售额。

情境七 确定销售额——以旧换新销售业务的处理

A公司（一般纳税人）推出以旧换新销售甲型号电视机业务，每台电视机正常含税销售价为3 480元，回收一台旧电视机可抵付700元。本月共销售电视机500台，每台电视机实收含税价款2 780元。

要求： 确定A公司本月计算销项税额的销售额。

政策提示

以旧换新是指纳税人在销售货物时，折价收回同类旧货物，并以折价款部分冲减货物价款的一种销售方式。采取以旧换新方式销售货物的（金银首饰除外），应按新货物的同期销售价格确定销售额，不得扣减旧货物的收购价格。

业务处理

根据政策规定：

销售额 = 500 × 3 480 ÷（1 + 16%）= 1 500 000（元）

情境八 确定销售额——包装物相关款项的处理

A油漆厂（一般纳税人）向甲建材商店销售油漆2 000桶，每桶不含税售价80元，另外，对借出的2 000只桶，每只收取押金23.2元，约定两个月内归还包装物，退还押金。两个月后，A厂按期收回了油漆桶，并将押金全额退还甲商店。

要求： 确定A油漆厂计算销项税额的销售额。

政策提示

纳税人销售货物，包装物会随之销售、出租或出借，由此会收取包装费、包装物租金、包装物押金。

如果包装物随货物销售而销售，收取的包装费无论与所包装的货物的销售额是否分别核算，都应作为价外费用，剔除增值税后并入销售额征收增值税。

如果包装物随货物销售而出租，收取的租金应作为价外费用，剔除增值税后并入销售额征收增值税。

如果包装物随货物销售而出借，收取的押金不应看作一种收入，而只能作为一项短期负债。根据税法规定，纳税人为销售货物而出借包装物收取的押金，单独记账核算的，时间在1年以内，又未过期的，不并入销售额征税；但对因逾期（指按合同约定实际逾期或以1年为期限）未收回包装物不再退还的押金，应将押金视为含税收入，按所包装货物的适用税率，在决定不退还押金的当月计算销项税额。对收取1年以上的包装物押金，无论是否退还均应并入销售额征税。但是对销售除啤酒、黄酒外的其他酒类产品而收取的包装物押金，无论是否返还以及会计上如何核算，均应并入当期销售额征税。

业务处理

根据政策规定：

货物销售当月：销售额 $=2\ 000\times80=160\ 000$（元）（押金不计税）

押金退还月：押金不计税。

思考

若A厂在销售实现后的第6个月份仍未收回油漆桶，遂决定不退还押金时，A厂的销售额如何确定？

知识拓展

以外汇结算时销售额的确定

纳税人以人民币以外的货币结算销售额的，应按汇率折算为人民币计征税款。汇率可以选择销售额发生的当天或者当月1日的人民币汇率中间价。纳税人应在事先确定采用何种汇率，确定后1年内不得变更。

情境九 确定允许抵扣的进项税额——收购烟叶时烟叶税的处理

A卷烟厂（一般纳税人）从烟农处收购烟叶，收购发票注明收购价款为40 000元，价外补贴3 000元。

要求： 确定A厂允许抵扣的进项税额。

政策提示

纳税人收购烟叶，应缴纳烟叶税。烟叶税是对在我国境内从事烟叶收购的单位，以烟叶的买价为计税依据，在收购环节所征收的一种税。“单位”是指依照《中华人民共和国烟草专卖法》的规定有权收购烟叶的烟草公司或者受其委托收购烟叶的单位。烟叶税税率为20%，即

烟叶税 = 烟叶买价 ×20%

单位收购烟叶时按照国家有关规定以现金形式直接补贴烟农的生产投入补贴（即价外补贴），若与烟叶收购价格在同一张农产品收购发票或者销售发票上分别注明，则价外补贴是农产品买价的一部分，准予计算增值税进项税额进行抵扣；否则，价外补贴不得计算增值税进项税额进行抵扣。

对纳税人按规定缴纳的烟叶税，准予和收购烟叶产品的买价合并计算增值税的进项税额，予以抵扣。

收购烟叶允许抵扣的进项税额 =（烟叶买价 + 烟叶税额）× 抵扣率

业务处理

根据政策规定：

烟叶买价 =40 000 +3 000 =43 000（元）

烟叶税额 =43 000 ×20% =8 600（元）

可抵扣的进项税额 =(40 000 +3 000 +8 600) ×12% =6 192（元）

情境十　确定允许抵扣的进项税额——扣减进项税额的处理

甲公司（一般纳税人）发现已抵扣进项税额的一批A种原材料（增值税税率16%）因管理不善丢失，且无法确定相应的进项税额。已知本期同量此种材料的实际成本为3 000元。

要求： 确定甲公司不得抵扣的进行税额。

政策提示

已抵扣进项税额的购进货物（不含固定资产）、劳务、服务，因故不得抵扣其进项税额的，应当将该进项税额从当期进项税额中扣减；无法确定该进项税额的，按照当期实际成本计算应扣减的进项税额。

业务处理

根据政策规定，丢失的该批A种原材料的进项税额应在本期确定为不得抵扣的进项税额。但甲公司将其已经抵扣，则应进行扣减本期进项税额的处理，即

应扣减的进项税额 =3 000 ×16% =480（元）

情境十一　确定允许抵扣的进项税额——兼营免税项目或非应税项目需划分进项税额的处理

A公司（一般纳税人）6月份有如下业务：

（1）月初外购甲材料一批，取得增值税专用发票，注明进项税额24万元，因管理不善，部分发生霉烂变质，经核实损失部分占该批材料的30%。

（2）外购动力，取得增值税专用发票，注明进项税额20万元，一部分用于增值税应税项目，一部分用于免税项目，无法分别核算。

（3）销售应税货物取得不含税销售额700万元，销售免税货物取得销售额300万元。

要求： 计算A公司当月准予抵扣的进项税额。

政策提示

纳税人兼营免税项目或非应税项目（不包括固定资产在建工程）而无法准确划分不得抵扣的进项税额的，按下列公式计算不得抵扣的进项税额：

$$\text{不得抵扣的进项税额} = \text{当月无法划分的全部进项税额} \times \left(\text{当月免税项目销售额、非应税项目营业额合计} \div \text{当月全部销售额、营业额合计}\right)$$

业务处理

根据政策规定：

外购甲材料不允许抵扣的进项税额 = 24 × 30% = 7.2（万元）

外购动力燃料不允许抵扣的进项税额 = 20 × [300 ÷ (700 + 300)]

= 6（万元）

A公司当月准予抵扣的进项税额 = (24 − 7.2) + (20 − 6) = 30.8（万元）

任务三　会运用简易计税方法计算增值税税额

基本内容学习

简易计税方法是按照不含税销售额和征收率计算应纳税额的办法。

小规模纳税人销售货物或发生应税业务，适用简易计税方法计税。计算公式为

$$\text{应纳增值税税额} = \text{销售额} \times \text{征收率}$$

销售额的确定基本与一般计税方法中销售额的确定方法相同。

一般纳税人销售货物属于下列情形之一的，暂按简易办法依照3%征收率计算缴纳增值税：

（1）寄售商店代销寄售物品（包括居民个人寄售的物品在内）。

（2）典当业销售死当物品。

（3）经国务院或国务院授权机关批准的免税商店零售的免税品。

（4）属于一般纳税人的自来水公司销售自来水。

知识拓展

一般纳税人可以选择适用简易计税方法计税的业务

一般纳税人发生财政部和国家税务总局规定的特定应税业务，可以选择简易计税方法计税，但一经选择，36个月内不得变更。

一、一般纳税人销售自产的下列货物，可选择按照简易办法依照3%征收率：

（1）县级及县级以下小型水力发电单位生产的电力。小型水力发电单位是指各类投资主体建设的装机容量为5万千瓦以下（含5万千瓦）的小型水力发电单位。

（2）建筑用和生产建筑材料所用的砂、土、石料。

（3）以自己采掘的砂、土、石料或其他矿物连续生产的砖、瓦、石灰（不含黏土实心砖、瓦）。

（4）用微生物、微生物代谢产物、动物毒素、人或动物的血液或组织制成的生物制品。

（5）自来水。

（6）商品混凝土（仅限于以水泥为原料生产的水泥混凝土）。

二、公共交通运输服务。

公共交通运输服务，包括轮客渡、公交客运、地铁、城市轻轨、出租车、长途客运、班车。班车，是指按固定路线、固定时间运营并在固定站点停靠的运送旅客的陆路运输服务。

三、经认定的动漫企业为开发动漫产品提供的动漫脚本编撰、形象设计、背景设计、动画设计、分镜、动画制作、摄制、描线、上色、画面合成、配音、配乐、音效合成、剪辑、字幕制作、压缩转码（面向网络动漫、手机动漫格式适配）服务，以及在境内转让动漫版权（包括动漫品牌、形象或者内容的授权及再授权）。

四、电影放映服务。

五、仓储服务。

六、装卸搬运服务。

七、收派服务。

八、文化体育服务。

九、以纳入营改增试点之日前取得的有形动产为标的物提供的经营租赁服务。

十、在纳入营改增试点之日前签订的尚未执行完毕的有形动产租赁合同。

十一、一般纳税人以清包工方式提供的建筑服务，可以选择适用简易计税方法计税。以清包工方式提供建筑服务，是指施工方不采购建筑工程所需的材料或只采购辅助材料，并收取人工费、管理费或者其他费用的建筑服务。

十二、为甲供工程提供的建筑服务。甲供工程，是指全部或部分设备、材料、动力由工程发包方自行采购的建筑工程。

十三、为建筑工程老项目提供的建筑服务。建筑工程老项目，是指《建筑工程施工许可证》注明的合同开工日期在2016年4月30日前的建筑工程项目和未取得《建筑工程施工许可证》，但建筑工程承包合同注明的开工日期在2016年4月30日前的建筑工程项目。

十四、房地产开发企业销售自行开发的房地产老项目。

十五、出租其2016年4月30日前取得的不动产。

基本内容应用

A厂为增值税小规模纳税人，主要从事汽车修理和汽车用装饰品销售业务。本月取得汽车修理业务含税收入12 360元，取得装饰品含税收入13 390元。

要求： 计算A厂本月应纳增值税额。

处理：

应纳增值税额 =（12 360 + 13 390）÷（1 + 3%）× 3% = 750（元）

在掌握了一般计税方法的基本政策的基础上，进一步学习运用简易计税方法计算税款的具体政策：

情境一　一般纳税人销售自己使用过的固定资产按简易计税方法应纳增值税额的计算

B企业，一般纳税人，2009年4月购入一台跑步机用于职工健身房，于2018年7月1日将其出售，售价20.6万元（含税）。经核实，所销售设备的进项税额未抵扣。

要求： 计算B企业应纳增值税额。

政策提示

一般纳税人购进或自制固定资产，经使用后又销售的，如果按照税法规定可以抵扣其进项税、使用后又销售的，则按照适用税率征收增值税；如果属于不得抵扣且未抵扣进项税的固定资产，则销售时依照3%征收率减2%征收。

业务处理

根据政策规定：

B企业应纳增值税额 = 20.6 ÷（1 + 3%）× 2% = 0.4（万元）

任务四　了解特殊业务增值税税额的计算

基本内容学习

除了在一般计税法和简易计税法中选择其一外，对有些业务，在特定条件下，纳税人必须按照特定的方法确定销售额、使用特定的比率计算税款。

一、进口货物应纳增值税额的计算

纳税人进口货物，以组成计税价格和适用的税率计算应纳增值税额：

组成计税价格 = 关税完税价格 + 关税 + 消费税

应纳增值税额 = 组成计税价格 × 税率

二、纳税人跨县提供建筑服务应纳增值税额的计算

纳税人跨县提供建筑服务是指单位和个体工商户（不含个人）在其机构所在地以外的县（市、区）提供建筑服务。纳税人跨县提供建筑服务应向建筑服务发生地主管国税机关预缴税款。

（1）一般纳税人跨县（市、区）提供建筑服务，适用一般计税方法计税的，以取得的全部价款和价外费用扣除支付的分包款后的余额，按照2%的预征率计算应预缴税款。

应预缴税款 =（全部价款和价外费用 - 支付的分包款）÷（1 + 10%）× 2%

（2）一般纳税人跨县（市、区）提供建筑服务选择适用简易计税方法计税、小规模纳税人跨县（市、区）提供建筑服务，以取得的全部价款和价外费用扣除支付的分包款后的余额，按照3%的征收率计算应预缴税款。

应预缴税款 =（全部价款和价外费用 - 支付的分包款）÷（1 + 3%）× 3%

纳税人无论选择一般计税方法还是简易计税方法，从取得的全部价款和价外费用中扣除支付的分包款，应当取得合法有效凭证并提交相关资料。扣除支付的分包款后的余额为负数的，可结转下次预缴税款时继续扣除。

纳税人应按照工程项目分别计算应预缴税款，分别预缴。

纳税人在向建筑服务发生地主管国税机关预缴税款后，向机构所在地主管国税机关申报纳税。申报纳税时，所预缴的增值税税款可以凭完税凭证在当期增值税应纳税额中抵减，抵减不完的，结转下期继续抵减。

知识拓展

允许抵扣分包款应出具的法定凭证和需提交的资料

纳税人从取得的全部价款和价外费用中扣除支付的分包款，应当取得符合法律、行政法规和国家税务总局规定的合法有效凭证，否则不得扣除。凭证是指：

（1）从分包方取得的2016年4月30日前开具的建筑业营业税发票。

（2）从分包方取得的2016年5月1日后开具的，备注栏注明建筑服务发生地所在县（市、区）、项目名称的增值税发票。

（3）国家税务总局规定的其他凭证。

纳税人在向建筑服务发生地主管国税机关预缴税款时，需提交以下资料：

（1）《增值税预缴税款表》。

（2）与发包方签订的建筑合同原件及复印件。

（3）与分包方签订的分包合同原件及复印件。

（4）从分包方取得的发票原件及复印件。

三、销售不动产应纳税额的计算

房地产开发企业，在依法取得土地使用权的土地上进行基础设施和房屋建设并销售，或以接盘等形式购入未完工房地产开发项目继续开发后，以自己的名义立项销售的，均属于销售自行开发的房地产项目。作为一般纳税人，其增值税的计算根据不同情况，选择或使用不同的计税方法：

（1）销售自行开发的2016年4月30日前立项开发的项目，选择简易计税法计算增值税的，应向项目所在地预缴税款，向机构所在地申报税款。

$$预缴税款 = 预收款 \div (1+5\%) \times 3\%$$

$$应纳税额 = 全部价款和价外费用 \div (1+5\%) \times 5\% - 已预缴税款$$

（2）销售自行开发的2016年4月30日前立项开发的项目并选择一般计税法计算增值税的，以及销售自行开发的适用一般计税法计算增值税的2016年5月1日后立项开发的项目，应向项目所在地预缴税款，向机构所在地申报税款。

①计算预缴税额时：

$$预缴税款 = 预收款 \div (1+10\%) \times 3\%$$

②计算应缴税额时：

$$销售额 = (全部价款和价外费用 - 当期允许扣除的土地价款) \div (1+10\%)$$

$$当期允许扣除的土地价款 = (当期销售房地产项目建筑面积 \div 房地产项目可供销售建筑面积) \times 支付的土地价款$$

“支付的土地价款”是指向政府、土地管理部门或受政府委托收取土地价款的单位直接支付的土地价款。“当期销售房地产项目建筑面积”是指当期进行纳税申报的增值税销售额对应的建筑面积。“房地产项目可供销售建筑面积”是指房地产项目可以出售的总建筑面积，不包括销售房地产项目时未单独作价结算的配套公共设施的建筑面积。

$$销项税额 = 销售额 \times 税率$$

$$应纳税额 = 销项税额 - 进项税额 - 已预缴税款$$

允许抵扣的进项税额，按照购进业务发生时取得的原始凭证是否符合允许扣除进项税额的票据种类和购进业务的用途确定。

纳税人按一般计税法计算出应交增值税额，抵减已预缴税款后，向主管税务机关申报纳税，未抵缴完的预缴税款可以结转下期继续抵缴。

知识拓展

非房地产开发企业销售不动产

非房地产开发企业拥有的不动产，包括直接购买、接受捐赠、接受投资入股、自建、抵债得来的不动产。

非房地产开发企业销售其取得的不动产，应视纳税人类别、所转让的房地产的取得时间等因素不同，计算增值税的方法有所不同。基本归纳为表2-2（注：表中所述计税依据均为不含税销售额）。

表2-2 非房地产开发企业销售不动产增值税计税方法

<table>
<tr><td rowspan="4">纳税人类型</td><td rowspan="4">不动产取得时间</td><td rowspan="4">不动产取得形式</td><td colspan="6">增值税计税方法</td></tr>
<tr><td colspan="3">简易计税方法</td><td colspan="3">一般计税方法</td></tr>
<tr><td colspan="2">税款计算</td><td rowspan="2">申报缴纳</td><td colspan="2">税款计算</td><td rowspan="2">申报缴纳</td></tr>
<tr><td>预缴税款</td><td>应缴税款</td><td>预缴税款</td><td>应缴税款</td></tr>
<tr><td rowspan="4">一般纳税人</td><td rowspan="2">2016.4.30前</td><td>自建</td><td colspan="2">以取得的全部价款和价外费用为销售额，以5%征收率计算应纳税额。以同样的方法计算预缴税额</td><td rowspan="2">向不动产所在地主管税务机关预缴税款，向机构所在地主管税务机关申报纳税</td><td>以取得的全部价款和价外费用为销售额，以5%征收率计算预缴税额</td><td rowspan="4">以取得的全部价款和价外费用为销售额，计算应纳税额</td><td rowspan="4">向不动产所在地主管税务机关预缴税款，向机构所在地主管税务机关申报纳税</td></tr>
<tr><td>直接购买、接受捐赠、接受投资入股、抵债得来</td><td colspan="2">以取得的全部价款和价外费用扣除购置原价后的余额为销售额，以5%征收率计算应纳税额。以同样的方法计算预缴税额</td><td>以取得的全部价款和价外费用扣除购置原价后的余额为销售额，以5%征收率计算预缴税额</td></tr>
<tr><td rowspan="2">2016.5.1后</td><td>自建</td><td colspan="2" rowspan="2"></td><td rowspan="2"></td><td>以取得的全部价款和价外费用为销售额，以5%征收率计算预缴税额</td></tr>
<tr><td>直接购买、接受捐赠、接受投资入股、抵债得来</td><td>以取得的全部价款和价外费用扣除购置原价后的余额为销售额，以5%征收率计算预缴税额</td></tr>
<tr><td rowspan="2">小规模纳税人</td><td rowspan="2"></td><td>自建</td><td colspan="2">以取得的全部价款和价外费用为销售额，以5%征收率计算应纳税额</td><td rowspan="2">向不动产所在地主管税务机关预缴税款，向机构所在地主管税务机关申报纳税</td><td rowspan="2"></td><td rowspan="2"></td><td rowspan="2"></td></tr>
<tr><td>其他途径取得</td><td colspan="2">以取得的全部价款和价外费用扣除购置原价后的余额为销售额，以5%征收率计算应纳税额</td></tr>
<tr><td>个人</td><td rowspan="2"></td><td rowspan="2">购买的住房</td><td colspan="2" rowspan="2">以取得的全部价款和价外费用为销售额，或以取得的全部价款和价外费用扣除购置原价后的余额为销售额，以5%征收率计算应纳税额</td><td>向住房所在地主管税务机关申报纳税</td><td rowspan="2"></td><td rowspan="2"></td><td rowspan="2"></td></tr>
<tr><td>个体工商户</td><td>向住房所在地主管税务机关预缴税款，向机构所在地主管税务机关申报纳税</td></tr>
</table>

四、经营租赁不动产应纳税额的计算

（一）一般纳税人经营租赁不动产应纳税额的计算

（1）出租其2016年4月30日前取得的不动产（除个人出租住房外）选择简易计税方法计税的，按照5%的征收率计算应纳税额，公式为

应纳（预缴）税款=含税销售额÷（1+5%）×5%

不动产所在地与机构所在地不在同一县（市、区）的，纳税人应按照上述计税方法向不动产所在地主管国税机关预缴税款。纳税人计算出应纳增值税额后向机构所在地主管国税机关申报纳税。申报纳税时，预缴的增值税税款凭借完税凭证可以在当期增值税应纳税额中抵减，抵减不完的，结转下期继续抵减。

（2）出租其2016年4月30日前取得的不动产选择一般计税方法计税的和出租其2016年5月1日后取得的不动产适用一般计税方法计税。

不动产所在地与机构所在地不在同一县（市、区）的，纳税人应按照3%的预征率向不动产所在地主管国税机关预缴税款，公式为

应预缴税款=含税销售额÷（1+10%）×3%

纳税人以一般计税方法计算应纳增值税额并向机构所在地主管国税机关申报纳税。申报纳税时，预缴的增值税税款凭借完税凭证可以在当期增值税应纳税额中抵减，抵减不完的，结转下期继续抵减。

（二）小规模纳税人经营租赁不动产应纳税额的计算

（1）单位和个体工商户出租不动产（不含住房），按照5%的征收率计算应纳税额；出租住房，按照5%的征收率减按1.5%计算应纳税额，公式为

出租不动产（不含住房）应纳（预缴）税款=含税销售额÷（1+5%）×5%

出租住房应纳（预缴）税款=含税销售额÷（1+5%）×1.5%

不动产所在地与机构所在地不在同一县（市、区）的，纳税人应按照上述计税方法向不动产所在地主管国税机关预缴税款。纳税人在计算应纳增值税额并向机构所在地主管国税机关申报纳税时，预缴的增值税税款凭借完税凭证可以在当期增值税应纳税额中抵减，抵减不完的，结转下期继续抵减。

（2）其他个人出租不动产（不含住房），按照5%的征收率计算应纳税额；出租住房，按照5%的征收率减按1.5%计算应纳税额，公式为

出租住房应纳税款=含税销售额÷（1+5%）×1.5%

出租非住房应纳税款=含税销售额÷（1+5%）×5%

基本内容应用

一、进口货物应纳税额的计算

A厂进口一批葡萄酒，海关核定的关税完税价格为90万元，关税9万元，进口环节消费税为11万元。

要求： 计算A厂进口环节应纳增值税税额。

处理：

进口环节增值税税额 =（90 +9 +11）×16% =17.6（万元）

二、跨县提供建筑服务应纳税额的计算

甲市的A单位，一般纳税人，承包了一项在乙市的建筑工程，适用一般计税方法计税。承包额616万元，允许抵扣的进项税额为30万元。在乙市预缴的税款取得了完税凭证。

要求： 若不考虑施工工期因素，计算应预缴增值税税额和应申报缴纳的增值税税额。

处理：

应向乙市预缴税款 =616 ÷（1 +10%）×2% =11.2（万元）

应向甲市申报缴纳税款 =616 ÷（1 +10%）×10% −30 −11.2 =14.8（万元）

在了解了增值税特殊计税方法的基本政策的基础上，进一步了解运用特殊计税方法计算税款的具体政策：

情境一　确定允许抵扣的进项税额——销售自行开发的房地产项目需划分进项税额的处理

A公司（一般纳税人）自行开发销售甲、乙两个房地产项目，甲项目《建筑工程施工许可证》注明建设规模为1 300 米²，以一般计税方法计税；乙项目《建筑工程施工许可证》注明建设规模为1 200 米²，以简易计税方法计税。已知购入建筑施工用各种材料动力等用于甲、乙项目，取得的所有扣税凭证注明的进项税额为2 000万元。

要求： 计算A公司准予抵扣的进项税额。

政策提示

一般纳税人销售自行开发的房地产项目，兼有一般计税方法计税、简易计税方法计税、免征增值税的房地产项目而无法划分不得抵扣的进项税额的，应以《建筑工程施工许可证》注明的“建设规模”为依据进行划分。

$$\text{不得抵扣的进项税额} = \text{当期无法划分的全部进项税额} \times \left(\frac{\text{简易计税、免税房地产}}{\text{项目建设规模}} \div \frac{\text{房地产项目}}{\text{总建设规模}}\right)$$

业务处理

根据政策规定：

不得抵扣的进项税额 =2 000 ×1 200 ÷（1 300 +1 200）

=960（万元）

准予抵扣的进项税额 = 2 000 − 960 = 1 040（万元）

知识拓展

个人转让住房计算增值税时销售额的确定

个人转让住房计算增值税时，销售额的确定方法有两种：转让全额和转让差额。

一、北京市、上海市、广州市和深圳市之外的地区销售额的确定方法

个人将购买不足2年的住房对外销售的，按照5%的征收率全额缴纳增值税；个人将购买2年以上（含2年）的住房对外销售的，免征增值税。

二、北京市、上海市、广州市和深圳市销售额的确定方法

个人将购买不足2年的住房对外销售的，按照5%的征收率全额缴纳增值税；个人将购买2年以上（含2年）的非普通住房对外销售的，以销售收入减去购买住房价款后的差额按照5%的征收率缴纳增值税；个人将购买2年以上（含2年）的普通住房对外销售的，免征增值税。

任务五　会进行增值税纳税申报

基本内容学习

一、纳税义务发生时间

（一）销售货物、提供加工修理修配劳务的纳税义务发生时间

增值税纳税义务发生时间为收讫销售款项或者取得索取销售款项凭据的当天；先开具发票的，为开具发票的当天。收讫销售款是指某项收款行为的完结，不论是全部销售款还是部分销售款（不是收到全部销售款）。索取销售款项凭据包括发票、书面合同、协议、收据、客户结算凭证、客户提货单等。收讫销货款或取得索取销货款项凭证的当天按销售结算方式的不同，具体为：

（1）采取直接收款方式销售货物，不论货物是否发出，均为收到销售款或者取得索取销售款凭据的当天。

（2）采取托收承付和委托银行收款方式销售货物，为发出货物并办妥托收手续的当天。

（3）采取赊销和分期收款方式销售货物，为书面合同约定的收款日期的当天，无书面合同的或者书面合同没有约定收款日期的，为货物发出的当天。

（4）采取预收货款方式销售货物，为货物发出的当天，但生产销售生产工期超过12个月的大型机械设备、船舶、飞机等货物，为收到预收款或者书面合同约定的收款日期的当天。

（5）委托其他纳税人代销货物，为收到代销单位的代销清单或者收到全部或者部分货款的当天。未收到代销清单及货款的，为发出代销货物满180天的当天。

（6）提供加工修理修配劳务，为提供劳务同时收讫销售款或者取得索取销售款的凭据的当天。

（7）纳税人发生除将货物交付其他单位或个人代销或销售代销货物以外的视同销售货

物行为，为货物移送的当天。

（二）销售服务、无形资产、不动产的纳税义务发生时间

纳税人发生应税行为并收讫销售款项或者取得索取销售款项凭据的当天；先开具发票的，为开具发票的当天。收讫销售款项，是指纳税人销售服务、无形资产、不动产过程中或者完成后收到款项。取得索取销售款项凭据的当天，是指书面合同确定的付款日期；未签订书面合同或者书面合同未确定付款日期的，为服务、无形资产转让完成的当天或者不动产权属变更的当天。

（1）纳税人提供建筑服务、租赁服务采取预收款方式的，其纳税义务发生时间为收到预收款的当天。

（2）纳税人从事金融商品转让的，为金融商品所有权转移的当天。

（3）纳税人发生本办法视同销售情形的，其纳税义务发生时间为服务、无形资产转让完成的当天或者不动产权属变更的当天。

（三）进口货物的纳税义务发生时间

纳税人进口货物，其纳税义务发生时间为报关进口的当天。

（四）增值税扣缴义务发生时间

增值税扣缴义务发生时间为纳税人增值税纳税义务发生的当天。

二、进项税额抵扣时限

进项税额的抵扣，按扣税凭证的种类不同，有不同的时限规定。

一般纳税人取得2017年7月1日以后开具的增值税专用发票、机动车销售统一发票，应在开具之日起360天内认证，在认证通过后，在规定的纳税申报期内申报抵扣进项税额。为进一步优化纳税服务，方便纳税人办税，逐渐取消了纳税信用等级评价为A级、B级、C级的纳税人的发票认证环节。

一般纳税人取得2017年7月1日以后开具的进口增值税专用缴款书，应在开具之日起360天内向主管税务机关报送《海关完税凭证抵扣清单》，申请稽核比对。对比对相符的进口增值税专用缴款书，纳税人应在税务机关提供比对结果的当月纳税申报期内申报抵扣。

知识拓展

纳税信用等级

纳税信用级别是指税务机关根据纳税人履行纳税义务情况，就纳税人在一定周期内的纳税信用所评定的级别。

税务机关根据纳税人税务登记、纳税申报、账簿凭证管理、税款缴纳、违反税法及行政法规行为处理等情况，进行考评、打分，并据此评定纳税人的纳税信用级别：90分及以上为A级；70分及以上、不满90分为B级；40分及以上、不满70分为C级；40分以下为D级；新企业年度内无营业收入且70分及以上为M级。

纳税信用级别一个纳税年度评价一次。税务机关按照守信激励、失信惩戒的原则，对不同信用级别的纳税人实施分类服务和管理。

（1）对纳税信用评价为A级的纳税人，税务机关予以下列激励措施：

①主动向社会公告年度A级纳税人名单。

②一般纳税人可单次领取3个月的增值税发票用量，需要调整增值税发票用量时即时

办理。

③普通发票按需领用。

④连续3年被评为A级信用级别（简称“3连A”）的纳税人，除享受以上措施外，还可以由税务机关提供绿色通道或专门人员帮助办理涉税事项。

⑤税务机关与相关部门实施的联合激励措施，以及结合当地实际情况采取的其他激励措施。

(2) 对纳税信用评价为B级的纳税人，税务机关实施正常管理，适时进行税收政策和管理规定的辅导，并视信用评价状态变化趋势选择性地提供激励措施。

(3) 对纳税信用评价为M级的纳税人，取消增值税专用发票认证，税务机关适时进行税收政策和管理规定的辅导。

(4) 对纳税信用评价为C级的纳税人，税务机关应依法从严管理。

(5) 对纳税信用评价为D级的纳税人，税务机关应采取以下措施：

①按相关规定公开D级纳税人及其直接责任人员名单，对直接责任人员注册登记或者负责经营的其他纳税人纳税信用直接判为D级。

②增值税专用发票领用按辅导期一般纳税人政策办理，普通发票的领用实行交（验）旧供新、严格限量供应。

③加强出口退税审核。

④加强纳税评估，严格审核其报送的各种资料。

⑤列入重点监控对象，提高监督检查频次，发现税收违法违规行为的，不得适用规定处罚幅度内的最低标准。

⑥将纳税信用评价结果通报相关部门，建议在经营、投融资、取得政府供应土地、进出口、出入境、注册新公司、工程招投标、政府采购、获得荣誉、安全许可、生产许可、从业任职资格、资质审核等方面予以限制或禁止。

⑦D级评价保留2年，第三年纳税信用不得评价为A级。

⑧税务机关与相关部门实施的联合惩戒措施，以及结合实际情况依法采取的其他严格管理措施。

三、纳税期限

增值税的纳税期限分别为1日、3日、5日、10日、15日、1个月或者1个季度。纳税人的具体纳税期限，由主管税务机关根据纳税人应纳税额的大小分别核定。以1个季度为纳税期限的规定适用于小规模纳税人、银行、财务公司、信托投资公司、信用社，以及财政部和国家税务总局规定的其他纳税人。不能按照固定期限纳税的，可以按次纳税。

纳税人以1个月或者1个季度为1个纳税期的，自期满之日起15日内申报纳税；以1日、3日、5日、10日或者15日为1个纳税期的，自期满之日起5日内预缴税款，于次月1日起15日内申报纳税并结清上月应纳税款。

扣缴义务人解缴税款的期限，依照前两款规定执行。

纳税人进口货物，应当自海关填发海关进口增值税专用缴款书之日起15日内缴纳税款。

四、纳税地点

（1）固定业户应当向其机构所在地的主管税务机关申报纳税。总机构和分支机构不在同一县（市）的，应当分别向各自所在地的主管税务机关申报纳税；但在同一省（自治区、直辖市、计划单列市）范围内的，经省（自治区、直辖市、计划单列市）财政厅（局）和国家税务局批准，可以由总机构汇总向总机构所在地的主管税务机关申报缴纳增值税。

（2）固定业户到外县（市）销售货物或者应税劳务，应当向其机构所在地的主管税务机关申请开具外出经营活动税收管理证明，并向其机构所在地的主管税务机关申报纳税；未开具证明的，应当向销售地或者劳务发生地的主管税务机关申报纳税；未向销售地或者劳务发生地的主管税务机关申报纳税的，由其机构所在地的主管税务机关补征税款。

（3）非固定业户销售货物或者应税劳务，应当向销售地或者劳务发生地的主管税务机关申报纳税；未向销售地或者劳务发生地的主管税务机关申报纳税的，由其机构所在地或者居住地的主管税务机关补征税款。

（4）进口货物，应当向报关地海关申报纳税。

（5）扣缴义务人应当向其机构所在地或者居住地的主管税务机关申报缴纳其扣缴的税款。

五、增值税专用发票的管理

增值税专用发票是增值税计算和征收管理中最重要的原始凭证，对它的管理是增值税各种票证管理中非常重要的部分。

（一）增值税专用发票的领购

纳税人主管税务机关将一般纳税人的企业名称、纳税人识别号、开票限额、购票限量、购票人员姓名、密码、开票机数量等信息载入专用IC卡，纳税人凭《发票领购簿》、IC卡和购票人员身份证明领购增值税专用发票。

但是，当纳税人出现会计核算不健全、有税收违法行为且拒不接受处理、私印或虚开专用发票、未按规定保管专用发票和专用设备等情形时，不得领购增值税专用发票。

（二）增值税专用发票的开票限额

增值税专用发票实行最高开票限额管理，即单份专用发票开具的销售额合计数不得达到的上限额度。最高开票限额由一般纳税人申请，税务机关依法审批。

（三）增值税专用发票的开具范围及要求

一般纳税人销售应税业务时，应该向购买方开具增值税专用发票。但是，发生下列情形时，不得开具增值税专用发票：商业企业一般纳税人零售烟、酒、食品、服装、鞋帽（不含专用于劳保）、化妆品等消费品；发生的销售业务属于免税业务；向消费者个人销售应税业务。

小规模纳税人需要开具增值税专用发票的，可向主管税务机关申请代开。

开具增值税专用发票时，一般为一式三联：发票联，作为购买方核算成本和进项税额的记账凭证；抵扣联，作为购买方报送主管税务机关认证和留存备查的扣税凭证；记账联，作为销售方核算销售收入和销项税额的记账凭证。也可以有更多联次，其他联次及用途由纳税人自行确定。

开具增值税专用发票时，应项目齐全、信息真实、字迹清晰、不压线格，发票联和抵扣联加盖财务专用章或发票专用章。

基本内容应用

一、增值税纳税申报流程

增值税纳税申报流程图，如图2－1、图2－2所示。

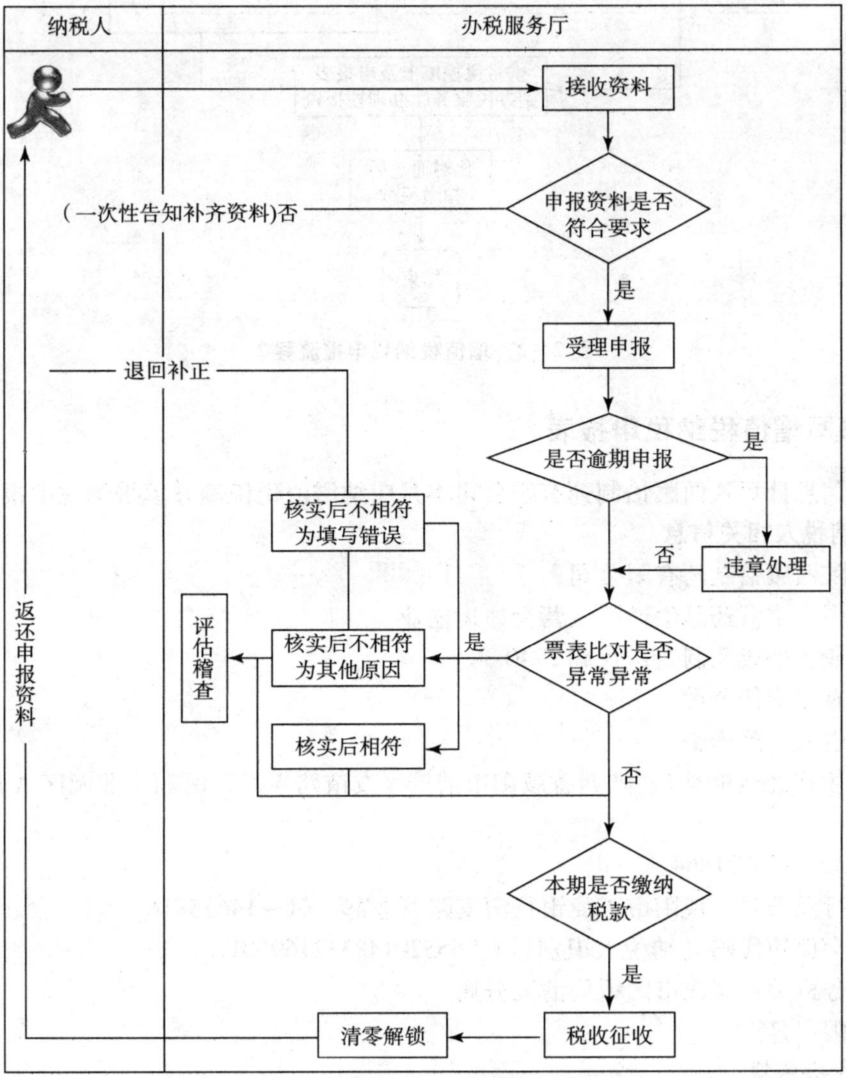

图2－1　增值税纳税申报流程1

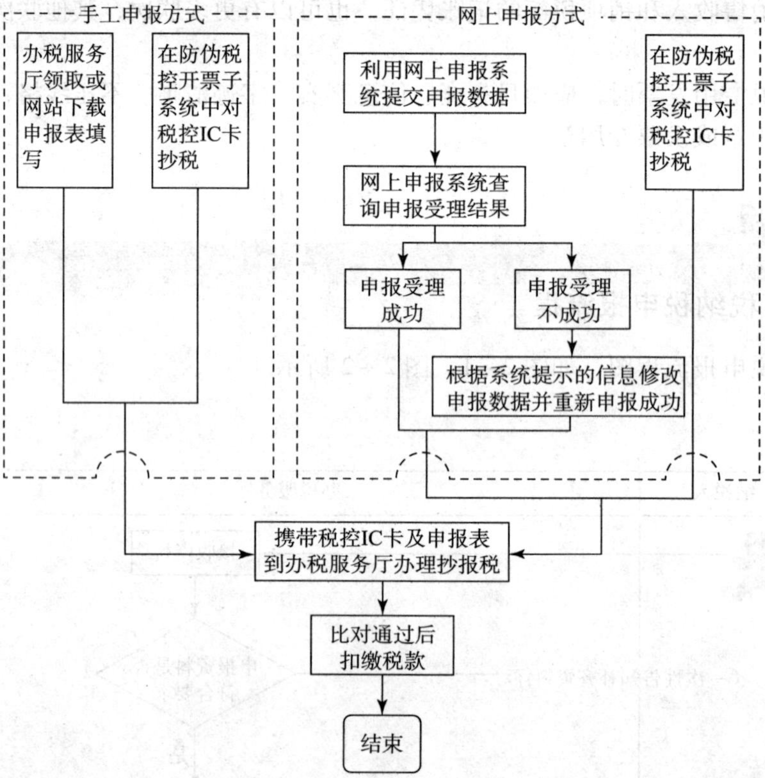

图2-2　增值税纳税申报流程2

二、填写增值税纳税申报表

就以下信息计算陕西康怡制药有限公司本月应纳增值税税额并填报纳税申报表。

（一）纳税人相关信息

名称：陕西康怡制药有限公司

经营范围：主营药品生产，兼营交通运输业。

所属行业：中成药制造，代码2740

类型：有限责任公司

法人代表人：严小平

住所（生产经营地址）：陕西省咸阳市渭滨区友谊路5号，医药工业园区A座（注册地址同）

电话：029-33721864

开户银行及账号：咸阳市工商银行渭滨路营业部，01-14625816

统一社会信用代码（纳税人识别号）：65520148332169001A

主管税务机关：咸阳市国税局渭滨分局

纳税期限：月

（二）业务资料

（注：未注明购进用途的业务，均为用于应税业务的购进；假设购进业务均在本月申报抵扣，所提及的防伪税控增值税专用发票均已在本月通过认证）

（1）7月2日，购进A原料一批用于应税业务，取得防伪税控增值税专用发票，注明价款8 000元，税率16%，税额1 280元。

（2）7月3日，提供运输劳务，开具防伪税控增值税专用发票，注明价款12 000元，税率10%，税额1 200元。

（3）7月6日，销售E品一批，开具防伪税控增值税专用发票，注明价款19 000元，税率16%，税额3 040元。

（4）7月9日，购进B原料一批用于应税业务，取得支付货款防伪税控增值税专用发票，注明价款10 200元，税率16%，税额1 632元；将货物运回而接受运输服务，取得支付运费防伪税控增值税专用发票，注明运费500元，税率10%，税额50元。

（5）7月10日，外购布匹一批，取得防伪税控增值税专用发票，注明价款15 000元，税率16%，税额2 400元；外购棉花一批，取得防伪税控增值税专用发票，注明价款5 000元，税率10%，税额500元。7月11日，将两种原料交付给四季被服厂，委托其加工被褥一批，支付加工费，取得防伪税控增值税专用发票，注明加工费6 000元，税率16%，税额960元。7月17日，将被褥收回后全部赠送给一福利院，未开具发票，无同类产品售价。

（6）7月11日，转让其2015年4月15日以含税价315 000万元购入的坐落在汉中市的仓库一间，取得含税价款525 000万元，开具增值税普通发票。选择简易计税方法计税，在汉中市预缴增值税10 000元［(525 000－315 000)÷(1＋5%)×5%］，取得完税凭证。

（7）7月12日，将7月2日购进的A料全部领用，80%用于生产L品、K品，20%用于生产N品（免税品）。

（8）7月15日，销售L品一批，开具防伪税控增值税专用发票，注明价款22 800元，税率16%，税额3 648元；另收取包装费580元，开具了增值税普通发票。

（9）7月17日，为检测所有自产产品的相关指标，购进D仪器（按固定资产管理），取得支付货款防伪税控增值税专用发票，注明价款10 000元，税率16%，税额1 600元；取得支付运费防伪税控增值税专用发票，注明运费3 000元，税率10%，税额300元。

（10）7月18日，支付增值税税控系统技术维护费，取得维护服务单位开具的技术维护费发票注明费用400元。（在增值税应纳税额中全额抵减）

（11）7月21日，购进包装物一批用于应税业务和非应税业务，价税合计共支付2 060元，取得增值税普通发票。

（12）7月23日，销售K片剂一批，开具防伪税控增值税专用发票，注明价款45 000元，税率16%，税额7 200元。

（13）7月24日，向农户董力收购C料（农产品）一批用于应税业务，开具收购发票，注明价款8 700元。

（14）7月25日，外购一批饮料发放给职工，取得商业零售普通发票，注明支付金额为6 084元。

（15）7月26日，提供运输劳务，开具防伪税控增值税专用发票，注明价款16 200元，税率10%，税额1 620元。

（16）7月29日，销售N片剂（免税药品）一批，取得价款4 800元，开具增值税普通发票。

（17）7月30日，上月随销售K药品（税率16%）收取的包装物押金3 016元，因包装物损坏而决定不予退还，未开具发票。

（18）7月31日，月末盘点，发现5月份购进且已抵扣进项税额的E原料（税率16%）霉变，成本3 500元。

（三）**计算税额**

（1）进项税额＝1 280.00（元），允许抵扣

（2）销项税额＝1 200.00（元）

（3）销项税额＝3 040.00（元）

（4）进项税额＝1 632.00（元），允许抵扣
进项税额＝50.00（元），允许抵扣

（5）进项税额＝2 400.00（元），允许抵扣
进项税额＝500.00（元），允许抵扣，再加计扣除2%，合计600元允许抵扣
进项税额＝960.00（元），允许抵扣
销项税额＝（15 000＋5 000＋6 000）×（1＋10%）×16%
＝4 576.00（元）

（6）简易办法计税：
预缴税额＝（525 000－315 000）÷（1＋5%）×5%＝10 000.00（元）

（7）进项税额转出＝1 280×20%＝256.00（元）

（8）销项税额＝3 648.00（元）
销项税额＝580÷（1＋16%）×16%＝80.00（元）

（9）进项税额＝1 600.00（元），允许抵扣
进项税额＝300.00（元），允许抵扣

（10）400元可直接抵减本期应纳增值税额

（11）进项税额不得抵扣

（12）销项税额＝7 200.00（元）

（13）进项税额＝8 700×10%＝870.00（元），再加计扣除2%，合计1 044元允许抵扣

（14）用于个人消费，进项税额不得抵扣

（15）销项税额＝1 620.00（元）

（16）销售免税货物，无进项税额

（17）销项税额＝3 016÷（1＋16%）×16%＝416.00（元）

（18）进项税额转出＝3 500×16%＝560.00（元）

本期应缴纳增值税＝（1 200.00＋3 040.00＋4 576.00＋3 648.00＋80.00＋7 200.00＋1 620.00＋416.00）－［（1 280.00＋1 632.00＋50.00＋2 400.00＋600.00＋960.00＋1 600.00＋300.00＋1 044.00）－（256.00＋560.00）］＋10 000.00－10 000.00－400.00
＝12 330.00（元）

（四）**填制申报表**

根据上述计算，分别填制《增值税纳税申报表》及附表，见表2－3～表2－7。（因为资料业务有限，《增值税纳税申报表附列资料五（不动产分期抵扣计算表）》和《增值税减免税申报明细表》无须填制，故无此两表。）

表 2－3　增值税纳税申报表

（一般纳税人适用）

根据国家税收法律法规及增值税相关规定制定本表。纳税人不论有无销售额，均应按税务机关核定的纳税期限填写本表，并向当地税务机关申报。

税款所属时间：自××年 7 月 1 日至××年 7 月 31 日　　填表日期：××年 8 月 5 日　　金额单位：元至角分

纳税人识别号 | 6 | 5 | 5 | 2 | 0 | 1 | 4 | 8 | 3 | 3 | 2 | 1 | 6 | 9 | 0 | 0 | 1 | A |　　所属行业：中成药生产

纳税人名称	陕西康怡制药有限公司（公章）	法定代表人姓名	李许	注册地址	陕西咸阳友谊路 5 号	生产经营地址	陕西咸阳友谊路 5 号
开户银行及账号	咸阳市工商银行渭滨路营业部，01－14625816	登记注册类型		有限责任公司		电话号码	029－337＊＊＊64

项目		栏次	一般项目		即征即退项目	
			本月数	本年累计	本月数	本年累计
销售额	（一）按适用税率计税销售额	1	146 700.00			
	其中：应税货物销售额	2	118 500.00			
	应税劳务销售额	3				
	纳税检查调整的销售额	4				
	（二）按简易办法计税销售额	5	500 000.00			
	其中：纳税检查调整的销售额	6				
	（三）免、抵、退办法出口销售额	7			—	—
	（四）免税销售额	8	4 800.00		—	—
	其中：免税货物销售额	9	4 800.00		—	—
	免税劳务销售额	10			—	—
税款计算	销项税额	11	21 780.00			
	进项税额	12	9 866.00			
	上期留抵税额	13				—
	进项税额转出	14	816.00			

续表

项目		栏次	一般项目		即征即退项目	
			本月数	本年累计	本月数	本年累计
税款计算	免、抵、退应退税额	15			—	—
	按适用税率计算的纳税检查应补缴税额	16			—	—
	应抵扣税额合计	17 = 12 + 13 − 14 − 15 + 16	9 050.00		—	—
	实际抵扣税额	18（如 17 < 11，则为 17，否则为 11）	9 050.00			
	应纳税额	19 = 11 − 18	12 730.00			
	期末留抵税额	20 = 17 − 18				—
	简易计税办法计算的应纳税额	21	10 000.00			
	按简易计税办法计算的纳税检查应补缴税额	22			—	—
	应纳税额减征额	23	400.00			
	应纳税额合计	24 = 19 + 21 − 23	22 330.00			
税款缴纳	期初未缴税额（多缴为负数）	25				
	实收出口开具专用缴款书退税额	26			—	—
	本期已缴税额	27 = 28 + 29 + 30 + 31	10 000.00			
	①分次预缴税额	28	10 000.00		—	—
	②出口开具专用缴款书预缴税额	29		—	—	—
	③本期缴纳上期应纳税额	30				
	④本期缴纳欠缴税额	31				
	期末未缴税额（多缴为负数）	32 = 24 + 25 + 26 − 27	12 330.00			
	其中：欠缴税额（≥0）	33 = 25 + 26 − 27			—	—

续表

项目		栏次	一般项目		即征即退项目	
			本月数	本年累计	本月数	本年累计
税款缴纳	本期应补（退）税额	34 = 24 − 28 − 29	12 330.00		—	—
	即征即退实际退税额	35			—	—
	期初未缴查补税额	36			—	—
	本期入库查补税额	37			—	—
	期末未缴查补税额	38 = 16 + 22 + 36 − 37			—	—
授权声明	如果你已委托代理人申报，请填写下列资料： 为代理一切税务事宜，现授权 （地址） 为本纳税人的代理申报人，任何与本申报表有关的往来文件，都可寄予此人。 授权人签字：		申报人声明	本纳税申报表是根据国家税收法律法规及相关规定填报的，我确定它是真实的、可靠的、完整的。 声明人签字：李许		

主管税务机关： 接收人： 接收日期：

表2－4　增值税纳税申报表附列资料（一）

（本期销售情况明细）

税款所属时间：××年7月1日至××年7月31日

纳税人名称：陕西康怡制药有限公司（公章）　　　　金额单位：元至角分

项目及栏次				开具增值税专用发票		开具其他发票		未开具发票		纳税检查调整		合计			服务、不动产和无形资产扣除项目本期实际扣除金额	扣除后	
				销售额	销项（应纳）税额	销售额	销项（应纳）税额	销售额	销项（应纳）税额	销售额	销项（应纳）税额	销售额	销项（应纳）税额	价税合计		含税（免税）销售额	销项（应纳）税额
				1	2	3	4	5	6	7	8	9＝1＋3＋5＋7	10＝2＋4＋6＋8	11＝9＋10	12	13＝11－12	14＝13÷（100%＋税率或征收率）×税率或征收率
一、一般计税方法计税	全部征税项目	16%税率的货物及加工修理修配劳务	1	86 800.00	13 888.00	500.00	80.00	31 200.00	4 992.00			118 500.00	18 960.00	—	—	—	—
		16%税率的服务、不动产和无形资产	2														
		13%税率	3	—	—	—	—	—	—	—	—	—	—	—	—	—	—
		10%税率的货物及加工修理修配劳务	4a											—	—	—	—
		10%税率的服务、不动产和无形资产	4b	28 200.00	2 820.00			28 200.00				2 820.00	31 020.00		31 020.00	2 820.00	
		6%税率	5														
	其中：即征即退项目	即征即退货物及加工修理修配劳务	6	—	—	—	—	—	—	—	—			—	—	—	—
		即征即退服务、不动产和无形资产	7	—	—	—	—	—	—	—	—						

续表

项目及栏次				开具增值税专用发票		开具其他发票		未开具发票		纳税检查调整		合计			服务、不动产和无形资产扣除项目本期实际扣除金额	扣除后	
				销售额	销项（应纳）税额	销售额	销项（应纳）税额	销售额	销项（应纳）税额	销售额	销项（应纳）税额	销售额	销项（应纳）税额	价税合计		含税（免税）销售额	销项（应纳）税额
				1	2	3	4	5	6	7	8	9 = 1 + 3 + 5 + 7	10 = 2 + 4 + 6 + 8	11 = 9 + 10	12	13 = 11 − 12	14 = 13 ÷ (100% + 税率或征收率) × 税率或征收率
二、简易计税方法计税	全部征税项目	6% 征收率	8							—	—		—	—	—	—	
		5% 征收率的货物及加工修理修配劳务	9a							—	—		—	—	—	—	
		5% 征收率的服务、不动产和无形资产	9b			500 000.00	25 000.00			—	—	500 000.00	25 000.00	525 000.00	315 000.00	210 000.00	10 000.00
		4% 征收率	10							—	—		—	—	—	—	
		3% 征收率的货物及加工修理修配劳务	11							—	—		—	—	—	—	
		3% 征收率的服务、不动产和无形资产	12							—	—						
		预征率 %	13a							—	—						
		预征率 %	13b							—	—						
		预征率 %	13c							—	—						
	其中：即征即退项目	即征即退货物及加工修理修配劳务	14	—	—	—	—	—	—	—	—			—	—	—	—
		即征即退服务、不动产和无形资产	15	—	—	—	—	—	—	—	—						

续表

项目及栏次			开具增值税专用发票		开具其他发票		未开具发票		纳税检查调整		合计			服务、不动产和无形资产扣除项目本期实际扣除金额	扣除后	
			销售额	销项（应纳）税额	销售额	销项（应纳）税额	销售额	销项（应纳）税额	销售额	销项（应纳）税额	销售额	销项（应纳）税额	价税合计		含税（免税）销售额	销项（应纳）税额
			1	2	3	4	5	6	7	8	9 = 1 + 3 + 5 + 7	10 = 2 + 4 + 6 + 8	11 = 9 + 10	12	13 = 11 − 12	14 = 13 ÷ (100% + 税率或征收率) × 税率或征收率
三、免抵退税	货物及加工修理修配劳务	16	—	—		—		—	—	—		—	—	—	—	—
	服务、不动产和无形资产	17	—	—		—		—	—	—		—				—
四、免税	货物及加工修理修配劳务	18			4 800.00	—		—	—	—	4 800.00	—	—	—	—	—
	服务、不动产和无形资产	19	—	—		—		—	—	—						—

表2-5　增值税纳税申报表附列资料（二）

（本期进项税额明细）

税款所属时间：××年7月1日至××年7月31日

纳税人名称：陕西康怡制药有限公司（公章）　　　　金额单位：元至角分

一、申报抵扣的进项税额				
项目	栏次	份数	金额	税额
（一）认证相符的增值税专用发票	1=2+3	8	57 700.00	8 722.00
其中：本期认证相符且本期申报抵扣	2	8	57 700.00	8 722.00
前期认证相符且本期申报抵扣	3			
（二）其他扣税凭证	4=5+6+7+8a+8b	1	8 700.00	1 144.00
其中：海关进口增值税专用缴款书	5			
农产品收购发票或者销售发票	6	1	8 700.00	870.00
代扣代缴税收缴款凭证	7		—	
加计扣除农产品进项税额	8a	—	—	274.00
其他	8b			
（三）本期用于购建不动产的扣税凭证	9			
（四）本期不动产允许抵扣进项税额	10	—	—	
（五）外贸企业进项税额抵扣证明	11	—	—	
当期申报抵扣进项税额合计	12=1+4-9+10+11	9	66 400.00	9 866.00

二、进项税额转出额		
项目	栏次	税额
本期进项税额转出额	13=14至23之和	816.00
其中：免税项目用	14	256.00
集体福利、个人消费	15	
非正常损失	16	560.00
简易计税方法征税项目用	17	
免抵退税办法不得抵扣的进项税额	18	
纳税检查调减进项税额	19	
红字专用发票信息表注明的进项税额	20	
上期留抵税额抵减欠税	21	
上期留抵税额退税	22	
其他应作进项税额转出的情形	23	

续表

三、待抵扣进项税额				
项目	栏次	份数	金额	税额
（一）认证相符的增值税专用发票	24	—	—	—
期初已认证相符但未申报抵扣	25			
本期认证相符且本期未申报抵扣	26			
期末已认证相符但未申报抵扣	27			
其中：按照税法规定不允许抵扣	28			
（二）其他扣税凭证	29 = 30至33之和			
其中：海关进口增值税专用缴款书	30			
农产品收购发票或者销售发票	31			
代扣代缴税收缴款凭证	32		—	
其他	33			
	34			
四、其他				
项目	栏次	份数	金额	税额
本期认证相符的增值税专用发票	35	8	57 700.00	8 722.00
代扣代缴税额	36	—	—	

表2-6 增值税纳税申报表附列资料（三）

（服务、不动产和无形资产扣除项目明细）

税款所属时间：××年7月1日至××年7月31日

纳税人名称：陕西康怡制药有限公司（公章） 金额单位：元至角分

项目及栏次		本期服务、不动产和无形资产价税合计额（免税销售额）	服务、不动产和无形资产扣除项目				
			期初余额	本期发生额	本期应扣除金额	本期实际扣除金额	期末余额
		1	2	3	4 = 2 + 3	5（5≤1且5≤4）	6 = 4 - 5
16%税率的项目	1						
10%税率的项目	2						
6%税率的项目（不含金融商品转让）	3						
6%税率的金融商品转让项目	4						
5%征收率的项目	5	525 000.00		315 000.00	315 000.00	315 000.00	0.00

续表

项目及栏次		本期服务、不动产和无形资产价税合计额（免税销售额）	服务、不动产和无形资产扣除项目				
			期初余额	本期发生额	本期应扣除金额	本期实际扣除金额	期末余额
		1	2	3	4=2+3	5（5≤1且5≤4）	6=4-5
3%征收率的项目	6						
免抵退税的项目	7						
免税的项目	8						

表2-7　增值税纳税申报表附列资料（四）

（税额抵减情况表）

税款所属时间：××年7月1日至××年7月31日

纳税人名称：陕西康怡制药有限公司（公章）　　金额单位：元至角分

序号	抵减项目	期初余额	本期发生额	本期应抵减税额	本期实际抵减税额	期末余额
		1	2	3=1+2	4≤3	5=3-4
1	增值税税控系统专用设备费及技术维护费	400.00	400.00	400.00	0.00	
2	分支机构预征缴纳税款					
3	建筑服务预征缴纳税款					
4	销售不动产预征缴纳税款					
5	出租不动产预征缴纳税款					

知识拓展

增值税纳税申报比对

为了进一步加强和规范增值税纳税申报比对管理，提高申报质量，我国从2018年5月1日起，执行增值税纳税申报比对。

申报比对管理是指税务机关以信息化为依托，通过优化整合现有征管信息资源，对增值税纳税申报信息进行票、表、税比对，并对比对结果进行相应处理。

申报比对的对象包括增值税一般纳税人和小规模纳税人。

申报比对依据的信息包括申报表及其附列资料、增值税发票、进项抵扣凭证、税款入库、优惠备案等资料提供的各种信息。

申报比对的主要内容包括表表比对、票表比对、表税比对。表表比对是指增值税申报表主、附表表间逻辑关系的比对。票表比对是指对纳税人的各类票、证、资格等信息与申报表主、附表相关信息比对。表税比对是指纳税人当期申报的应纳税款与当期实际入库税款的比对。

申报比对相符，纳税人可正常申报、纳税。申报比对不相符，即出现“比对异常”，应经税务机关审核、处理，解决后，方可正常申报、纳税；若纳税人不经税务机关处理异常，强制自行申报，会导致税控机被锁，纳税人不能正常领用、开具发票，直接影响后面的生产经营活动。

附

“销售服务”“销售无形资产”“销售不动产”范围注释

一、销售服务

（一）交通运输服务

1. 陆路运输服务

陆路运输服务，是指通过陆路（地上或者地下）运送货物或者旅客的运输业务活动，包括铁路运输服务和其他陆路运输服务。

（1）铁路运输服务，是指通过铁路运送货物或者旅客的运输业务活动。

（2）其他陆路运输服务，是指铁路运输以外的陆路运输业务活动。包括公路运输、缆车运输、索道运输、地铁运输、城市轻轨运输等。

出租车公司向使用本公司自有出租车的出租车司机收取的管理费用，按照陆路运输服务缴纳增值税。

2. 水路运输服务

水路运输服务，是指通过江、河、湖、川等天然、人工水道或者海洋航道运送货物或者旅客的运输业务活动。

水路运输的程租、期租业务，属于水路运输服务。

程租业务，是指运输企业为租船人完成某一特定航次的运输任务并收取租赁费的业务。

期租业务，是指运输企业将配备有操作人员的船舶承租给他人使用一定期限，承租期内听候承租方调遣，不论是否经营，均按天向承租方收取租赁费，发生的固定费用均由船东负担的业务。

3. 航空运输服务

航空运输服务，是指通过空中航线运送货物或者旅客的运输业务活动。

航空运输的湿租业务，属于航空运输服务。

湿租业务，是指航空运输企业将配备有机组人员的飞机承租给他人使用一定期限，承租期内听候承租方调遣，不论是否经营，均按一定标准向承租方收取租赁费，发生的固定费用均由承租方承担的业务。

航天运输服务，按照航空运输服务缴纳增值税。

航天运输服务，是指利用火箭等载体将卫星、空间探测器等空间飞行器发射到空间轨道的业务活动。

4. 管道运输服务

管道运输服务，是指通过管道设施输送气体、液体、固体物质的运输业务活动。

无运输工具承运业务，按照交通运输服务缴纳增值税。

无运输工具承运业务，是指经营者以承运人身份与托运人签订运输服务合同，收取运费并承担承运人责任，然后委托实际承运人完成运输服务的经营活动。

（二）邮政服务

1. 邮政普遍服务

邮政普遍服务，是指函件、包裹等邮件寄递，以及邮票发行、报刊发行和邮政汇兑等业务活动。

函件，是指信函、印刷品、邮资封片卡、无名址函件和邮政小包等。

包裹，是指按照封装上的名址递送给特定个人或者单位的独立封装的物品，其重量不超过五十千克，任何一边的尺寸不超过一百五十厘米，长、宽、高合计不超过三百厘米。

2. 邮政特殊服务

邮政特殊服务，是指义务兵平常信函、机要通信、盲人读物和革命烈士遗物的寄递等业务活动。

3. 其他邮政服务

其他邮政服务，是指邮册等邮品销售、邮政代理等业务活动。

（三）电信服务

1. 基础电信服务

基础电信服务，是指利用固网、移动网、卫星、互联网，提供语音通话服务的业务活动，以及出租或者出售带宽、波长等网络元素的业务活动。

2. 增值电信服务

增值电信服务，是指利用固网、移动网、卫星、互联网、有线电视网络，提供短信和彩信服务、电子数据和信息的传输及应用服务、互联网接入服务等业务活动。

卫星电视信号落地转接服务，按照增值电信服务缴纳增值税。

（四）建筑服务

1. 工程服务

工程服务，是指新建、改建各种建筑物、构筑物的工程作业，包括与建筑物相连的各种设备或者支柱、操作平台的安装或者装设工程作业，以及各种窑炉和金属结构工程作业。

2. 安装服务

安装服务，是指生产设备、动力设备、起重设备、运输设备、传动设备、医疗实验设备以及其他各种设备、设施的装配、安置工程作业，包括与被安装设备相连的工作台、梯子、栏杆的装设工程作业，以及被安装设备的绝缘、防腐、保温、油漆等工程作业。

固定电话、有线电视、宽带、水、电、燃气、暖气等经营者向用户收取的安装费、初装费、开户费、扩容费以及类似收费，按照安装服务缴纳增值税。

3. 修缮服务

修缮服务，是指对建筑物、构筑物进行修补、加固、养护、改善，使之恢复原来的使用价值或者延长其使用期限的工程作业。

4. 装饰服务

装饰服务，是指对建筑物、构筑物进行修饰装修，使之美观或者具有特定用途的工程作业。

5. 其他建筑服务

其他建筑服务，是指上列工程作业之外的各种工程作业服务，如钻井（打井）、拆除建筑物或者构筑物、平整土地、园林绿化、疏浚（不包括航道疏浚）、建筑物平移、搭脚手架、爆破、矿山穿孔、表面附着物（包括岩层、土层、沙层等）剥离和清理等工程作业。

（五）金融服务

1. 贷款服务

贷款，是指将资金贷与他人使用而取得利息收入的业务活动。

各种占用、拆借资金取得的收入，包括金融商品持有期间（含到期）利息（保本收益、报酬、资金占用费、补偿金等）收入、信用卡透支利息收入、买入返售金融商品利息收入、融资融券收取的利息收入，以及融资性售后回租、押汇、罚息、票据贴现、转贷等业务取得的利息及利息性质的收入，按照贷款服务缴纳增值税。

融资性售后回租，是指承租方以融资为目的，将资产出售给从事融资性售后回租业务的企业后，从事融资性售后回租业务的企业将该资产出租给承租方的业务活动。

以货币资金投资收取的固定利润或者保底利润，按照贷款服务缴纳增值税。

2. 直接收费金融服务

直接收费金融服务，是指为货币资金融通及其他金融业务提供相关服务并且收取费用的业务活动。包括提供货币兑换、账户管理、电子银行、信用卡、信用证、财务担保、资产管理、信托管理、基金管理、金融交易场所（平台）管理、资金结算、资金清算、金融支付等服务。

3. 保险服务

保险服务，是指投保人根据合同约定，向保险人支付保险费，保险人对于合同约定的可能发生的事故因其发生所造成的财产损失承担赔偿保险金责任，或者当被保险人死亡、伤残、疾病或者达到合同约定的年龄、期限等条件时承担给付保险金责任的商业保险行为。包括人身保险服务和财产保险服务。

人身保险服务，是指以人的寿命和身体为保险标的的保险业务活动。

财产保险服务，是指以财产及其有关利益为保险标的的保险业务活动。

4. 金融商品转让

金融商品转让，是指转让外汇、有价证券、非货物期货和其他金融商品所有权的业务活动。

其他金融商品转让包括基金、信托、理财产品等各类资产管理产品和各种金融衍生品的转让。

（六）现代服务

1. 研发和技术服务

（1）研发服务，也称技术开发服务，是指就新技术、新产品、新工艺或者新材料及其系统进行研究与试验开发的业务活动。

（2）合同能源管理服务，是指节能服务公司与用能单位以契约形式约定节能目标，节能服务公司提供必要的服务，用能单位以节能效果支付节能服务公司投入及其合理报酬的业务活动。

（3）工程勘察勘探服务，是指在采矿、工程施工前后，对地形、地质构造、地下资源蕴藏情况进行实地调查的业务活动。

（4）专业技术服务，是指气象服务、地震服务、海洋服务、测绘服务、城市规划、环境与生态监测服务等专项技术服务。

2. 信息技术服务

信息技术服务，是指利用计算机、通信网络等技术对信息进行生产、收集、处理、加工、存储、运输、检索和利用，并提供信息服务的业务活动。

（1）软件服务，是指提供软件开发服务、软件维护服务、软件测试服务的业务活动。

（2）电路设计及测试服务，是指提供集成电路和电子电路产品设计、测试及相关技术支持服务的业务活动。

（3）信息系统服务，是指提供信息系统集成、网络管理、网站内容维护、桌面管理与维护、信息系统应用、基础信息技术管理平台整合、信息技术基础设施管理、数据中心、托管中心、信息安全服务、在线杀毒、虚拟主机等业务活动。包括网站对非自有的网络游戏提供的网络运营服务。

（4）业务流程管理服务，是指依托信息技术提供的人力资源管理、财务经济管理、审计管理、税务管理、物流信息管理、经营信息管理和呼叫中心等服务的活动。

（5）信息系统增值服务，是指利用信息系统资源为用户附加提供的信息技术服务。包括数据处理、分析和整合、数据库管理、数据备份、数据存储、容灾服务、电子商务平台等。

3. 文化创意服务

（1）设计服务，是指把计划、规划、设想通过文字、语言、图画、声音、视觉等形式传递出来的业务活动。包括工业设计、内部管理设计、业务运作设计、供应链设计、造型设计、服装设计、环境设计、平面设计、包装设计、动漫设计、网游设计、展示设计、网站设计、机械设计、工程设计、广告设计、创意策划、文印晒图等。

（2）知识产权服务，是指处理知识产权事务的业务活动。包括对专利、商标、著作权、软件、集成电路布图设计的登记、鉴定、评估、认证、检索服务。

（3）广告服务，是指利用图书、报纸、杂志、广播、电视、电影、幻灯、路牌、招贴、橱窗、霓虹灯、灯箱、互联网等各种形式为客户的商品、经营服务项目、文体节目或者通告、声明等委托事项进行宣传和提供相关服务的业务活动。包括广告代理和广告的发布、播映、宣传、展示等。

（4）会议展览服务，是指为商品流通、促销、展示、经贸洽谈、民间交流、企业沟通、国际往来等举办或者组织安排的各类展览和会议的业务活动。

4. 物流辅助服务

（1）航空服务，包括航空地面服务和通用航空服务。

航空地面服务，是指航空公司、飞机场、民航管理局、航站等向在境内航行或者在境内机场停留的境内外飞机或者其他飞行器提供的导航等劳务性地面服务的业务活动。包括旅客安全检查服务、停机坪管理服务、机场候机厅管理服务、飞机清洗消毒服务、空中飞行管理服务、飞机起降服务、飞行通讯服务、地面信号服务、飞机安全服务、飞机跑道管理服务、空中交通管理服务等。

通用航空服务，是指为专业工作提供飞行服务的业务活动，包括航空摄影、航空培训、航空测量、航空勘探、航空护林、航空吊挂播洒、航空降雨、航空气象探测、航空海洋监测、航空科学实验等。

（2）港口码头服务，是指港务船舶调度服务、船舶通信服务、航道管理服务、航道疏浚服务、灯塔管理服务、航标管理服务、船舶引航服务、理货服务、系解缆服务、停泊和移泊服务、海上船舶溢油清除服务、水上交通管理服务、船只专业清洗消毒检测服务和防止船只漏油服务等为船只提供服务的业务活动。

港口设施经营人收取的港口设施保安费按照港口码头服务缴纳增值税。

（3）货运客运场站服务，是指货运客运场站提供货物配载服务、运输组织服务、中转换乘服务、车辆调度服务、票务服务、货物打包整理、铁路线路使用服务、加挂铁路客车服务、铁路行包专列发送服务、铁路到达和中转服务、铁路车辆编解服务、车辆挂运服务、铁路接触网服务、铁路机车牵引服务等业务活动。

（4）打捞救助服务，是指提供船舶人员救助、船舶财产救助、水上救助和沉船沉物打捞服务的业务活动。

（5）装卸搬运服务，是指使用装卸搬运工具或者人力、畜力将货物在运输工具之间、装卸现场之间或者运输工具与装卸现场之间进行装卸和搬运的业务活动。

（6）仓储服务，是指利用仓库、货场或者其他场所代客贮放、保管货物的业务活动。

（7）收派服务，是指接受寄件人委托，在承诺的时限内完成函件和包裹的收件、分拣、派送服务的业务活动。

收件服务，是指从寄件人收取函件和包裹，并运送到服务提供方同城的集散中心的业务活动。

分拣服务，是指服务提供方在其集散中心对函件和包裹进行归类、分发的业务活动。

派送服务，是指服务提供方从其集散中心将函件和包裹送达同城的收件人的业务活动。

5. 租赁服务

（1）融资租赁服务，是指具有融资性质和所有权转移特点的租赁活动。即出租人根据承租人所要求的规格、型号、性能等条件购入有形动产或者不动产租赁给承租人，合同期内租赁物所有权属于出租人，承租人只拥有使用权，合同期满付清租金后，承租人有权按照残值购入租赁物，以拥有其所有权。不论出租人是否将租赁物销售给承租人，均属于融资租赁。

按照标的物的不同，融资租赁服务可分为有形动产融资租赁服务和不动产融资租赁服务。

融资性售后回租不按照本税目缴纳增值税。

（2）经营租赁服务，是指在约定时间内将有形动产或者不动产转让他人使用且租赁物所有权不变更的业务活动。

按照标的物的不同，经营租赁服务可分为有形动产经营租赁服务和不动产经营租赁服务。

将建筑物、构筑物等不动产或者飞机、车辆等有形动产的广告位出租给其他单位或者个人用于发布广告，按照经营租赁服务缴纳增值税。

车辆停放服务、道路通行服务（包括过路费、过桥费、过闸费等）等按照不动产经营租赁服务缴纳增值税。

水路运输的光租业务、航空运输的干租业务，属于经营租赁。

光租业务，是指运输企业将船舶在约定的时间内出租给他人使用，不配备操作人员，不承担运输过程中发生的各项费用，只收取固定租赁费的业务活动。

干租业务，是指航空运输企业将飞机在约定的时间内出租给他人使用，不配备机组人员，不承担运输过程中发生的各项费用，只收取固定租赁费的业务活动。

6. 鉴证咨询服务

（1）认证服务，是指具有专业资质的单位利用检测、检验、计量等技术，证明产品、服务、管理体系符合相关技术规范、相关技术规范的强制性要求或者标准的业务活动。

（2）鉴证服务，是指具有专业资质的单位受托对相关事项进行鉴证，发表具有证明力的意见的业务活动。包括会计鉴证、税务鉴证、法律鉴证、职业技能鉴定、工程造价鉴证、工程监理、资产评估、环境评估、房地产土地评估、建筑图纸审核、医疗事故鉴定等。

（3）咨询服务，是指提供信息、建议、策划、顾问等服务的活动。包括金融、软件、技术、财务、税收、法律、内部管理、业务运作、流程管理、健康等方面的咨询。

翻译服务和市场调查服务按照咨询服务缴纳增值税。

7. 广播影视服务

（1）广播影视节目（作品）制作服务，是指进行专题（特别节目）、专栏、综艺、体育、动画片、广播剧、电视剧、电影等广播影视节目和作品制作的服务。具体包括与广播影视节目和作品相关的策划、采编、拍摄、录音、音视频文字图片素材制作、场景布置、后期的剪辑、翻译（编译）、字幕制作、片头、片尾、片花制作、特效制作、影片修复、编目和确权等业务活动。

（2）广播影视节目（作品）发行服务，是指以分账、买断、委托等方式，向影院、电台、电视台、网站等单位和个人发行广播影视节目（作品）以及转让体育赛事等活动的报道及播映权的业务活动。

（3）广播影视节目（作品）播映（含放映，下同）服务，是指在影院、剧院、录像厅及其他场所播映广播影视节目（作品），以及通过电台、电视台、卫星通信、互联网、有线电视等无线或者有线装置播映广播影视节目（作品）的业务活动。

8. 商务辅助服务

（1）企业管理服务，是指提供总部管理、投资与资产管理、市场管理、物业管理、日常综合管理等服务的业务活动。

（2）经纪代理服务，是指各类经纪、中介、代理服务。包括金融代理、知识产权代理、货物运输代理、代理报关、法律代理、房地产中介、职业中介、婚姻中介、代理记账、拍卖等。

货物运输代理服务，是指接受货物收货人、发货人、船舶所有人、船舶承租人或者船舶经营人的委托，以委托人的名义，为委托人办理货物运输、装卸、仓储和船舶进出港口、引航、靠泊等相关手续的业务活动。

代理报关服务，是指接受进出口货物的收、发货人委托，代为办理报关手续的业务活动。

（3）人力资源服务，是指提供公共就业、劳务派遣、人才委托招聘、劳动力外包等服务的业务活动。

（4）安全保护服务，是指提供保护人身安全和财产安全，维护社会治安等的业务活动。

包括场所住宅保安、特种保安、安全系统监控以及其他安保服务。

9. 其他现代服务

其他现代服务，是指除研发和技术服务、信息技术服务、文化创意服务、物流辅助服务、租赁服务、鉴证咨询服务、广播影视服务和商务辅助服务以外的现代服务。

（七）生活服务

生活服务，是指为满足城乡居民日常生活需求提供的各类服务活动。

1. 文化体育服务

（1）文化服务，是指为满足社会公众文化生活需求提供的各种服务。包括文艺创作、文艺表演、文化比赛，图书馆的图书和资料借阅，档案馆的档案管理，文物及非物质遗产保护，组织举办宗教活动、科技活动、文化活动，提供游览场所。

（2）体育服务，是指组织举办体育比赛、体育表演、体育活动，以及提供体育训练、体育指导、体育管理的业务活动。

2. 教育医疗服务

（1）教育服务，是指提供学历教育服务、非学历教育服务、教育辅助服务的业务活动。

学历教育服务，是指根据教育行政管理部门确定或者认可的招生和教学计划组织教学，并颁发相应学历证书的业务活动。包括初等教育、初级中等教育、高级中等教育、高等教育等。

非学历教育服务，包括学前教育、各类培训、演讲、讲座、报告会等。

教育辅助服务，包括教育测评、考试、招生等服务。

（2）医疗服务，是指提供医学检查、诊断、治疗、康复、预防、保健、接生、计划生育、防疫服务等方面的服务，以及与这些服务有关的提供药品、医用材料器具、救护车、病房住宿和伙食的业务。

3. 旅游娱乐服务

（1）旅游服务，是指根据旅游者的要求，组织安排交通、游览、住宿、餐饮、购物、文娱、商务等服务的业务活动。

（2）娱乐服务，是指为娱乐活动同时提供场所和服务的业务。

具体包括歌厅、舞厅、夜总会、酒吧、台球、高尔夫球、保龄球、游艺（包括射击、狩猎、跑马、游戏机、蹦极、卡丁车、热气球、动力伞、射箭、飞镖）。

4. 餐饮住宿服务

（1）餐饮服务，是指通过同时提供饮食和饮食场所的方式为消费者提供饮食消费服务的业务活动。

（2）住宿服务，是指提供住宿场所及配套服务等的活动。包括宾馆、旅馆、旅社、度假村和其他经营性住宿场所提供的住宿服务。

5. 居民日常服务

居民日常服务，是指主要为满足居民个人及其家庭日常生活需求提供的服务，包括市容市政管理、家政、婚庆、养老、殡葬、照料和护理、救助救济、美容美发、按摩、桑拿、氧吧、足疗、沐浴、洗染、摄影扩印等服务。

6. 其他生活服务

其他生活服务，是指除文化体育服务、教育医疗服务、旅游娱乐服务、餐饮住宿服务和居民日常服务之外的生活服务。

二、销售无形资产

销售无形资产，是指转让无形资产所有权或者使用权的业务活动。无形资产，是指不具实物形态，但能带来经济利益的资产，包括技术、商标、著作权、商誉、自然资源使用权和其他权益性无形资产。

技术，包括专利技术和非专利技术。

自然资源使用权，包括土地使用权、海域使用权、探矿权、采矿权、取水权和其他自然资源使用权。

其他权益性无形资产，包括基础设施资产经营权、公共事业特许权、配额、经营权（包括特许经营权、连锁经营权、其他经营权）、经销权、分销权、代理权、会员权、席位权、网络游戏虚拟道具、域名、名称权、肖像权、冠名权、转会费等。

三、销售不动产

销售不动产，是指转让不动产所有权的业务活动。不动产，是指不能移动或者移动后会引起性质、形状改变的财产，包括建筑物、构筑物等。

建筑物，包括住宅、商业营业用房、办公楼等可供居住、工作或者进行其他活动的建造物。

构筑物，包括道路、桥梁、隧道、水坝等建造物。

转让建筑物有限产权或者永久使用权的，转让在建的建筑物或者构筑物所有权的，以及在转让建筑物或者构筑物时一并转让其所占土地的使用权的，按照销售不动产缴纳增值税。

项目三

消费税的计算与申报

实际岗位

收入、成本费用核算；办税员，办理进口业务的人员。

工作任务

在确定当期消费税应税业务的基础上，计算当期应纳消费税，编制会计凭证，登录相关账簿，在规定期限内填制《消费税纳税申报表》，进行纳税申报。

教学目的

通过“项目三”的教学和实训，达到：

1. 能确定消费税的征税范围和具体税目
2. 会计算各情形下应税业务的计税依据
3. 会计算应纳消费税额
4. 能够正确填制《消费税纳税申报表》

任务一 了解消费税基本税制内容

基本内容学习

消费税是对在我国境内从事生产、委托加工和进口应税消费品的单位和个人，就其销售额或销售数量征收的一种税。

我国消费税具有以下五个特点：征税项目选择性、征税环节单一性、征税方法多样性、税收调节特殊性和税收负担转嫁性。

一、征税对象及税目

我国消费税的征税对象为应税消费品，并对其进行分类，设置了十五个税目：

（一）烟

凡是以烟叶为原料加工生产的产品，不论使用何种辅料，均属于本税目的征收范围。包括卷烟（进口卷烟、白包卷烟、手工卷烟。未经国务院批准纳入计划的企业及个人生产的卷烟也属本子目征收范围）、雪茄烟和烟丝。

（二）酒

酒是酒精度在1度以上的各种酒类饮料，包括粮食白酒、薯类白酒、黄酒、啤酒和其他酒。

（三）高档化妆品

高档化妆品包括高档美容、修饰类化妆品、高档护肤类化妆品和成套化妆品。高档美容、修饰类化妆品和高档护肤类化妆品是指生产（进口）环节销售（完税）价格（不含增值税）在10元/毫升（克）或15元/片（张）及以上的美容、修饰类化妆品和护肤类化妆品。

（四）贵重首饰及珠宝玉石

各种金银珠宝首饰和经采掘、打磨、加工的各种珠宝玉石。金银珠宝首饰包括以金、银、白金、宝石、珍珠、钻石、翡翠、珊瑚、玛瑙等高贵稀有物质以及其他金属、人造宝石制作的各种纯金银首饰、镶嵌首饰。珠宝玉石的种类包括钻石、珍珠、松石、青金石、欧油石、橄榄石、长石、玉、石英、玉髓、石榴石、钻石、尖晶石、黄玉、碧玺、金绿玉、绿柱石、刚玉琥珀、珊瑚、煤玉、龟甲、合成刚玉、合成宝石、双合石、玻璃仿制品。

（五）鞭炮、焰火

鞭炮、焰火指各种鞭炮、焰火。

（六）成品油

成品油包括汽油、柴油、石脑油、溶剂油、航空煤油、润滑油、燃料油。

（七）摩托车

摩托车包括轻便摩托车和摩托车。不包括最大设计车速不超过50千米/小时，发动机气缸总工作容量不超过50毫升的三轮摩托车。

（八）汽车

汽车是指由动力驱动，具有四个或四个以上车轮的非轨道承载的车辆。

本税目征收范围包括乘用车、中轻型商用客车和超豪华小汽车。乘用车指含驾驶员座位在内最多不超过9个座位（含）的，在设计和技术特性上用于载运乘客和货物的各类乘用车；中轻型商用客车指含驾驶员座位在内的座位数在10~23座（含23座）的，在设计和技术特性上用于载运乘客和货物的各类中轻型商用客车。上述含驾驶员人数（额定载客）为区间值的（如8~10人、17~26人）小汽车，按其区间值下限人数确定征收范围；超豪华小汽车指每辆零售价格130万元（不含增值税）及以上的乘用车和中轻型商用客车，即乘用车和中轻型商用客车子税目中的超豪华小汽车。

电动汽车以及沙滩车、雪地车、卡丁车、高尔夫车等均不属于本税目征收范围，不征收消费税。

（九）高尔夫球及球具

高尔夫球及球具包括高尔夫球、高尔夫球杆、高尔夫球包（袋）。高尔夫球是指重量不超过45.93克、直径不超过42.67毫米的高尔夫球运动比赛、练习用球；高尔夫球杆是指被设计用来打高尔夫球的工具，由杆头、杆身和握把三部分组成；高尔夫球包（袋）是指专用于盛装高尔夫球及球杆的包（袋）。

（十）高档手表

高档手表指销售价格（不含增值税）每只在10 000元（含）以上的各类手表。

（十一）游艇

游艇指长度大于8米（含）小于90米（含），船体由玻璃钢、钢、铝合金、塑料等多种材料制作，可以在水上移动的水上浮载体。按照动力划分，游艇分为无动力艇、帆艇和机动艇。

本税目征收范围包括内置发动机，可以在水上移动，一般为私人或团体购置，主要用于水上运动和休闲娱乐等非牟利活动的各类机动艇。

（十二）木制一次性筷子

木制一次性筷子是指以木材为原料，经过锯段、浸泡、旋切、刨切、烘干、筛选、打磨、倒角、包装等环节加工而成的各类一次性使用的筷子。

（十三）实木地板

实木地板指以木材为原料，经锯割、干燥、刨光、截断、开榫、涂漆等工序加工而成的块状或条状的地面装饰材料。

（十四）电池

电池是指将化学能、光能等直接转换为电能的装置。范围包括原电池、蓄电池、燃料电池、太阳能电池和其他电池。

（十五）涂料

涂料是指涂于物体表面能形成具有保护、装饰或特殊性能的固态涂膜的一类液体或固体材料之总称。

二、纳税人、纳税环节

消费税实行单环节征税，一般只在生产、委托加工和进口环节征税。

消费税的纳税人是在中国境内从事生产、委托加工和进口应税消费品的单位和个人。

归纳 消费税的纳税人、纳税环节

	纳税人	纳税环节
生产—出售	生产者	销售环节
生产—自用于—继续生产应税产品	不纳税	
生产—自用于—其他方面	生产者	移送环节
委托加工收回	受托方（代收）	交货环节
进口	收货人	报关进口环节
金银首饰	零售者	零售环节
超豪华小汽车（加征）	零售者	零售环节
卷烟批发（加征）	批发人	批发环节

备注：金银首饰：指金、银和金基、银基合金首饰，以及金、银和金基、银基合金的镶嵌首饰

三、税率

消费税税目税率表见表3－1。

表3－1　消费税税目税率表

税目	计税单位	税率
一、烟		
1. 卷烟		
（1）甲类：每标准条（200支）对外调拨价格在70元以上的（含）	支	56%；0.003元
（2）乙类：每标准条（200支）对外调拨价格在70元以下的	支	36%；0.003元
2. 卷烟批发环节	支	11%；0.005元
3. 雪茄烟		36%
4. 烟丝		30%
二、酒		
1. 白酒	斤或500毫升	20%；0.5元
2. 黄酒	吨	240元
3. 啤酒		
（1）每吨出厂价格在3 000元（含）以上的；饮食业、娱乐业自制的	吨	250元/吨
（2）每吨出厂价格在3 000元（含）以下的	吨	220元/吨
4. 其他酒		10%
三、高档化妆品		15%
四、贵重首饰及珠宝玉石		
1. 金、银、铂金首饰和钻石、钻石饰品		5%
2. 其他贵重首饰和珠宝玉石		10%
五、鞭炮、焰火		15%
六、成品油		
1. 汽油	升	1.52元
2. 柴油	升	1.2元
3. 航空煤油	升	1.2元
4. 石脑油	升	1.52元
5. 溶剂油	升	1.52元
6. 润滑油	升	1.52元
7. 燃料油	升	1.2元
七、摩托车		
1. 气缸容量（排气量，下同）250毫升		3%
2. 气缸容量250毫升以上		10%

续表

税目	计税单位	税率
八、小汽车 1. 乘用车 （1）气缸容量（排气量，下同）在1.0升（含1.0升）以下的 （2）气缸容量在1.0升以上至1.5升（含1.5升）的 （3）气缸容量在1.5升以上至2.0升（含2.0升）的 （4）气缸容量在2.0升以上至2.5升（含2.5升）的 （5）气缸容量在2.5升以上至3.0升（含3.0升）的 （6）气缸容量在3.0升以上至4.0升（含4.0升）的 （7）气缸容量在4.0升以上的 2. 中轻型商用客车 3. 超豪华小汽车		1% 3% 5% 9% 12% 25% 40% 5% 按子税目1和子税目2的规定征收；零售环节10%
九、高尔夫球及球具		10%
十、高档手表		20%
十一、游艇		10%
十二、木制一次性筷子		5%
十三、实木地板		5%
十四、电池		4%
十五、涂料		4%

注：1. 卷烟对外调拨价格为不含增值税的价格。
2. 啤酒出厂价格为含包装物及包装物押金、不含增值税的价格。
3. 航空煤油暂缓征收消费税。
4. 对施工状态下挥发性有机物（Volatile Organic Compounds，VOC）含量低于420克/升（含）的涂料免征消费税。

基本内容应用

A厂以生产护肤品、化妆品为主，也承接来料加工业务。本期发生以下业务：生产高档护肤品、高档化妆品并销售，取得收入；受托加工护肤品一批（不含增值税价格：7元/毫升），交货后取得加工费。

要求： 确定A厂计算缴纳消费税时的相关要素。

处理：

A公司是消费税纳税人，其生产销售高档护肤品、高档化妆品属于消费税征税范围，适用税目为“高档化妆品”，适用税率为15%。受托加工护肤品没有达到“高档护肤品”的征税标准，所以不征收消费税。

在掌握了消费税的基本税制内容的基础上，进一步学习消费税关于基本要素的具体政策：

情境一　确定征税范围——自产自用于连续生产应税消费品

A 卷烟厂将自产的烟丝作为原料，用于本厂连续生产卷烟。

要求： 判断上述行为该卷烟厂是否缴纳消费税。

政策提示

税法规定：纳税人将自产自用的应税消费品，用于连续生产应税消费品的，不缴纳消费税。所谓“将自产自用的应税消费品，用于连续生产应税消费品的”是指作为生产最终应税消费品的直接材料，并构成最终产品实体的应税消费品。自产自用的应税消费品，用于连续生产应税消费品的，不缴纳消费税，体现了税不重征和计税简便的原则。

业务处理

根据上述规定，卷烟为最终应税消费品，所以该卷烟厂对用于连续生产卷烟的烟丝不缴纳消费税，只对生产的卷烟缴纳消费税。

情境二　确定征税范围——自产自用于“其他方面”

A 汽车制造厂将自产 3 辆小汽车（2.0 升排量）用于赞助某综艺节目。

要求： 判断上述行为该汽车厂是否缴纳消费税。

政策提示

税法规定：纳税人自产自用的应税消费品，不是用于连续生产应税消费品，而是用于其他方面的，于移送使用时纳税。所谓“用于其他方面”是指用于生产非应税产品、在建工程、管理部门、非生产机构、提供劳务、馈赠、赞助、集资、广告、样品、职工福利、奖励等方面的应税消费品。

业务处理

根据上述规定，该汽车制造厂的行为属于其他方面里的赞助，应该缴纳消费税。

情境三　确定应税范围——卷烟批发

A 卷烟批发企业本月业务如下：向某自然人零售卷烟 50 条；向另一个卷烟批发企业批发卷烟 300 箱；向某零售商销售卷烟 2 箱。

要求： 判定上述业务是否应缴纳批发环节消费税。

政策提示

税法规定，纳税人之间销售的卷烟不缴纳消费税；纳税人销售给纳税人以外的单位和个人的卷烟于销售时纳税。即卷烟批发企业向批发企业销售，不用加征批发环节的消费税。卷烟批发企业向非卷烟批发企业、单位或自然人销售卷烟才加征批发环节的消费税。

业务处理

根据政策规定，A 卷烟批发企业要就其第 1 笔和第 3 笔业务缴纳批发环节消费税。

归纳

卷烟缴纳消费税的纳税环节示意图

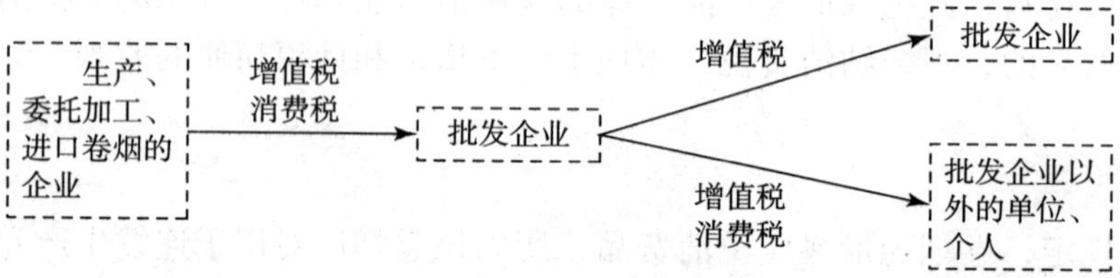

情境四　确定应税范围——饮食业等生产啤酒

A 酒店为满足顾客要求，购买了啤酒生产设备，以自制鲜啤酒满足消费者需求。

要求： 该酒店销售自制啤酒是否属于消费税征税范围。

政策提示

对饮食业、商业、娱乐业举办的啤酒屋（啤酒坊）利用啤酒生产设备生产的啤酒，属于“酒”税目的征收范围。

业务处理

根据政策规定，该酒店销售自制鲜啤酒行为属于消费税征税范围。

情境五　确定应税范围——演艺用化妆品

A 化妆品生产企业主要生产各类高档化妆品和护肤品，同时还生产演艺用上妆油、卸妆油、油彩等化妆品。

要求： 判定该企业生产的各类化妆品是否均属于消费税征税范围。

政策提示

舞台、戏剧、影视演员化妆用的上妆油、卸妆油、油彩，不属于“化妆品”税目的征税范围。

业务处理

根据政策规定，该企业生产的各类高档化妆品和护肤品属于消费税征税范围；生产的演艺用化妆品不属于消费税“化妆品”税目的征税范围。

情境六　确定应税范围——体育用发令纸

A 烟花爆竹厂生产各类鞭炮、焰火，也生产田径比赛用发令纸。

要求： 判定 A 厂的产品是否属于消费税征税范围。

政策提示

税法规定，鞭炮、焰火不包括鞭炮引线、体育用发令纸。

业务处理

根据政策规定，A 厂生产体育用发令纸不属于消费税“鞭炮、焰火”税目的征税范围，只就其生产的鞭炮、焰火缴纳消费税。

情境七　确定应税范围——改装车

A 企业本月购进 10 辆排气量 3.0 升的小汽车改装为急救车销售给甲医院，2 辆货车改装为商务车销售给乙公司。

要求： 判定 A 企业的业务是否属于消费税征税范围。

政策提示

税法规定，用排气量小于 1.5 升（含）的乘用车底盘（车架）改装、改制的车辆属于乘用车征收范围；用排气量大于 1.5 升的乘用车底盘（车架）或用中轻型商用客车底盘（车架）改装、改制的车辆属于中轻型商用客车征收范围。

企业购进货车或厢式货车改装生产的商务车、卫星通信车等专用汽车不属于消费税征税范围，不征消费税。

业务处理

根据政策规定，A 企业改装的急救车属于消费税“中轻型商用客车”征税范围；改装的商务车不属于消费税征税范围。

情境八　确定应税范围——高尔夫球杆零部件

A 公司主营体育用品的生产销售，产品包括高尔夫球、球包及球具，也销售高尔夫球杆的杆头。

要求： 判定 A 公司销售的各类高尔夫球相关用品是否属于消费税征税范围。

政策提示

税法规定，高尔夫球杆的杆头、杆身和握把也属于“高尔夫球及球具”税目的征收范围。

业务处理

根据政策规定，A 公司生产销售的高尔夫球、球包、球具及高尔夫球杆的杆头均按照消费税“高尔夫球及球具”税目征收消费税。

情境九　确定应税范围——木制一次性筷子的半成品

A 木材加工厂主要生产木制一次性筷子成品，也销售未经打磨、倒角的木制一次性筷子的半成品。

要求： 判定 A 厂销售的各种产品是否属于消费税征税范围。

政策提示

税法规定，未经打磨、倒角的木制一次性筷子也属于“木制一次性筷子”税目征税范围。

业务处理

根据政策规定，A 厂生产销售的木制一次性筷子及其半成品均属于消费税“木制一次性筷子”税目的征税范围。

情境十　确定应税范围——实木地板的半成品

A 厂生产各种室内装修材料，既生产销售实木地板，也销售素板。

要求： 判定 A 厂销售的上述产品是否属于消费税征税范围。

政策提示

税法规定，未经涂饰的素板属于“实木地板”税目征税范围。

业务处理

根据政策规定，A 厂生产的实木地板及素板均属于“实木地板”税目征税范围。

情境十一 确定应税范围——新能源电池

A 电池厂主要生产铅蓄电池，为符合产业发展需要，以新能源电池为主要目标，购进新设备，改生产太阳能电池和无汞原电池为主，铅蓄电池为辅。

要求： 判定 A 厂生产的上述产品是否属于消费税征税范围。

政策提示

税法规定，对无汞原电池、金属氢化物镍蓄电池、锂原电池、锂离子蓄电池、太阳能电池、燃料电池和全钒液流电池免征消费税。从 2016 年 1 月 1 日起，对铅蓄电池按 4% 税率征收消费税。

业务处理

根据政策规定，A 厂生产的铅蓄电池属于消费税征税范围，太阳能电池和无汞电池免税。

情境十二 确定适用税率

A 酒厂既生产白酒也生产药酒，各业务分别核算。本月销售白酒 12 000 斤，售价为 45 元/斤；销售药酒 8 000 斤，售价为 80 元/斤；销售礼品套盒 5 000 套，售价为 300 元/套，每套包括白酒（单价 70 元/斤）2 斤、药酒（单价 80 元/斤）2 斤。

要求： 确定消费税适用税率。

政策提示

税法规定，纳税人兼营不同税率的应税消费品，应当分别核算应税消费品的销售额、销售数量；未分别核算销售额、销售数量，或者将不同税率的应税消费品组成成套消费品销售的，从高适用税率。

业务处理

根据政策规定，A 酒厂将不同产品分别核算，则适用税率为：白酒属于复合计税的应税消费品，适用 20% 的比例税率和 0.5 元/斤的定额税率；药酒属于从价计征的应税消费品，适用10%的比例税率；礼品套盒按白酒的税率计税，即适用20%的比例税率和0.5元/斤的定额税率。

任务二　会从价定率计算消费税税额

基本内容学习

实行从价定率办法征税的应税消费品，应纳税额计算公式为

应纳税额 = 应税销售额 × 比例税率

一、生产销售应税消费品的销售额的确定

应税销售额为纳税人销售应税消费品向购买方收取的全部价款和价外费用，不包括应向购买方收取的增值税税额。价外费用，指价外向购买方收取的手续费、补贴、基金、集资费、返还利润、奖励费、违约金、滞纳金、延期付款利息、赔偿金、代收款项、代垫款项、包装费、包装物租金、储备费、优质费、运输装卸费以及其他各种性质的价外收费。但下列项目不包括在销售额内：

（1）同时符合以下条件的代垫运输费用：承运部门的运输费用发票开具给购买方的；纳税人将该项发票转交给购买方的。

（2）同时符合以下条件的代为收取的政府性基金或者行政事业性收费：由国务院或者财政部批准设立的政府性基金，由国务院或者省级人民政府及其财政、价格主管部门批准设立的行政事业性收费；收取时开具省级以上财政部门印制的财政票据；所收款项全额上缴财政。

在计算消费税时，应将含增值税的销售额换算为不含增值税税款的销售额。其换算公式为

应税消费品的销售额 = 含税销售额 ÷（1 + 增值税税率或征收率）

在使用换算公式时，应根据纳税人具体情况来确定使用的增值税税率或征收率。如果消费税纳税人同时为增值税一般纳税人，则适用16%的税率；如果消费税的纳税人是增值税小规模纳税人，则适用3%的征收率。

基本内容应用

A厂以生产实木地板为主，增值税一般纳税人。销售实木地板5 000m^2给甲公司，不含税单价为300元/m^2，开具增值税专用发票。

要求： 计算A厂应缴纳的消费税额。

处理：

生产销售地板应纳消费税 = 5 000 × 300 × 5% = 75 000（元）

在掌握了消费税从价定率计算税额的基本政策的基础上，进一步学习消费税从价定率计税的具体政策：

情境一　计算消费税——包装物押金

A厂（增值税一般纳税人）销售药酒一批，取得不含增值税销售额50 000元，收取包装物押金5 336元，约定1个月后归还包装物，退还押金。

要求： 计算A厂应缴纳的消费税。

政策提示

税法规定，如果包装物连同应税消费品销售的，无论包装物是否单独计价以及在会计上如何核算，均应并入应税消费品的销售额中缴纳增值税。

如果包装物不作价随同应税消费品销售，而是收取押金，此项押金单独记账核算，且时间在1年以内又未过期的，不并入销售额征税。但对因逾期（指按合同约定实际逾期或以1年为期限）未收回包装物不再退还的或者已收取的时间超过1年的押金，应将押金视为含税收入、按所包装货物的适用税率、在决定不退还押金的当月计算销项税额。

对销售除啤酒、黄酒外的其他酒类产品而收取的包装物押金，无论是否返还以及会计上如何核算，均应并入当期销售额征税。

业务处理

根据规定，A厂收取的押金应计入销售额。

销售额 $=50\ 000+5\ 336\div(1+16\%)=54\ 600$（元）

应纳消费税 $=54\ 600\times10\%=5\ 460$（元）

情境二　计算消费税——用外购已税消费品生产应税消费品

B厂为木制一次性筷子加工厂，月初库存外购已税木制一次性筷子原料金额100 000元，当月又外购已税木制一次性筷子原料，取得的增值税专用发票注明的金额400 000元，月末库存已税木制一次性筷子原料金额60 000元，其余为当月生产应税木制一次性筷子领用。已知木制一次性筷子消费税税率为5%。

要求： 计算B厂当月准许扣除的外购木制一次性筷子原料已缴纳的消费税税额。

政策提示

为避免重复征税，税法规定：对用外购已税消费品继续加工生产的应税消费品计算消费税时，准予按照当期生产领用数量扣除外购应税消费品已纳的消费税税款。扣除范围包括：

（1）以外购已税烟丝为原料生产的卷烟。

（2）以外购已税高档化妆品为原料生产的高档化妆品。

（3）以外购已税珠宝玉石为原料生产的贵重首饰及珠宝玉石。

（4）以外购已税鞭炮焰火为原料生产的鞭炮、焰火。

（5）以外购已税杆头、杆身、握把为原料生产的高尔夫球杆。

（6）以外购已税木制一次性筷子为原料生产的木制一次性筷子。

（7）以外购已税实木地板为原料生产的实木地板。

$$\text{当期准予扣除的外购应税消费品已纳税款}=\text{当期准予扣除的外购应税消费品买价}\times\text{外购应税消费品适用税率}$$

$$\text{当期准予扣除的外购应税消费品买价}=\text{期初库存的外购应税消费品的买价}+\text{当期购进的应税消费品的买价}-\text{期末库存的外购应税消费品的买价}$$

外购应税消费品的买价指购货发票上注明的不包括增值税税额的销售额。

业务处理

根据上述规定，B厂当月准许扣除的外购木制一次性筷子原料已缴纳的消费税税额计算如下：

当月准予扣除的外购木制一次性筷子的买价 = 100 000 + 400 000 − 60 000 = 440 000（元）

当月准予扣除的外购木制一次性筷子的已纳税款 =440 000×5% =22 000（元）

知识拓展　**准予扣除消费税的补充说明**

准予扣除已纳税款的已税消费品，一般指从工业企业购进的已税消费品和进口环节已缴纳消费税的已税消费品。对从境内商业企业购进已税消费品连续生产应税消费品，符合抵扣条件的，准予扣除外购已税消费品的已纳消费税税款。（从量计征消费税的相关政策同。）

纳税人用外购的已税珠宝玉石生产的改在零售环节征收消费税的金银首饰（镶嵌首饰）、钻石首饰，在计税时，一律不得扣除外购珠宝玉石的已纳税款。

纳税人外购电池、涂料大包装改成小包装或者外购电池、涂料不经加工只贴商标的行为，视同应税消费税品的生产行为。发生上述生产行为的单位和个人应按规定申报缴纳消费税。

二、自产自用应税消费品销售额的确定

基本内容学习

纳税人自产自用应税消费品，凡用于其他方面视同销售的，在移送环节征税。具体分为以下两种情况：

（1）有同类消费品销售价格的。

按照纳税人生产的同类消费品销售价格计算纳税。所谓“同类消费品销售价格”是指纳税人当月销售的同类消费品的销售价格。如果当月同类消费品各期销售价格高低不同的，应按销售数量加权平均计算。但有下列情况之一的，不得列入加权平均计算：销售价格明显偏低并无正当理由的；无销售价格的。

（2）没有同类消费品销售价格的。

当纳税人无同类产品销售价格时，按照组成计税价格计算纳税。计算公式为

$$\text{组成计税价格}=\text{成本}\times(1+\text{成本利润率})\div(1-\text{消费税税率})$$

公式中的成本是指应税消费品的生产成本。成本利润率由国家税务总局确定，见表3-2。

表3-2　应税消费品全国平均成本利润率

项目	成本利润率/%	项目	成本利润率/%
甲类卷烟	10	贵重首饰及珠宝玉石	6
乙类卷烟	5	摩托车	6
雪茄烟	5	乘用车	8
烟丝	5	中轻型商用客车	5
粮食白酒	10	高尔夫球及球具	10
薯类白酒	5	高档手表	20
其他酒	5	木制一次性筷子	5
酒精	5	实木地板	5
高档化妆品	5	游艇	10
鞭炮、焰火	5	涂料	7
电池	4		

基本内容应用

A化妆品厂7月将一批自产高档护肤类化妆品用于集体福利，生产成本35 000元；将新研制的高档香水用于广告样品，生产成本20 000元，成本利润率为5%，消费税税率为15%。上述货物已全部发出，均无同类产品售价。

要求： 计算A厂7月份应纳消费税额。

业务处理

根据上述规定，该厂7月应纳消费税额计算如下：

7月份应纳消费税 =35 000×15% +20 000×(1+5%)÷(1-15%)×15% =8 955.88（元）

在掌握了自产自用应税消费品销售额确定的基础上，进一步学习自产自用情况下销售额确定的其他政策：

情境一　计算消费税——自产自用于非独立核算的门市部销售

A厂以生产化妆品为主，增值税一般纳税人。厂部高档化妆品的不含增值税的价款为6 280元/箱。自设的非独立核算的门市部零售化妆品50箱，不含增值税的价款为7 000元/箱。

要求： 就门市部的业务计算应纳消费税额。

政策提示

纳税人通过自设非独立核算门市部销售自产应税消费品，应按照门市部对外销售价格或数量计算消费税。

业务处理

根据上述规定，门市部对外零售高档化妆品的业务应纳消费税税额计算如下：

应纳消费税 = 50 × 7 000 × 15% = 52 500（元）

情境二　计算消费税——自产自用于换取生产资料和消费资料，投资入股和抵偿债务等方面

A厂用自产小汽车10辆向甲钢铁厂换取钢材210吨（每吨钢材市价4 800元）。该厂的同型号小汽车不含增值税销售价格分别有100 000元/辆、98 000元/辆、95 000元/辆三种，本月销售数量分别为8辆、13辆、35辆。消费税税率为3%。

要求： 就该厂用自产小汽车换取钢材的业务计算应纳消费税税额。

政策提示

税法规定：纳税人以自产的应税消费品用于换取生产资料和消费资料、投资入股和抵偿债务等方面，以纳税人同类应税消费品的最高销售价格为计税依据。

业务处理

根据上述规定，该汽车厂用于换取钢材的小汽车也应计税，应纳消费税额计算如下：

应纳消费税 = 10 × 100 000 × 3% = 30 000（元）

三、委托加工应税消费品的销售额的确定

基本内容学习

委托加工的应税消费品，是指委托方提供原料及主要材料，受托方按照委托方的要求，制造货物并收取加工费的业务。对于由受托方提供原材料生产的应税消费品，或者受托方先将原材料卖给委托方，然后再接受加工的应税消费品，以及由受托方以委托方名义购进原材料生产的应税消费品，都不得作为委托加工应税消费品，而应当按照销售自制应税消费品缴纳消费税。

委托加工的应税消费品，按照受托方的同类消费品的销售价格为销售额；受托方没有同类消费品销售价格的，以组成计税价格为销售额计算纳。

组成计税价格 =（材料成本 + 加工费）÷（1 − 消费税税率）

其中，“材料成本”是指委托方所提供加工材料的实际成本。委托加工合同上应如实注明（或者以其他方式提供）材料成本，凡未提供材料成本的，受托方主管税务机关有权核定其材料成本。“加工费”是指受托方加工应税消费品向委托方所收取的全部费用，包括代垫辅

助材料的实际成本。

基本内容应用

A 烟花厂（增值税一般纳税人）受托加工一批烟花，委托方提供原材料成本 30 000 元，A 厂无同类烟花销售价格，收取加工费 10 000 元、代垫辅助材料款 5 000 元，开具增值税专用发票。(以上款项均不含增值税)

要求： 计算 A 厂应代收代缴的消费税额。

处理：

A 厂代收代缴消费税 $=(30\ 000+10\ 000+5\ 000)\div(1-15\%)\times15\%=7\ 941.18$（元）

思考

若 A 厂有同类产品售价，如何计算消费税？

在掌握了委托加工应税消费品销售额确定的基础上，进一步学习委托加工情况下销售额确定的其他政策：

情境一　计算消费税——将委托加工收回已税消费品直接销售

A 公司委托甲厂加工高尔夫杆头一批，A 公司提供主要材料成本 100 000 元。甲厂同类同量产品的不含增值税销售额为 200 000 元。甲厂收取加工费 50 000 元、消费税 20 000 元，开具了增值税专用发票和扣税凭证。A 公司收回该批产品后，将 30% 直接销售给乙公司，取得不含增值税收入 70 000 元。

要求： 就 A 公司销售高尔夫杆头进行消费税处理。

政策提示

税法规定：委托方将收回的应税消费品，以不高于受托方的计税价格出售的，为直接出售，不再缴纳消费税；委托方以高于受托方的计税价格出售的，不属于直接销售，须按照规定计算缴纳消费税，在计税时准予扣除受托方已代收代缴的消费税。

业务处理

A 公司属于以高于受托方的计税价格出售所收回的高尔夫杆头，根据上述规定，取得的收入应缴纳消费税：

销售的高尔夫杆头已被代收的消费税 $=20\ 000\times30\%=6\ 000$（元）

销售的高尔夫杆头应缴纳消费税 $=70\ 000\times10\%-6\ 000=1\ 000$（元）

情境二 计算消费税——用委托加工收回已税消费品生产应税消费品

如上“情境一”所述A公司，收回该批产品后，将70%用于生产高尔夫球杆，并销售给D商店，取得不含增值税收入230 000元。

要求： 计算A公司应缴纳的消费税。

政策提示

为避免重复征税，税法规定：对用委托加工收回已税消费品继续加工生产的应税消费品计算消费税时，准予按照当期生产领用数量扣除委托加工收回应税消费品已纳的消费税税款。扣除范围仅限：

（1）以委托加工收回的已税烟丝为原料生产的卷烟。

（2）以委托加工收回的已税高档化妆品为原料生产的高档化妆品。

（3）以委托加工收回的已税珠宝玉石为原料生产的贵重首饰及珠宝玉石。

（4）以委托加工收回的已税鞭炮焰火为原料生产的鞭炮焰火。

（5）以委托加工收回的已税杆头、杆身、握把为原料生产的高尔夫球杆。

（6）以委托加工收回的已税木制一次性筷子为原料生产的木制一次性筷子。

（7）以委托加工收回的已税实木地板为原料生产的实木地板。

当期准予扣除的委托加工收回的应税消费品已纳税款 = 期初库存的委托加工应税消费品已纳税款 + 当期收回的委托加工应税消费品已纳税款 − 期末库存的委托加工应税消费品已纳税款

委托加工应税消费品已纳税款为代扣代收税款凭证注明的受托方代收代缴的消费税。

业务处理

根据上述规定，A公司应缴纳消费税计算如下：

应纳消费税 = 230 000 × 10% − 20 000 × 70% = 9 000（元）

补充说明

纳税人用委托加工收回的已纳税珠宝玉石生产的，改在零售环节征收消费税的金银首饰，在计税时一律不得扣除委托加工收回的珠宝玉石已纳的消费税税额。

四、进口应税消费品计税依据的确定

基本内容学习

进口的应税消费品，于报关进口时由海关代征进口环节的消费税，由进口人或其代理人向报关地海关申报纳税。

进口的应税消费品按照组成计税价格计算纳税：

组成计税价格 =（关税完税价格 + 关税）÷（1 − 消费税税率）

"关税完税价格"是指海关核定的关税计税价格。

基本内容应用

某外贸公司进口一批小汽车，关税完税价格折合人民币 800 万元，关税税率 25%，消费税税率 9%。

要求： 该外贸公司进口环节应缴纳消费税。

处理：

应缴纳消费税 = 800 ×（1 + 25%）÷（1 − 9%）× 9% = 98.9（万元）

知识拓展

工业企业进口环节被海关征收过消费税的货物，如果用于连续加工应税消费品，属于抵税范围的，可按生产领用量抵扣已纳的进口环节消费税。

五、超豪华小汽车零售环节计税依据的确定

基本内容学习

超豪华小汽车是在生产（进口）环节按现行税率征收消费税基础上，在零售环节加征消费税。将超豪华小汽车销售给消费者的单位和个人为超豪华小汽车零售环节纳税人。具体计算如下：

（1）汽车零售商销售超豪华小汽车：

应纳税额 = 零售环节销售额（不含增值税）× 10%

（2）国内汽车生产企业直接销售给消费者的超豪华小汽车，消费税税率按照生产环节税率和零售环节税率加总计算：

应纳税额 = 销售额（不含增值税）×（生产环节税率 + 10%）

基本内容应用

国内 A 汽车生产企业将一辆自产小汽车（气缸容量 4.0 升），以不含税价格 200 万元直接销售给消费者。生产环节消费税税率 40%，零售环节消费税税率 10%。

要求： 该企业应缴纳消费税。

处理：

应缴纳消费税 = 200 ×（40% + 10%）= 100（万元）

任务三　会从量定额计算消费税税额

基本内容学习

我国消费税对啤酒、黄酒、成品油等应税消费品采用从量定额的计税方法。应纳税额计算公式为

应纳消费税 = 销售数量 × 定额税率

销售数量是指应税消费品的数量，具体规定为：

（1）销售应税消费品的，为应税消费品的销售数量。

（2）自产自用应税消费品的，为应税消费品的移送使用数量。

（3）委托加工应税消费品的，为纳税人收回的应税消费品数量。

（4）进口应税消费品的，为海关核定的应税消费品进口征税数量。

应税数量计量单位的换算标准如下：

黄酒	1 吨 = 962 升	啤酒	1 吨 = 988 升
汽油	1 吨 = 1 388 升	柴油	1 吨 = 1 176 升
航空煤油	1 吨 = 1 246 升	石脑油	1 吨 = 1 385 升
溶剂油	1 吨 = 1 282 升	润滑油	1 吨 = 1 126 升
燃料油	1 吨 = 1 015 升		

基本内容应用

A 啤酒厂销售啤酒 500 吨，每吨不含税价格为 3 400 元。另外，时逢春节，将 3 吨啤酒发放给职工。

要求： 计算 A 厂应缴纳的消费税额。

处理：

应纳消费税 =（500 + 3）× 250 = 125 750（元）

在掌握了消费税从量定额计算税额的基本政策的基础上，进一步学习消费税从量定额计税的具体政策：

情境一　计算消费税——用外购已税消费品生产应税消费品

A 炼油厂本月外购已税 1 号石脑油 100 吨，将其中 30 吨用于生产 2 号石脑油。本月销售 2 号石脑油 70 吨，取得不含增值税收入 480 000 元。

要求： 计算该厂本月应纳消费税额。

政策提示

为避免重复征税，税法规定：对用外购已税消费品继续加工生产的应税消费品计算消费税时，准予按照当期生产领用数量扣除外购应税消费品已纳的消费税税款。扣除范围仅限：

（1）以外购已税石脑油、燃料油为原料生产的应税消费品。

（2）以外购已税润滑油为原料生产的润滑油。

（3）以外购汽油、柴油用于连续生产的甲醇汽油、生物柴油。

$$应纳消费税=销售数量\times定额税率-外购应税税消费品已纳税款$$

$$\frac{当期准予扣除的外购}{应税消费品已纳税款}=\frac{当期准予扣除的外购}{应税消费品数量}\times\frac{外购应税消费品}{适用税额}$$

$$\frac{当期准予扣除的}{外购应税消费品数量}=\frac{期初库存的外购应}{税消费品的数量}+\frac{当期购进的应税}{消费品的数量}-\frac{期末库存的外购应}{税消费品的数量}$$

业务处理

根据上述规定，A炼油厂应纳消费税如下：

$应纳消费税=70\times1\ 385\times1.52-30\times1\ 385\times1.52=84\ 208$（元）

思考

结合“任务二中情景三扣除范围”的规定，思考外购已纳消费税生产应税消费品扣除范围不包括消费税的哪些税目？

补充说明

将自产石脑油用于本企业连续生产汽油等应税消费品的，不缴纳消费税；用于连续生产乙烯等非应税消费品或其他方面的，于移送使用时缴纳消费税

情境二　计算消费税——用委托加工收回已税消费品生产应税消费品

A厂以委托甲厂加工的1号润滑油（收回时取得有扣税凭证）为原料用于生产2号润滑油。本期销售2号润滑油15 000升，取得不含增值税销售额90 000元，已知本期生产领用了1号润滑油10 000升。

要求： 计算A厂本期应纳的消费税额。

政策提示

为避免重复征税，税法规定：对用委托加工收回已税消费品继续加工生产的应税消费品计算消费税时，准予按照当期生产领用数量扣除委托加工收回已税消费品已纳的消费税税款。扣除范围仅限：

（1）以委托加工收回已税石脑油、燃料油为原料生产的应税消费品。

（2）以委托加工收回已税润滑油为原料生产的润滑油。

（3）以委托加工收回已税汽油、柴油用于连续生产的甲醇汽油、生物柴油。

当期准予扣除的委托加工收回的应税消费品已纳税款 = 期初库存的委托加工应税消费品已纳税款 + 当期收回的委托加工应税消费品已纳税款 − 期末库存的委托加工应税消费品已纳税款

业务处理

根据上述规定，A 厂本期应纳的消费税如下：

应纳消费税 = 15 000 × 1.52 − 10 000 × 1.52 = 7 600（元）

思考

纳税人用委托加工收回的已税消费品生产应税消费品，共有哪几项是允许按生产领用量扣除已纳消费税的？

任务四　会从价定率和从量定额计算消费税税额

基本内容学习

消费税对卷烟和白酒实行从价定率和从量定额相结合的复合计征方法。应纳税额计算公式为

消费税额 = 销售数量 × 定额税率 + 销售额 × 比例税率

销售数量的确定具体参见“任务三”。

销售额的确定具体参见“任务二”。但自产自用、委托加工及进口环节的组成计税价格公式与前述规定有所不同，具体如下：

（1）纳税人自产自用的应税消费品：

组成计税价格 =（成本 + 利润 + 自产自用数量 × 定额税率）÷（1 − 比例税率）

（2）委托加工的应税消费品：

组成计税价格 =（材料成本 + 加工费 + 委托加工数量 × 定额税率）÷（1 − 比例税率）

（3）纳税人进口的应税消费品：

组成计税价格 =（关税完税价格 + 关税 + 进口数量 × 定额税率）÷（1 − 比例税率）

基本内容应用1

A 酒厂本月销售白酒 12 000 斤，售价为 5 元/斤。

要求： 计算 A 厂应缴纳的消费税税额。

处理：

应纳消费税 = 12 000 × 5 × 20% + 12 000 × 0.5 = 18 000（元）

基本内容应用2

A酒厂以自产粮食白酒2 000斤用于厂庆活动，生产成本为12元/斤，无同类产品价格。

要求： 计算A厂就此笔业务应纳的消费税额。

处理：

A酒厂无同类产品价格，需以组成计税价格作为销售额。复合计税方法下，该酒厂应纳消费税额如下：

从价税 = [12 × (1 + 10%) × 2 000 + 2 000 × 0.5] ÷ (1 − 20%) × 20% = 6 850（元）

从量税 = 2 000 × 0.5 = 1 000（元）

应纳消费税 = 6 850 + 1 000 = 7 850（元）

在掌握了消费税从价定率和从量定额计算税额的基本政策的基础上，进一步学习消费税复合计税的具体政策：

情境一　计算消费税——白酒企业收取品牌使用费

A厂是白酒生产企业，于7月将其商标代理权交给甲公司代理，同时向甲公司销售白酒2 000斤，取得不含税销售额30 000元，并向甲公司收取58 500元品牌使用费。

要求： 计算A厂应缴纳的消费税。

政策提示

白酒生产企业向商业销售单位收取的“品牌使用费”是随着应税白酒的销售而向购货方收取的，属于应税白酒销售价款的组成部分。因此，不论企业采取何种方式或以何种名义收取价款，均应并入白酒的销售额中缴纳消费税。

业务处理

根据规定，A厂收取的“品牌使用费”应计入销售额：

销售额 = 30 000 + 58 500 ÷ (1 + 17%) = 80 000（元）

应纳消费税 = 80 000 × 20% + 2 000 × 0.5 = 17 000（元）

情境二　计算应纳消费税——白酒最低计税价格的运用

A酒厂生产52度小醉仙和42度小酒仙两种酒。本月该酒厂销售小醉仙酒10 000斤，售价为5元/斤，税务机关对小醉仙酒核定了最低计税价格为7元/斤。销售小酒仙酒12 000斤，售价为4元/斤，税务机关未核定最低计税价格。

要求： 计算A酒厂本月应纳的消费税额。

政策提示

根据白酒消费税最低计税价格核定管理办法规定，白酒生产企业销售给销售单位的白酒，生产企业消费税计税价格低于销售单位对外销售价格（不含增值税，下同）70%以下的，税务机关应核定消费税最低计税价格。

白酒消费税最低计税价格核定标准如下：

（1）白酒生产企业销售给销售单位的白酒，生产企业消费税计税价格高于销售单位对外销售价格70%（含70%）以上的，税务机关暂不核定税最低计税价格。

（2）白酒生产企业销售给销售单位的白酒，生产企业消费税计税价格低于销售单位对外销售价格70%以下的，消费税最低计税价格由税务机关根据生产规模、白酒品牌、利润水平等情况在销售单位对外销售价格50%～70%范围内自行核定。其中生产规模较大，利润水平较高的企业生产的需要核定消费税最低计税价格的白酒，税务机关核价幅度原则上应选择在销售单位对外销售价格60%～70%范围内。

业务处理

根据上述规定，小醉仙酒应以税务机关核定最低计税价格为计税依据。该酒厂应纳消费税为：

$$\text{应纳消费税} = (10\,000 \times 7 + 12\,000 \times 4) \times 20\% + (10\,000 + 12\,000) \times 0.5 = 34\,600\ (\text{元})$$

知识拓展

什么是“销售单位”？

销售单位是指销售公司、购销公司以及委托境内其他单位或个人包销本企业生产的白酒的商业机构。

其中，销售公司、购销公司是指专门购进并销售白酒生产企业生产的白酒，并与该白酒生产企业存在关联性质。

包销是指销售单位依据协定价格从白酒生产企业购进白酒，同时承担大部分包装材料等成本费用，并负责销售白酒。

任务五　会进行消费税纳税申报

基本内容学习

一、纳税义务发生时间

（1）纳税人销售应税消费品的，按不同的销售结算方式分别为：

①采取赊销和分期收款结算方式的，为书面合同约定的收款日期的当天，书面合同没有约定收款日期或者无书面合同的，为发出应税消费品的当天。

②采取预收货款结算方式的，为发出应税消费品的当天。

③采取托收承付和委托银行收款方式的，为发出应税消费品并办妥托收手续的当天。

④采取其他结算方式的，为收讫销售款或者取得索取销售款凭据的当天。

（2）纳税人自产自用应税消费品的，为移送使用的当天。

（3）纳税人委托加工应税消费品的，为纳税人提货的当天。

（4）纳税人进口应税消费品的，为报关进口的当天。

二、纳税期限

消费税的纳税期限分别为1日、3日、5日、10日、15日、1个月或者1个季度。纳税人的具体纳税期限，由主管税务机关根据纳税人应纳税额的大小分别核定；不能按照固定期限纳税的，可以按次纳税。

纳税人以1个月或者1个季度为1个纳税期的，自期满之日起15日内申报纳税；以1日、3日、5日、10日或者15日为1个纳税期的，自期满之日起5日内预缴税款，于次月1日起15日内申报纳税并结清上月应纳税款。

纳税人进口应税消费品，应当自海关填发海关进口消费税专用缴款书之日起15日内缴纳税款。

三、纳税地点

纳税人销售的、自产自用的应税消费品，除国务院财政、税务主管部门另有规定外，应当向纳税人机构所在地或者居住地的主管税务机关申报纳税。

委托加工的应税消费品，除受托方为个人外，由受托方向机构所在地或者居住地的主管税务机关解缴消费税税款。

进口的应税消费品，应当向报关地海关申报纳税。

基本内容应用

一、消费税纳税申报流程

消费税申报流程图，如图3－1所示。

二、填写消费税纳税申报表

就以下信息计算南山烟业股份公司本月应纳消费税税额并填报纳税申报表。

（一）纳税人相关信息

名称及经营范围：南山烟业股份公司，主要从事卷烟的加工生产。

纳税人类型：股份公司

法人代表人：王杰

财务负责人：李文博

办税人员：万康

地址：咸阳市秦都区宝泉路103号

电话：029—33541294

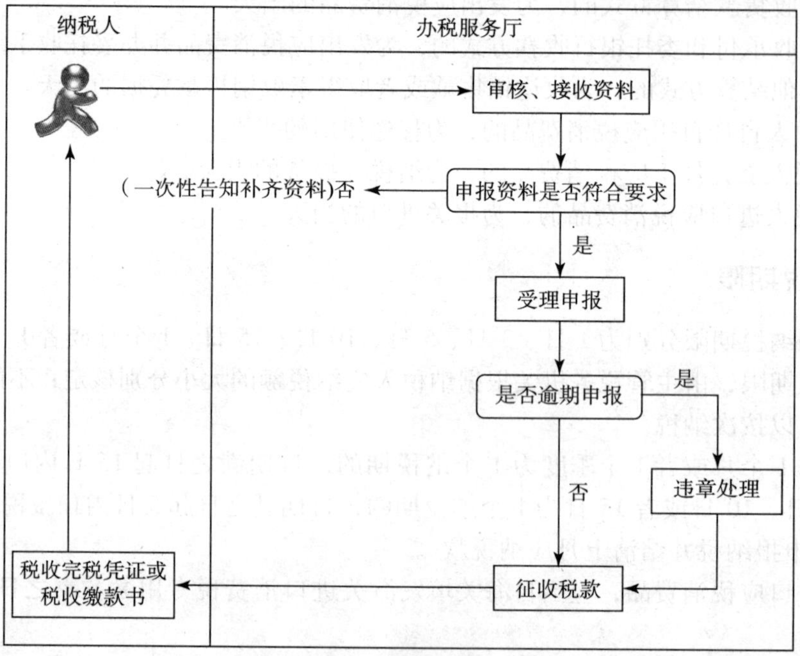

图3-1　消费税纳税申报流程

开户银行及账号：工商银行咸阳市秦都区宝泉路分理处4—123456778

统一社会信用代码（纳税人识别号）：513026815532598110

（二）业务资料

该烟业公司××××年3月有关消费税纳税业务如下：

（1）从农民手中收购烟叶，实际成本为28.71万元。将上述烟叶委托红河加工厂加工成烟丝，取得增值税专用发票上注明加工费为3万元，并代收代缴了消费税（无同类产品价格）。

（2）将收回烟丝的20%对外销售给一家小规模纳税企业（嘉利公司），开具普通发票上注明销售额9.36万元，其余80%全部当月生产领用。

（3）本月生产领用当月外购和以前外购烟丝70万元（不含增值税），继续加工卷烟。

（4）本月出售500标准箱（每箱50 000支，250条）南山牌卷烟，开具专用发票注明销售额450万元。

（5）该公司60周年厂庆发给职工白包卷烟2标准箱（每箱50 000支，250条），每箱不含税价格为2.5万元。

（三）计算税额

（1）组成计税价格 $=(28.71+3)\div(1-30\%)=45.3$（万元）

受托方代收代缴消费税 $=45.3\times30\%=13.59$（万元）

（2）委托加工收回的烟丝销售给嘉利公司的部分，通过售价分析得知属于直接出售，不需要缴纳消费税。委托加工收回的烟丝继续生产成卷烟销售，允许按照生产领用数量扣除委托加工环节已纳税款。

允许扣除委托加工环节已纳税款 $=13.59\times80\%=10.872$（万元）

（3）允许扣除外购烟丝已纳税款 $=70\times30\%=21$（万元）

（4）确认卷烟适用税率 $=4\,500\,000\div(500\times250)=36$（元）$<70$ 元，即属于乙类卷烟，

适用税率分别为 36% 和 0. 003 元/支。

应纳消费税 = 50 000 × 0. 003 × 500 ÷ 10 000 + 450 × 36% = 169. 5（万元）

（5）企业将自产的应税消费品用于职工福利为视同销售行为。

确认卷烟适用税率 = 25 000 ÷ 250 = 100（元）> 70 元，即属于甲类卷烟，适用税率分别为 56% 和 0. 003 元/支。

应纳消费税 = 50 000 × 0. 003 × 2 ÷ 10 000 + 2. 5 × 2 × 56% = 2. 83（万元）

（6）本月应纳消费税 = 169. 5 + 2. 83 − 10. 872 − 21 = 140. 458（万元）

（四）填制申报表

根据应纳消费税的相关信息填制《烟类应税消费品纳税申报表》见表 3 - 3、表 3 - 4。

表 3 - 3　烟类应税消费品消费税纳税申报表

税款所属期：××××年 3 月 1 日至××××年 3 月 31 日

纳税人名称：南山烟业股份公司（盖章）　　纳税人识别号：513026815532598110

填表日期：××××年 4 月 3 日　单位：卷烟万支、雪茄烟万支、烟丝千克　金额单位：元（列至角分）

项目 应税消费品名称	适用税率		销售数量	销售额	应纳税额
	定额税率	比例税率			
卷烟	30 元/万支	56%	10	50 000. 00	28 300. 00
卷烟	30 元/万支	36%	2 500	4 500 000. 00	1 695 000. 00
雪茄烟	—	36%			
烟丝	—	30%			
合计	—	—	—	—	1 723 300. 00

	声明 此纳税申报表是根据国家税收法律的规定填报的，我确定它是真实的、可靠的、完整的。 经办人：万康（签章） 财务负责人：李文博（签章） 联系电话：029—33541294
本期准予扣除税额：318 720. 00	
本期减（免）税额：　0	
期初未缴税额：　0	
本期缴纳前期应纳税额：	（如果你已委托代理人申报，请填写） 授权声明 为代理一切税务事宜，现授权________（地址）________为本纳税人的代理申报人，任何与本申报表有关的往来文件，都可寄予此人。 授权人签章：
本期预缴税额：	
本期应补（退）税额：1 404 580. 00	
期末未缴税额：	

以下由税务机关填写

受理人（签章）：　　　　受理日期：　年　月　日　　　　受理税务机关（章）：

表3-4 本期准予扣除税额计算

税款所属期：××××年3月1日至××××年3月31日

纳税人名称：南山烟业股份公司（盖章） 纳税人识别号：513026815532598110

填表日期：××××年4月3日 金额单位：元（列至角分）

一、当期准予扣除的委托加工烟丝已纳税款计算	
1. 期初库存委托加工烟丝已纳税款：	0
2. 当期收回委托加工烟丝已纳税款：	135 900.00
3. 期末库存委托加工烟丝已纳税款：	0
4. 当期准予扣除的委托加工烟丝已纳税款：	108 720.00
二、当期准予扣除的外购烟丝已纳税款计算	
1. 期初库存外购烟丝买价：	
2. 当期购进烟丝买价：	
3. 期末库存外购烟丝买价：	
4. 当期准予扣除的外购烟丝已纳税款：	210 000.00
三、本期准予扣除税款合计	318 720.00

项目四

关税的计算与管理

实际岗位

进出口业务办理员、成本核算岗位人员。

工作任务

计算关税，编制相关记账凭证并登账，办理报关进出口手续。

学习目的

通过“项目四”的学习和实训，达到：

1. 了解关税基本征税范围及关税税则基本含义
2. 会确定关税完税价格
3. 会计算关税应纳税额
4. 了解行邮税的基本内容

任务一　了解关税基本税制内容

基本内容学习

关税是对进出国境或关境的货物或物品征收的一种税。

关税由海关负责征收，海关是国家行政管理机构，主要负责贯彻执行本国有关进出口法令、法规。

概念识别

“关境”和“国境”

关境与国境是两个概念，但有一定联系。国境是指一个主权国家行使行政权力的领域范围。关境是指一个主权国家行使关税权力的领域范围。一般情况下，关境等于国境。当存在自由港、自由区、关税同盟国时，关境就有可能小于或大于国境。

一、征税对象

关税就物资的种类和流向分为进口货物关税、进口物品关税、出口货物关税、出口物品关税。我国目前暂不征出口物品关税。货物指贸易性商品；物品指非贸易性商品，包括入境旅客随身携带的行李物品、各种运输工具上服务人员携带进口的自用物品、个人邮递物品、馈赠物品及其他方式入境的个人物品。

二、纳税人

进口货物的收货人、出口货物的发货人，是关税的纳税人。

三、税率

（一）进口货物税率

我国进口税率设置了普通税率、最惠国税率、协定税率、特惠税率、关税配额税率、暂定税率。进口货物适用何种税率是以进口货物的原产地为标准的。一般采用比例税率，实行从价计征。但对啤酒、原油等少数货物实行从量计征，对广播用录像机、放映机、摄像机等实行从价加从量的复合税率。

（1）最惠国税率。

原产于与我国共同适用最惠国待遇条款的世界贸易组织成员国或地区的进口货物，或原产于与我国签订有相互给予最惠国待遇条款的双边贸易协定的国家或地区的进口货物适用最惠国税率。

（2）协定税率。

原产于我国参加的含有关税优惠条款的区域性贸易协定的有关缔约方的进口货物适用协定税率。

（3）特惠税率。

原产于与我国签订有特殊优惠关税协定的国家或地区的进口货物适用特惠税率。

（4）普通税率。

原产于上述国家或地区以外的国家或地区的进口货物适用普通税率。按照普通税率征税的进口货物，经国务院关税税则委员会特别批准，可以适用最惠国税率。

（5）关税配额税率。

按规定实行关税配额管理的进口货物适用关税配额税率。关税配额内的，适用关税配额税率；关税配额外的，按其适用税率的规定执行。

（6）暂定税率。

在最惠国税率的基础上，对于一些国内需要降低关税的货物，以及出于国际双边关系的考虑需要个别安排的进口货物，可以实行暂定税率。

知识拓展

如何判定“原产地”？

我国于1986年制定的《中华人民共和国关于进口货物原产地的暂行规定》，对原产地作如下规定：

（1）完全产地标准：对于完全在一个国家内生产或制造的货物，生产国或制造国即视为该货物的原产地。

（2）实质性加工标准：对经过几个国家加工、制造的进口货物，以最后一个对货物进行经济上可以视为实质性加工的国家为原产地。（实质性加工指产品加工后，在《进出口税则》中四位数税号一级的税则归类已经有了改变，或虽上述归类未改变，但加工增值部分所占新产品总值的比例已超过30%）。

（二）出口货物税率

我国对绝大部分出口货物不征收出口关税。仅对鳗鱼苗、部分有色金属矿砂及其精矿、虾、栗、生漆、钨矿砂、山羊板皮和锑及生丝等36种商品征收出口关税，实行一栏税率。但对于上述范围内的23种商品实行0%～20%暂定税率，其中16种商品为零关税，6种商品税率为10%以下。事实上我国真正征收出口关税的商品只有20种，其税率都很低。

四、减免优惠

关税减免具体分为法定减免、特定减免、临时减免三种。

（一）法定减免

法定减免是税法中明确列出的减免税。

（1）免征关税。

关税税额在人民币50元以下的一票货物，无商业价值的广告品和货样，外国政府、国际组织无偿赠送的物资，在海关放行前损失的货物，进出境运输工具装载的途中必需的燃料、物料和饮食用品，每次邮递物品在规定价格内或每次税额不超过50元的，免征关税。

（2）法定酌情减免税。

在海关放行前遭受损坏的进出口货物，特定地区、特定企业或者有特定用途的进出口货物，可酌情减税。

退回货物、补偿或更换相同货物、暂时进出境货物，不征税。

（3）政策性减免税。

投资项目设备、贷款项目设备、残疾人物品、科研教学用品、技改自用设备、规定范围内的进口自用设备、符合规定的软件费、西部投资进口自用设备、集成电路生产企业进口有关材料、集成电路生产企业进口专用建筑材料等物资，免税。

（二）特定减免

特定减免是指在法定减免税之外，国家按照国际通行规则和我国实际情况，制定发布的有关进出口货物减免关税的税收优惠政策。特定减免税货物一般有地区、企业和用途的限制。如对进口科技教育用品、残疾人专用品、扶贫慈善性捐赠物资、加工贸易产品等减免关税。

（三）临时减免

临时减免是指法定减免和特定减免范围以外的、由海关审批的减免。即由国务院根据《海关法》对某个单位、某类商品、某个项目或某批进出口货物的特殊情况，给予特别照顾，一案一批，专文下达的减免税。其他单位、商品、项目不能比照执行。

基本内容应用

A 公司为以下两种物资办理进境手续：从甲国的丙公司购进的罐装咖啡粉一批；随之进境的丙公司业务员随身携带的行李一件。经查得知，该批咖啡粉是由甲国从乙国进口农产品，经过加工成成品后出口到我国的，甲国是与我国共同适用最惠国待遇条款的世界贸易组织成员国，乙国是我国参加的区域性贸易协定的有关缔约方。该行李为一辆自行车。

要求： 确定关税的相关要素。

处理：

罐装咖啡粉属进口货物，应征进口货物关税，适用最惠国税率档次，A 公司为纳税人；行李属进境物品，应征进口物品关税，该业务员为纳税人，适用税率见“任务三”相关内容。

任务二　会计算关税税额

基本内容学习

关税有从价计征、从量计征、复合计征和滑准计征等方法。

一、计税依据的确定

（一）从价计征时的计税依据

遵照国际上通行的方式，从价计征是按进出口货物的价格为标准计征关税。这里的价格不是指成交价格，而是指进出口商品的完税价格，一般是由海关以该货物或物品的成交价格为基础审查确定。因此，按从价税计算关税，首先要确定货物的完税价格。

（1）进口货物关税完税价格的确定。

进口货物的完税价格包括货物的货价、运抵输入地点起卸前的运输及其相关费用、保险费。

如果进口货物成交价格经海关审查未能确定的，海关应依次以下列价格为基础估定完税价格：相同货物成交价格、类似货物成交价格、国际市场价格、国内市场倒扣法及其他合理方法。

（2）出口货物关税完税价格的确定。

出口货物的完税价格包括货物的货价、货物运至我国境内输出地点装载前的运输及相关费用及保险费，如果在其中包含了出口关税税额的，则应当予以扣除。

（二）从量计征时的计税依据

从量关税是依据商品的数量、重量、容量、长度和面积等计量单位为标准来征收关税的。它的特点是不因商品价格的涨落而改变税额，计算比较简单。

（三）滑准计征的计税依据

滑准税是指关税的税率随着进口商品价格的变动而反方向变动的一种税率形式，即价格越高，税率越低，税率为比例税率。因此，实行滑准税率，进口商品应纳关税税额的计算方法，与从价税的计算方法相同。

二、关税税额的计算

从价定率计算关税税额时：

关税 = 完税价格 × 适用税率

从量定额计算关税税额时：

关税 = 应税数量 × 单位税额

采用复合方法计算关税税额时：

关税 = 应税数量 × 单位税额 + 完税价格 × 比例税率

基本内容应用

A 贸易公司进口小汽车 30 辆，经海关审定的产地合理销售价格为每辆 52 万元，运抵我国海关之前还支付了运输费 25 万元，保险费 10 万元，包装费 3 万元。A 公司办完报关手续后将货物提回，支付了境内运费 2 万元，取得运费发票。已知关税税率为 5%。

要求： 计算 A 公司应缴纳的关税。

处理：

关税完税价格 = 货物的货价 + 运抵输入地点起卸前的运输及其相关费用 + 保险费

= 30 × 52 + 25 + 10 + 3 = 1 598（万元）

关税 = 1 598 × 5% = 79.9（万元）

在掌握了关税税制基本内容的基础上，进一步学习计算关税的具体政策：

情境一　确定完税价格——以自身动力进境的货物的运费处理

A 航空公司进口空客飞机一架，飞机的成交价格为 30 000 万元，保险费为 1 000 万元。由进口方派驾驶员驾驶飞机入境，发生运输中各费用 10 万元。

要求： 确定进口飞机的完税价格。

政策提示

运输工具作为进口货物，利用自身动力进境，不另加计运费。

业务处理

按政策规定：

完税价格 = 30 000 + 1 000 = 31 000（万元）

情境二　确定完税价格——无保险费的处理

A 公司进口服装一批，货物的成交价格为 2 000 000 元，运费为 80 000 元。未发生保险费。

要求： 确定进口服装的完税价格。

政策提示

进口货物的保险费无法确定或未实际发生，海关应当以货物的成交价格和运费的 3‰作为保险费。

业务处理

按政策规定：

进口服装的完税价格 =2 000 000 +80 000 +（2 000 000 +80 000）×3‰

=2 086 240（元）

任务三　会计算进境物品进口税

基本内容学习

行李和邮递物品进口税简称行邮税，是海关对入境旅客行李物品和个人邮递物品征收的进口税。由于其中包含了在进口环节征收的增值税、消费税，因而也是对个人非贸易性入境物品征收的进口关税和进口工商税收的总称。

行邮税的征税对象是进口物品，包括入境旅客、运输工具、服务人员携带的应税行李物品、个人邮递物品、馈赠物品以及以其他方式入境的个人物品。

行邮税的纳税人是携带应税个人自用物品入境的旅客及运输工具服务人员，进口邮寄物品的收件人，以及以其他方式进口应税个人自用物品的收件人。

行邮税税率为分档次的比例税率。对准许进口的旅客行李物品、个人邮递物品以及其他个人自用物品，均应依据《入境旅客行李物品和个人邮递物品进口税税率表》征收行邮税。我国行邮税税目和税率经过了多次调整，现行行邮税税率分为 50%、30%、20%、10% 四个档次：属于 50% 税率的物品为烟、酒、化妆品；属于 30% 税率的物品，包括高尔夫球及球具、高档手表；属于 20% 税率的物品，包括纺织品及其制成品、电视摄像机及其他电器用具、自行车、手表、钟表（含配件、附件）；属于 10% 税率的物品，包括书报、刊物、教育专用电影片、幻灯片、原版录音带、录像带，计算机、视频摄录一体机、数字照相机等信息技术产品，金、银及其制品，食品、饮料和其他商品。

行邮税的计税依据为完税价格，由海关参照该项物品的境外正常零售平均价格确定。

行邮税采用从价计征，计税公式为

行邮税 = 完税价格 × 比例税率

纳税人应当在海关放行应税个人自用物品之前缴清税款。

基本内容应用

境内居民A收到朋友从法国寄来的两套化妆品和一台计算机，我国海关核定的化妆品的完税价格为每套3 500元、计算机的完税价格为每台7 000元。

要求： 计算A应缴纳的进口物品税。

处理：

进口物品税 $=3\ 500\times2\times50\%+7\ 000\times10\%=4\ 200$（元）

知识拓展

跨境电子商务零售进口税收政策

从2016年4月8日开始，跨境电商零售进口商品不再按邮递物品征收行邮税，改为按照货物征收关税和进口环节增值税、消费税。财政部关税司解释称，跨境电商零售进口商品虽然通过邮递渠道进境，但不同于传统非贸易性的文件票据、旅客分离行李、亲友馈赠物品等，其交易具有贸易属性。

同时满足以下三个条件的纳入征税范围：一是主体上，主要包括境内通过互联网进行跨境交易的消费者、开展跨境贸易电子商务业务的境内企业、为交易提供服务的跨境贸易电子商务第三方平台；二是渠道上，仅指通过已与海关联网的电子商务平台进行的交易；三是性质上，应为跨境交易。

跨境电商进口商品的单次交易限值为2 000元，个人年度交易限值为20 000元。在限值以内进口的跨境电商零售进口商品，关税税率暂设为零。进口环节增值税、消费税取消免征税额，暂按法定应纳税额的70%征收。超过单次限值、累加后超过个人年度限值的单次交易，以及完税价格超过2 000元限值的单个不可分割商品，均将按照一般贸易方式全额征税。

任务四 了解关税的征收管理

进口货物在运输工具申报进境之日起14日内，出口货物在装货的24小时以前（海关特准的除外），纳税人向货物进（出）口地海关申报。

纳税人应当自海关填发税款缴款书之日起15日内向指定银行缴纳税款。纳税义务人未按期缴纳税款的，从滞纳税款之日起，按日加收滞纳税款0.5‰的滞纳金。对超过三个月仍未缴纳税款的，海关可责令担保人缴纳税款或者将货物变价抵缴，必要时，可以通知银行在担保人或纳税人存款内扣除。

项目五

企业所得税的计算与申报

实际岗位

办税员；会计人员、财务主管。

工作任务

调整利润，计算企业所得税税款，编制相关记账凭证并登账，填写《企业所得税纳税申报表》及相关附表并进行纳税申报。

学习目的

通过“项目五”的学习和实训，达到：

1. 会判定企业所得税的纳税人身份及其应履行的义务
2. 会确定企业所得税计税依据
3. 会计算企业所得税税额
4. 了解税收优惠政策，为纳税主体提供节税方案和建议
5. 会填制《企业所得税纳税申报表》及附表

任务一　了解企业所得税基本税制内容

基本内容学习

企业所得税是对在我国境内的企业和其他取得收入的组织，就其生产经营所得和其他所得征收的一种税。

企业所得税具有以下三个特点：通常以净所得为征税对象，以经过计算得出的应纳税所得额为计税依据，纳税人和实际负担人通常是一致的。

一、征税对象

企业所得税的征税对象是指企业的生产经营所得、其他所得和清算所得。包括销售货物

所得、提供劳务所得、转让财产所得、股息红利所得、利息所得、租金所得、特许权使用费所得、接受捐赠所得和其他所得。

二、纳税人

企业所得税纳税人，是指在中华人民共和国境内的企业和其他取得收入的组织（以下统称企业）。个人独资企业和合伙企业不作为企业所得税的纳税人。

为了更好地保障我国税收管辖权的有效行使，参照国际通行做法，我国采取“登记注册地标准”和“实际管理机构地标准”相结合的办法，将纳税人分为居民企业和非居民企业，分别作了明确界定。

（1）居民企业。

居民企业，是指依我国法规在中国境内成立，或依外国法规在境外成立但实际管理机构在中国境内的企业。居民企业负有无限纳税义务，就其来源于中国境内外的全部所得申报纳税。

实际管理机构，是指对企业的生产经营、人员、财务、财产等实施实质性全面管理和控制的机构。

（2）非居民企业。

非居民企业，是指依外国法规在境外成立且实际管理机构不在中国境内，但在中国境内设立机构、场所的，或者在中国境内未设立机构、场所，但有来源于中国境内所得的企业。非居民企业负有有限纳税义务，就其来源于我国境内的所得，以及发生在境外的与其在境内所设机构、场所有实际联系的所得申报纳税。

机构、场所，是指在中国境内从事生产经营活动的机构、场所。

知识拓展　**什么是纳税人取得的境外所得与境内机构场所“有实际联系”？**

有实际联系，是指非居民企业在中国境内设立的机构、场所拥有的据以取得所得的股权、债权，以及拥有、管理、控制据以取得所得的财产。

三、税率

我国企业所得税实行比例税率。具体分为：

基本税率——25%，适用于居民企业和在中国境内设有机构、场所且所得与机构、场所有关联的非居民企业。

低税率——20%，适用于在中国境内未设立机构、场所的，或者虽设立机构、场所但取得的所得与其所设机构、场所没有实际联系的非居民企业（实际征税时适用10%），及符合条件的小型微利企业。

低税率——15%，适用于国家需要重点扶持的高新技术企业。

知识拓展　**小型微利企业应符合哪些条件才可享受低税率优惠？**

符合条件的小型微利企业，是指从事国家非限制和禁止行业，并符合下列条件的企业：工业企业，年度应纳税所得额不超过30万元，从业人数不超过100人，资产总额不超过

3 000 万元；其他企业，年度应纳税所得额不超过30万元，从业人数不超过80人，资产总额不超过1 000万元。

知识拓展

“国家需要重点扶持的高新技术企业”的条件

国家需要重点扶持的高新技术企业，是指拥有核心自主知识产权，并同时符合下列六个条件的企业：

（1）拥有核心自主知识产权。

（2）产品（服务）属于《国家重点支持的高新技术领域》规定的范围。

（3）近三个会计年度的研究开发费用占销售收入的比例符合：

①最近一年销售收入小于5 000万的企业，比例不低于6%。

②最近一年销售收入在5 000万至20 000万的企业，比例不低于4%。

③最近一年销售收入在20 000万以上的企业，比例不低于3%。

（4）高新技术产品（服务）收入占企业当年总收入的60%以上。

（5）具有大专以上学历的科技人员占企业当年职工总数30%以上，其中研发人员占企业当年职工总数10%以上。

（6）高新技术企业认定管理办法规定的其他条件。

四、基本税收优惠政策

税法规定的企业所得税的税收优惠方式包括免税、减税、加计扣除、加速折旧、减计收入、税额抵免等。

（一）特定所得的优惠政策

（1）从事农、林、牧、渔业项目的所得。

企业从事下列项目的所得，免征企业所得税：蔬菜、谷物、薯类、油料、豆类、棉花、麻类、糖料、水果、坚果的种植；农作物新品种的选育；中药材的种植；林木的培育和种植；牲畜、家禽的饲养；林产品的采集；灌溉、农产品初加工、兽医、农技推广、农机作业和维修等农、林、牧、渔服务业项目；远洋捕捞。

企业从事下列项目的所得，减半征收企业所得税：花卉、茶以及其他饮料作物和香料作物的种植；海水养殖、内陆养殖。

（2）从事国家重点扶持的公共基础设施项目投资经营的所得、符合条件的环境保护、节能节水项目的所得。

企业从事国家重点扶持的公共基础设施项目投资经营的所得、符合条件的环境保护、节能节水项目的所得，可在规定年限内享受减免税优惠。

（3）技术转让所得。

符合条件的技术转让所得，可减征或免征企业所得税。

（二）加计扣除的优惠政策

企业开发新技术、新产品、新工艺发生的研究开发费用和安置残疾人员所支付的工资可加计扣除。

（三）加速折旧的优惠政策

企业的固定资产由于技术进步等原因，确需加速折旧的，可以缩短折旧年限或者采取加速折旧的方法。

（四）创业投资企业的优惠政策

创业投资企业采取股权投资方式投资于未上市的中小高新技术企业的，其投资额可按规定抵扣相应年度的应纳税所得额。

（五）减计收入的优惠政策

企业以规定的资源作为主要原材料，生产符合条件的产品取得的收入，可减计收入。

（六）抵免应纳税额的优惠政策

企业购置并实际使用符合条件的设备的，其投资额的一定比例可抵免当年的应纳税额。

（七）民族自治地方的优惠政策

民族自治地方的自治机关对本民族自治地方的企业应缴纳的企业所得税中属于地方分享的部分，可以决定减征或者免征。对民族自治地方内国家限制和禁止行业的企业，不得减征或者免征企业所得税。

基本内容应用

A 公司是在陕西省工商局登记注册的企业；B 公司是在美国注册但实际管理机构设在西安的美资独资企业；C 商行是在美国注册的甲公司设在咸阳的办事处。上述三家企业均从境内、境外有经营所得。

要求： 确定企业所得税相关要素。

处理：

A、B 公司是企业所得税的居民纳税人，就其境内、外所得申报纳税，适用税率 25%；C 商行是企业所得税的非居民纳税人，就其境内所得申报纳税，适用税率 25%。

任务二　会确定企业所得税的应纳税所得额

基本内容学习

企业所得税的计税依据是应纳税所得额，指企业每一纳税年度的收入总额，减除不征税收入、免税收入、各项扣除以及允许弥补的以前年度亏损后的余额。基本公式为

应纳税所得额 = 收入总额 − 不征税收入 − 免税收入 −
各项扣除 − 允许弥补的以前年度亏损

也可以对会计利润按照税法规定进行调整，以调整所得作为企业所得税的计税依据。因此应纳税所得额的确定也可以是：

应纳税所得额 = 利润总额 ± 按税法调整项目金额

思考

为什么将会计利润按税法调整后才可作为企业所得税的计税依据？

企业应纳税所得额的计算以权责发生制为原则，它的正确计算直接关系到国家财政收入和企业的税收负担，并且同成本、费用核算关系密切。因此，《企业所得税法》对应纳税所得额计算作了明确规定，主要内容包括收入总额、扣除范围和标准、资产的税务处理、亏损弥补等。

一、收入总额

收入总额包括以货币形式和非货币形式从各种来源取得的收入。货币形式取得的收入包括现金、存款、应收账款、应收票据、准备持有至到期的债券投资以及债务的豁免等；非货币形式取得的收入包括固定资产、生物资产、无形资产、股权技资、存货、不准备持有至到期的债券投资、劳务以及有关权益等。纳税人以非货币形式取得的收入应当按照公允价值确定收入额。

（一）销售货物收入

销售货物收入是指企业销售商品、产品、原材料、包装物、低值易耗品以及其他存货取得的收入。

（二）提供劳务收入

提供劳务收入是指企业从事建筑安装、修理修配、交通运输、仓储租赁、金融保险、邮电通信、咨询经纪、文化体育、科学研究、技术服务、教育培训、餐饮住宿、中介代理、卫生保健、社区服务、旅游、娱乐、加工以及其他劳务服务活动取得的收入。

（三）转让财产收入

转让财产收入是指企业转让固定资产、生物资产、无形资产、股权、债权等财产取得的收入。

（四）股息、红利等权益性投资收益

股息、红利等权益性投资收益是指企业因权益性投资从被投资方取得的收入。股息、红利等权益性投资收益，除国务院财政、税务主管部门另有规定外，按照被投资方作出利润分配决定的日期确认收入的实现。

（五）利息收入

利息收入是指企业将资金提供他人使用但不构成权益性投资，或者因他人占用本企业资金取得的收入。包括存款利息、贷款利息、债券利息、欠款利息等收入。利息收入，按照合同约定的债务人应付利息的日期确认收入的实现。

（六）租金收入

租金收入是指企业提供固定资产、包装物或者其他有形资产的使用权取得的收入。租金收入，按照合同约定的承租人应付租金的日期确认收入的实现。

（七）特许权使用费收入

特许权使用费收入是指企业提供专利权、非专利技术、商标权、著作权以及其他特许权的使用权取得的收入。特许权使用费收入，按照合同约定的特许权使用人应付特许权使用费的日期确认收入的实现。

（八）接受捐赠收入

接受捐赠收入是指企业接受的来自其他企业、组织或者个人无偿给予的货币性资产、非货币性资产。接受捐赠收入按照实际收到捐赠资产的日期确认收入的实现。

（九）其他收入

其他收入是指企业取得的除以上收入外的其他收入，包括企业资产溢余收入、逾期未退包装物押金收入、确实无法偿付的应付款项、已作坏账损失处理后又收回的应收款项、债务重组收入、补贴收入、违约金收入、汇兑收益等。

知识拓展

确认收入的特殊情况

（1）以分期收款方式销售货物的，按照合同约定的收款日期确认收入的实现。

（2）企业受托加工制造大型机械设备、船舶、飞机，以及从事建筑、安装、装配工程业务或者提供其他劳务等持续时间超过12个月的，按照纳税年度内完工进度或者完成的工作量确认收入的实现。

（3）采取产品分成方式取得收入的，按照企业分得产品的日期确认收入的实现，其收入额按照产品的公允价值确定。

（4）企业发生非货币性资产交换，以及将货物、财产、劳务用于捐赠、偿债、赞助、集资、广告、样品、职工福利或者利润分配等用途的，应当视同销售货物、转让财产或者提供劳务，但国务院财政、税务主管部门另有规定的除外。

二、不征税收入和免税收入

国家为了扶持和鼓励某些特殊的纳税人和特定的项目，或者避免因征税影响企业的正常经营，对企业取得的某些收入予以不征税或免税的特殊政策，以减轻企业的负担，合理征税。

（一）不征税收入

（1）财政拨款。财政拨款是指各级人民政府对纳入预算管理的事业单位、社会团体等组织拨付的财政资金，但国务院及主管部门另有规定的除外。

（2）依法收取并纳入财政管理的行政事业性收费、政府性基金。行政事业性收费，是指依照法律法规等有关规定，按照规定程序批准，在实施社会公共管理，以及在向公民、法人或者其他组织提供特定公共服务的过程中，向特定对象收取并纳入财政管理的费用。政府性基金，是指企业依照法律、行政法规等有关规定，代政府收取的具有专项用途的财政资金。

（3）国务院规定的其他不征税收入。这是指企业取得的，由国务院财政、税务主管部门规定专项用途并经国务院批准的财政性资金。

（二）免税收入

（1）国债利息收入。为鼓励企业积极购买国债，支援国家建设，税法规定，企业因购买国债所得的利息收入，免征企业所得税。

（2）符合条件的居民企业之间的股息、红利等权益性收益。这是指居民企业直接投资于其他居民企业取得的投资收益。

（3）在中国境内设立机构、场所的非居民企业从居民企业取得与该机构、场所有实际联系的股息、红利等权益性投资收益。该收益不包括连续持有居民企业公开发行并上市流通的股票不足12个月取得的投资收益。

（4）符合条件的非营利组织的收入。这是指非营利组织的非营利收入，不包括非营利组织从事营利活动取得的收入，但国务院财政、税务主管部门另有规定的除外。

知识拓展

“非营利组织”应具备的条件

（1）依法履行非营利组织登记手续。

（2）从事公益性或者非营利性活动。

（3）取得的收入除用于与该组织有关的、合理的支出外，全部用于登记核定或者章程规定的公益性或者非营利性事业。

（4）财产及其孳息不用于分配。

（5）按照登记核定或者章程规定，该组织注销后的剩余财产用于公益性或者非营利性目的，或者由登记管理机关转赠给与该组织性质、宗旨相同的组织，并向社会公告。

（6）投入人对投入该组织的财产不保留或者享有任何财产权利。

（7）工作人员工资福利开支控制在规定的比例内，不变相分配该组织的财产。

（8）国务院财政、税务主管部门规定的其他条件。

三、各项扣除

企业实际发生的与取得收入有关的、合理的支出，包括成本、费用、税金、损失和其他支出，准予在计算应纳税所得额时扣除。

成本是指企业在生产经营活动中发生的销售成本、销货成本、业务支出以及其他耗费，即企业销售商品（产品、材料、下脚料、废料、废旧物资等）、提供劳务、转让固定资产、无形资产（包括技术转让）的成本。

费用是指企业每一个纳税年度为生产、经营商品和提供劳务等所发生的销售（经营）费用、管理费用和财务费用。

税金是指企业发生的除企业所得税和允许抵扣的增值税以外的各项税金及附加，即企业按规定缴纳的消费税、城市维护建设税、关税、资源税、土地增值税、房产税、车船使用税、土地使用税、印花税、教育费附加。扣除的方式有两种：一是在发生当期扣除；二是在发生当期计入相关资产的成本，在以后各期分摊扣除。

损失是指企业在生产经营活动中发生的固定资产和存货的盘亏、毁损、报废损失，转让财产损失，呆账损失，坏账损失，自然灾害等不可抗力因素造成的损失以及其他损失。企业发生的损失减除责任人赔偿和保险赔款后的余额依照国务院财政、税务主管部门的规定扣除。企业已经作为损失处理的资产，在以后纳税年度又全部收回或者部分收回时，应当计入当期收入。

其他支出是指除成本、费用、税金、损失外，企业在生产经营活动中发生的与生产经营活动有关的、合理的支出。

实际业务中，计算应纳税所得额时还应注意三个方面：第一，企业发生的支出应当区分收益性支出和资本性支出。收益性支出在发生当期直接扣除；资本性支出应当分期扣除或者计入有关资产成本，不得在发生当期直接扣除。第二，企业的不征税收入用于支出所形成的费用或者财产，不得扣除或者计算对应的折旧、摊销扣除。第三，除《企业所得税法》和实施条例另有规定外，企业实际发生的成本、费用、税金、损失和其他支出，不得重复扣除。

四、亏损弥补

亏损是指企业依照《企业所得税法》和实施条例的规定，将每一纳税年度的收入总额减除不征税收入、免税收入和各项扣除后小于零的数额。税法规定，企业某一纳税年度发生的亏损可以在一定年限内税前弥补。

基本内容应用

A公司为居民企业，本年的业务经税务机关按税法核定的金额如下：产品销售收入800万元；国债利息收入5万元；劳务收入10万元；商标使用权转让收入20万元；门面房租金收入3万元；销售成本320万元；销售费用270万元；税金及附加28万元；上一年度未弥补亏损15万元。

要求： 确定A公司本年度的应纳税所得额。

处理：

A公司本年度的应纳税所得额

=收入总额－不征税收入－免税收入－各项扣除－允许弥补的以前年度亏损

=(800＋5＋10＋20＋3)－5－320－270－28－15＝200（万元）

在掌握了以“应纳税所得额＝收入总额－不征税收入－免税收入－各项扣除－允许弥补的以前年度亏损”确定企业所得税应纳税所得额的基础上，学习以“应纳税所得额＝利润总额±按税法调整项目金额”确定应纳税所得额的方法：

情境一　确定应纳税所得额——利息、借款费用的税务处理

A厂本年“财务费用”中列支的借款利息为37.5万元，其中：有经过批准发行债券而实付利息8万元；有向乙公司借款50万元而实付利息3万元，经核实，其适用利率为6%，同期同类金融企业的贷款利率为4.5%；有从开户银行借款而实付利息19万元；有因购置生产用设备而向甲银行借款所支付的利息7.5万元，其中的3.6万元属该设备投入使用前的利息。

要求： 就A厂列支的利息费用进行企业所得税处理。

政策提示

企业所得税关于借款利息费用的扣除有如下政策：

（1）非金融企业向金融企业借款的利息支出、金融企业的各项存款利息支出和同业拆借利息支出、企业经批准发行债券的利息支出可据实扣除。

（2）非金融企业向非金融企业借款的利息支出，不超过按照金融企业同期同类贷款利率计算的数额的部分可据实扣除，超过部分不许扣除。

（3）企业在生产经营活动中发生的合理的不需要资本化的借款费用，准予扣除。

（4）企业为购置、建造固定资产、无形资产和经过12个月以上的建造才能达到预定可销售状态的存货发生借款的，在有关资产购置、建造期间发生的合理的借款费用，应予以资

本化，作为资本性支出计入有关资产的成本。有关资产交付使用后发生的借款利息，可在发生当期按规定扣除。

业务处理

根据上述政策：

列支的经过批准发行债券而实付利息8万元，符合允许扣除政策，准予全额扣除；

列支的向乙公司借款支付的利息3万元，超出了扣除限额（50×4.5%＝2.25万元）0.75万元，只允许按限额扣除；

列支的从开户银行的借款实付利息19万元，符合允许扣除政策，准予全额扣除；

列支的因购置生产用设备而向甲银行借款所支付的利息中，设备投入使用前的利息3.6万元不得扣除，应予以资本化，其余部分（7.5－3.6＝3.9万元）准予扣除。

所以，在确定A厂本年的应纳税所得额时，准许扣除的利息费用是33.15（8＋2.25＋19＋3.9）万元。

思考

如何调整利润？

就“情境一”的相关项目及数据，A厂在确定“会计利润”时是按多少金额扣除的？如何将会计利润调整为应纳税所得额？

解释

“借款利息”和“借款费用”

借款费用，指企业因借款而发生的利息、折价或溢价的摊销和辅助费用，以及因外币借款而发生的汇兑差额。

（1）因借款而发生的利息——借款利息，包括企业向银行或其他金融机构等借入资金发生的利息、发行债券发生的利息，以及承担带息债务应计的利息等。

（2）因借款而发生的折价或溢价的摊销。主要是发行债券发生的折价或溢价，实质上是对借款利息的调整。企业应在借款的存续期间对折价或溢价进行分期摊销。

（3）因借款而发生的辅助费用，指企业在借款过程中发生的诸如手续费、佣金、印刷费、承诺费等费用。

（4）因外币借款而发生的汇兑差额，指由于汇率变动而对外币借款本金及其利息的记账本位币金额产生的影响金额。

知识拓展

有关借款利息的其他规定

（1）企业实际支付给关联方的利息支出，不超过以下规定比例和税法及其实施条例有关规定计算的部分，准予扣除，超过的部分不得在发生当期和以后年度扣除。

企业实际支付给关联方的利息支出，其接受关联方债权性投资与其权益性投资比例为：金融企业，5∶1；其他企业，2∶1。

企业如果能够按照税法及其实施条例的有关规定提供相关资料，并证明相关交易活动符合独立交易原则的；或者该企业的实际税负（指企业所得税负）不高于境内关联方的，其实际支付给境内关联方的利息支出，在计算应纳税所得额时准予扣除。

（2）企业向股东或关联自然人借款的利息费用，参照上述向关联企业借款处理。

（3）企业向内部职工或其他自然人借款的利息费用，不超过按照金融企业同期同类贷款利率计算的数额的部分，准予扣除。

情境二　确定应纳税所得额——工资、职工福利费、工会经费、职工教育经费的税务处理

A厂本年发放工资500万元、奖金100万元，列支了职工福利费90万元、职工教育经费17万元，交拨工会经费12万元并取得收据。经核实，企业的工资薪金支出符合政策。

要求： 就A厂列支的工资、职工福利费、工会经费、职工教育经费进行企业所得税处理。

政策提示

工资、薪金支出是企业每一纳税年度支付给本企业任职或与其有雇佣关系的员工的所有现金或非现金形式的劳动报酬，包括基本工资、资金、津贴、补贴、年终加薪、加班工资，以及与任职或者是受雇有关的其他支出。

企业所得税关于工资、职工福利费、工会经费、职工教育经费的扣除有如下政策：

（1）企业发生的合理的工资、薪金支出，准予据实扣除。

（2）企业发生的职工福利费支出，不超过合理工资、薪金总额14%的部分准予扣除。

（3）企业拨缴的工会经费，不超过合理工资、薪金总额2%的部分准予扣除。

（4）企业发生的职工教育经费支出，不超过合理工资、薪金总额8%的部分准予扣除，超过部分准予结转以后纳税年度扣除。

业务处理

（1）根据上述政策，企业当年列支的工资总额为：500+100=600（万元），符合发放标准，准予全额扣除。

（2）列支的职工福利费90万元，超出了扣除限额（600×14%=84万元）6万元，只允许按限额扣除。

（3）列支的工会会费12万元，在扣除限额（600×2%=12万元）内，准予全额扣除。

（4）列支的职工教育经费17万元，没有超出限额（600×8%=48万元），允许按实际发生额扣除，无须调整。

所以，在确定A厂本年的应纳税所得额时，准许扣除的工资、职工福利费、工会经费、

职工教育经费为713（600+84+12+17）万元。

思考

如何调整利润?

就“情境二”的相关项目及数据，A厂在确定“会计利润”时是按多少金额扣除的?如何将会计利润调整为应纳税所得额?

情境三　确定应纳税所得额——与职工相关的社会保险、保障费用的税务处理

A厂本年发放职工工资750万元，按规定的范围和标准为职工缴纳基本医疗保险费45万元，基本养老保险费75万元，失业保险费30万元，生育保险费20万元和住房公积金110万元；为职工支付的补充养老保险费为60万元，补充医疗保险费为67.5万元；为企业瓦斯检查员及井下电钳工支付人身安全保险费10万元；为职工支付出差人身意外保险费为2万元；为职工支付家庭财产保险15万元、汽车商业保险9万元。经核实，企业的工资薪金支出符合政策。

要求：就A厂列支的各项社会保险费进行企业所得税处理。

政策提示

企业所得税关于与职工相关的社会保险、保障费用的扣除有如下政策：

（1）企业依照规定的范围和标准为职工缴纳的“五险一金”准予扣除。

（2）企业为投资者或者职工支付的补充养老保险费、补充医疗保险费，分别不超过工资、薪金总额5%的部分准予扣除。

（3）企业按规定为特殊工种职工支付的人身安全保险费和符合规定的商业保险费准予扣除。

（4）企业职工因公出差乘坐交通工具发生的人身意外保险支出，准予扣除。

（5）企业为投资者或者职工支付的商业保险费，不得扣除。

业务处理

根据上述政策：

（1）为员工缴纳的“五险一金”符合政策，准予全额扣除。

（2）为职工支付的补充养老保险费60万元，超出了扣除限额（750×5%=37.5万元）22.5万元，只允许按限额扣除；为职工支付的补充医疗保险费67.5万元，超出了扣除限额（750×5%=37.5万元）30万元，只允许按限额扣除。

（3）为瓦斯检查员及井下电钳工支付人身安全保险费10万元，符合政策，准予全额扣除。

(4) 为职工支付家庭财产保险 15 万元、汽车商业保险 9 万元，不得扣除。

所以，在确定企业所得税应纳税所得额时，准予扣除与职工相关的社会保险、保障费用为 367（45 + 75 + 30 + 20 + 110 + 37.5 + 37.5 + 10 + 2）万元。

解释

“五险一金”的具体项目

“五险一金”指基本养老保险费、基本医疗保险费、失业保险费、工伤保险费、生育保险费和住房公积金。

思考

如何调整利润?

就“情境三”的相关项目及数据，A 厂在确定“会计利润”时是按多少金额扣除的?如何将会计利润调整为应纳税所得额?

情境四　确定应纳税所得额——捐赠的税务处理

A 厂本年度的利润总额为 700 万元。各项捐赠合计 95 万元已列入“营业外支出”，具体有：通过“青少年发展基金会”向某学校捐赠现金 60 万元；直接向本市举办的“特产节”活动捐赠经费 10 万元；通过市政府向一灾区捐赠实物折合人民币 25 万元。

要求：就 A 厂列支的捐赠进行企业所得税处理。

政策提示

企业所得税关于捐赠的扣除有如下政策：企业发生的公益性捐赠支出，不超过年度利润总额 12% 的部分，准予扣除。超过年度利润总额 12% 的部分，准予结转以后 3 年内在计算应纳税所得额时扣除。

年度利润总额是指企业依照国家统一会计制度的规定计算的年度会计利润。

业务处理

根据政策规定：

该企业的第一、第三笔捐赠符合扣除条件，但实际捐赠金额 85 万元，扣除限额 84 万元（700 × 12%），本年只允许按限额扣除，超出的 1 万元结转下个年度继续扣除。

第二笔捐赠由于没有通过相关部门，是不符合税法规定的捐赠，故不得扣除。

所以，在确定企业所得税应纳税所得额时，准予扣除的捐赠为 84 万元。

解释

何谓“公益性捐赠”？

公益性捐赠，是指企业通过公益性社会团体或者县级以上人民政府及其部门，用于《公益事业捐赠法》规定的公益事业捐赠。具体包括：

（1）救助灾害、救济贫困、扶助残疾人等困难的社会群体和个人的活动。

（2）教育、科学、文化、卫生、体育事业。

（3）环境保护、社会公共设施建设。

（4）促进社会发展和进步的其他社会公共和福利事业。

思考

如何调整利润？

就“情境四”的相关项目及数据，A厂在确定“会计利润”时是按多少金额扣除的？如何将会计利润调整为应纳税所得额？

情境五　确定应纳税所得额——业务招待费的税务处理

A厂为创业投资企业，本年度实现转让土地使用权收入500万元，其他营业收入2 400万元，从其直接投资的企业分回股息收益1 000万元，当年实际列支的业务招待费是30万元。

要求：就A厂列支的业务招待费进行企业所得税处理。

政策提示

企业所得税关于业务招待费的扣除有如下政策：

（1）企业发生的与生产经营活动有关的业务招待费支出，按照发生额的60%扣除，但最高不得超过当年销售（营业）收入的5‰。

（2）企业在筹建期间，发生的与筹办活动有关的业务招待费支出，可按实际发生额的60%计入企业筹办费，并按有关规定在税前扣除。

（3）对从事股权投资业务的企业（包括集团公司总部、创业投资企业等），其从被投资企业所分配的股息、红利以及股权转让收入，可以按规定的比例计算业务招待费扣除限额。

业务处理

根据政策规定：

实际业务招待费用的60%为18（30×60%）万元；销售收入的5‰为17［(2 400 + 1 000)×5‰］万元。实际列支的业务招待费30万元，超出了限额（3 400×5‰ = 17万元）13万元。

所以，在确定企业所得税应纳税所得额时，允许扣除的业务招待费为17万元。

思考

如何调整利润?

就“情境五”的相关项目及数据，A厂在确定“会计利润”时是按多少金额扣除的？如何将会计利润调整为应纳税所得额？

情境六　确定应纳税所得额——广告宣传费用的税务处理

A厂本年度实现销售收入1 000万元，列支了广告宣传费用120万元。

要求：就A厂列支的广告宣传费用进行企业所得税处理。

政策提示

企业所得税关于广告宣传费用的扣除有如下政策：

（1）企业发生的广告费和业务宣传费支出，除国务院财政、税务主管部门另有规定外，不超过当年销售（营业）收入15%的部分，准予扣除；超过部分，准予结转以后纳税年度扣除。

（2）企业在筹建期间，发生的广告费和业务宣传费支出，可按实际发生额计入企业筹办费，并按有关规定在税前扣除。

业务处理

根据政策规定：

广告费和业务宣传费的限额为150（1 000×15%）万元，列支的广告宣传费用120万元，在扣除限额以内，准予全额扣除。

注意

企业申报扣除的广告费支出应与赞助支出严格区分。企业申报扣除的广告费支出，必须符合下列条件：广告是通过工商部门批准的专门机构制作的，已实际支付费用并已取得相应发票，通过一定的媒体传播。

思考

如何调整利润？

就“情境六”的相关项目及数据，A厂在确定“会计利润”时是按多少金额扣除的？如何将会计利润调整为应纳税所得额？

情境七 确定应纳税所得额——研发费用的税务处理

A厂本年进行新技术研发，最终取得成功并申请了专利，于9月份将该项技术投入使用。企业为此先后支付了研究费用30万元、开发费用50万元、办理专利证书的手续费用10万元。在会计核算中，将研究费用30万元作为当期损益，计入“管理费用”。将开发费用50万元、办理专利证书的手续费用10万元转为该项专利的成本，采取直线法摊销，期限为10年。在年终计算利润时，已将2万元的摊销金额计入利润借方。

要求：就A厂的该项专利的相关支出进行企业所得税处理。

政策提示

企业所得税关于研发支出的扣除有如下政策：研发支出未形成无形资产，而是计入当期损益的，在据实扣除的基础上，按照实际发生额的50%加计扣除；形成无形资产的，按照无形资产成本的150%于投入使用当月起、以不低于10年的期限（有合同约定的按合同约定期限）摊销。

业务处理

根据政策规定：

研究费用30万元，可以全额扣除，且可以加计扣除15万元；

开发费用50万元、办理专利证书的手续费用10万元，从9月份起开始摊销，本年允许摊销3（60×150%÷120×4）万元。

所以，在确定企业所得税应纳税所得额时，该项专利的相关支出共可扣除48（30＋15＋3）万元。

思考

如何调整利润？

就“情境七”的相关项目及数据，A厂在确定“会计利润”时是按多少金额扣除的？如何将会计利润调整为应纳税所得额？

情境八　确定应纳税所得额——固定资产折旧的税务处理

A 公司 4 月 20 日购进一台甲机械设备，购入成本 90 万元，当月投入使用。企业将甲设备购入成本全额列入“管理费用”；本年 7 月 26 日购进一台乙电子装备，购入成本 30 万元，次月投入使用。企业对乙设备按直线法折旧，折旧期为 5 年，残值率为 5%，在本年已计提折旧 1.9 万元。

要求： 就 A 公司列支的固定资产相关费用进行企业所得税处理。

政策提示

对于资本性支出以及无形资产受让、开办、开发费用，不允许作为成本、费用从纳税人的收入总额中一次扣除，只能采取分次计提折旧或分次摊销的方式予以扣除。

企业所得税关于固定资产折旧的扣除有如下政策：

固定资产是指企业为生产产品、提供劳务、出租或者经营管理而持有的、使用时间超过 12 个月的非货币性资产，包括房屋、建筑物、机器、机械、运输工具以及其他与生产经营活动有关的设备、器具、工具等。

（一）计算折旧的范围

企业按规定计算的固定资产折旧，准予扣除。但是下列固定资产不得计算折旧扣除：

（1）房屋、建筑物以外未投入使用的固定资产。

（2）以经营租赁方式租入的固定资产。

（3）以融资租赁方式租出的固定资产。

（4）已足额提取折旧仍继续使用的固定资产。

（5）与经营活动无关的固定资产。

（6）单独估价作为固定资产入账的土地。

（7）其他不得计算折旧扣除的固定资产。

（二）计算折旧的计税基础

税法规定，各类资产均以历史成本为计税基础。

（1）外购的固定资产，以购买价款和支付的相关税费以及直接归属于使该资产达到预定用途发生的其他支出为计税基础。

（2）自行建造的固定资产，以竣工结算前发生的支出为计税基础。

（3）融资租入的固定资产，以租赁合同约定的付款总额和承租人在签订租赁合同过程中发生的相关费用为计税基础，租赁合同未约定付款总额的，以该资产的公允价值和承租人在签订租赁合同过程中发生的相关费用为计税基础。

（4）盘盈的固定资产，以同类固定资产的重置完全价值为计税基础。

（5）通过捐赠、投资、非货币性资产交换、债务重组等方式取得的固定资产，以该资产的公允价值和支付的相关税费为计税基础。

（6）改建的固定资产，除已足额提取折旧的固定资产和租入的固定资产以外，以改建过程中发生的改建支出增加计税基础。

（三）计算折旧的起止时限

企业应当自固定资产投入使用月份的次月起计算折旧。停止使用的固定资产，应当自停止使用月份的次月起停止计算折旧。

企业应当根据固定资产的性质和使用情况，合理确定固定资产的预计净残值。固定资产的预计净残值一经确定，不得变更。

（四）计算折旧的方法

税法确定的固定资产计算折旧的方法为直线法。

（五）计算折旧的最低年限

除国务院财政、税务主管部门另有规定外，固定资产计算折旧的最低年限如下：

（1）房屋、建筑物，为20年。

（2）飞机、火车、轮船、机器、机械和其他生产设备，为10年。

（3）与生产经营活动有关的器具、工具、家具等，为5年。

（4）飞机、火车、轮船以外的运输工具，为4年。

（5）电子设备，为3年。

（六）固定资产折旧的特殊政策

若固定资产属于由于技术进步，产品更新换代较快，和常年处于强震动、高腐蚀状态的固定资产，可以采用加速折旧方法计算折旧额扣除。采取缩短折旧年限方法的，最低折旧年限不得低于规定折旧年限的60%，可以采取双倍余额递减法或者年数总和法。

业务处理

根据政策规定：

甲机械设备的成本90万元不得在购进当期一次性扣除，经确定残值率为5%后，可扣除折旧5.7［(90－90×5%)÷10÷12×8)］万元；

乙设备实际计提的折旧1.9万元，并未达到税法允许扣除的折旧限额3.17［30×(1－5%)÷3÷12×4)］万元，因此，不作调整。

所以，在确定企业所得税应纳税所得额时，甲机械设备的成本90万元不得扣除，甲、乙设备共可扣除折旧7.6（5.7＋1.9）万元。

思考

如何调整利润？

就“情境八”的相关项目及数据，A公司在确定“会计利润”时是按多少金额扣除的？如何将会计利润调整为应纳税所得额？

知识拓展　**资产的所得税处理中所提到的“历史成本”和“计税基础”**

历史成本是指企业取得某项资产时实际发生的支出。

各类资产以历史成本为计提折旧或摊销的依据，税法称之为“计税基础”，即“税法规定的计提折旧的基础”或“税法规定的计算摊销额的基础”。

企业持有各项资产期间资产增值或者减值，除国务院财政、税务主管部门规定可以确认损益外，不得调整该资产的计税基础。

情境九　确定应纳税所得额——无形资产摊销的税务处理

A 公司自己研发的一项专利于本年 1 月份投入使用，实际成本 50 万元。企业确定的摊销期为 4 年，已摊销 12.5 万元；本年外购一项商誉，支出 35 万元，全额作为本年损益列支。

要求： 就 A 公司的此两项无形资产相关费用的列支进行企业所得税处理。

政策提示

企业所得税关于无形资产摊销额的扣除有如下政策：

无形资产是指企业长期使用、但没有实物形态的资产，包括专利权、商标权、著作权、土地使用权、非专利技术、商誉等。

（一）计税基础

外购的无形资产，以购买价款和支付的相关税费以及直接归属于该资产达到预定用途发生的其他支出为计税基础；自行开发的无形资产，以开发过程中该资产符合资本化条件后至达到预定用途前发生的支出为计税基础；通过捐赠、投资、非货币性资产交换、债务重组等方式取得的无形资产，以该资产的公允价值和支付的相关税费为计税基础。

（二）摊销的范围

在计算应纳税所得额时，企业按照规定计算的无形资产摊销费用，准予扣除。下列无形资产不得计算摊销费用扣除：

（1）自行开发的支出已在计算应纳税所得额时扣除的无形资产。

（2）自创商誉。

（3）与经营活动无关的无形资产。

（4）其他不得计算摊销费用扣除的无形资产。

（三）摊销的方法和年限

无形资产的摊销额采取直线法计算。

无形资产的摊销年限不得低于 10 年。作为投资或者受让的无形资产，有关法律规定或者合同约定了使用年限的，可以按照规定或者约定的使用年限分期摊销。外购商誉的支出，在企业整体转让或者清算时，准予扣除。

业务处理

根据政策规定：

专利可以按历史成本的 150% 摊销，但摊销年限为 10 年，即本年允许扣除的摊销额为 7.5（50×150%÷10）万元；

商誉属于不得计算摊销费用的无形资产。

所以，在确定企业所得税应纳税所得额时，A 公司就此两项无形资产允许扣除的折旧额为7.5万元。

思考

如何调整利润？

就“情境九”的相关项目及数据，A公司在确定“会计利润”时是按多少金额扣除的？如何将会计利润调整为应纳税所得额？

情境十　确定应纳税所得额——租赁费的税务处理

A厂自本年5月1日起租入一间门面房用作产品展示厅，一次性支付1年的租金24万元，且全额计入管理费用；租入一台甲型号设备，租期4年，租赁费总额为8万元，已全额计入管理费用，经查是融资租赁，该设备本年应计提未计提折旧1.8万元。

要求：就A厂列支的此两项租赁费进行企业所得税处理。

政策提示

企业所得税关于固定资产租赁费的扣除有如下政策：

（1）以经营租赁方式租入固定资产发生的租赁费支出，按照租赁期限均匀扣除。

（2）以融资租赁方式租入固定资产发生的租赁费支出，按照规定构成融资租入固定资产价值的部分，应当提取折旧费用分期扣除。

业务处理

根据政策规定：

租入门面房属经营租赁，本年租期为8个月，则本年允许扣除的租金为16（24÷12×8）万元；

租入甲型号设备属融资租赁，租赁费8万元不得在租赁当期一次扣除，可提取折旧1.8万元。

所以，在确定企业所得税应纳税所得额时，本年允许扣除门面房租金16万元，允许扣除甲型号设备折旧额1.8万元，甲型号设备租赁费8万元不得扣除。

思考

如何调整利润？

就“情境十”的相关项目及数据，A厂在确定“会计利润”时是按多少金额扣除的？如何将会计利润调整为应纳税所得额？

情境十一　确定应纳税所得额——环境保护专项资金的税务处理

A 厂为污水、废水治理计提了环境保护专项资金 50 万元，为湿地生态恢复计提专项资金 30 万元。计提金额 80 万元已转入管理费用，但其中 30 万元被用于购买了一辆商务车。

要求： 就 A 厂列支的环境保护专项资金进行企业所得税处理。

政策提示

企业所得税关于环境保护专项资金的扣除有如下政策：企业依照法律、行政法规有关规定提取的用于环境保护、生态恢复等方面的专项资金，准予扣除。上述专项资金提取后改变用途的，不得扣除。

业务处理

根据政策规定：在确定企业所得税应纳税所得额时，为污水治理计提资金 50 万元可据实扣除；为湿地生态恢复计提 30 万元，由于用途发生改变（用于购买商务用车），不得扣除。

思考

如何调整利润？

就“情境十一”的相关项目及数据，A 厂在确定“会计利润”时是按多少金额扣除的？如何将会计利润调整为应纳税所得额？

情境十二　确定应纳税所得额——保险费、会员费、合理的会议费、差旅费、违约金、诉讼费用、劳动保护费等费用的税务处理

A 厂在管理费用中列支了企业财产保险 50 万元，劳动保护费 25 万元，差旅费 13 万元，因没有按时交货，向 B 公司支付违约金 5 万元。

要求： 就 A 厂列支的上述费用进行企业所得税处理。

政策提示

企业所得税关于保险费等费用项目的扣除有如下政策：

（1）企业参加财产保险，按照规定缴纳的保险费，准予扣除。

（2）企业发生的合理的劳动保护支出，准予扣除。

（3）企业实际发生的会员费、合理的会议费、差旅费、违约金、诉讼费用等，准予

扣除。

业务处理

根据政策规定：在确定企业所得税应纳税所得额时，A 厂在管理费用中列支的上述各项费用均可据实扣除。

思考

如何调整利润？

就“情境十二”的相关项目及数据，A 厂在确定“会计利润”时是按多少金额扣除的？如何将会计利润调整为应纳税所得额？

情境十三　确定应纳税所得额——向投资者支付的股息、红利、税收滞纳金等项目的税务处理

A 厂在计算本年利润时，扣除了以下支出项目：就一项咨询业务支付费用 1.5 万元，支付给总机构的特许权使用费 7 万元，向投资者支付股息 16 万元，支付违反食品卫生法被相关部门处以的罚款 5 万元。

要求： 就 A 厂列支的上述费用进行企业所得税处理。

政策提示

在计算应纳税所得额时，下列支出不得扣除：

（1）向投资者支付的股息、红利等权益性投资收益款项。

（2）企业所得税税款。

（3）税收滞纳金，是指纳税人违反税收法规，被税务机关处以的滞纳金。

（4）罚金、罚款和被没收财物的损失，是指纳税人违反国家有关法律、法规规定，被有关部门处以的罚款，以及被司法机关处以的罚金和被没收财物。

（5）超过规定标准的捐赠支出。

（6）赞助支出，是指企业发生的与生产经营活动无关的各种非广告性质支出。

（7）未经核定的准备金支出，是指不符合国务院财政、税务主管部门规定的各项资产减值准备、风险准备等准备金支出。

（8）企业之间支付的管理费、企业内营业机构之间支付的租金和特许权使用费，以及非银行企业内营业机构之间支付的利息，不得扣除。

（9）与取得收入无关的其他支出。

业务处理

根据政策规定，支付的咨询费可以扣除；支付给总机构的特许权使用费、向投资者支付

的股息、被相关部门处以的罚款均属不得扣除的项目。

所以，计算本年应纳税所得额时，1.5 万元允许扣除，28（7+16+5）万元不允许扣除。

思考

如何调整利润？

就“情境十三”的相关项目及数据，A 厂在确定“会计利润”时是按多少金额扣除的？如何将会计利润调整为应纳税所得额？

情境十四　确定应纳税所得额——资源综合利用取得收入的税务处理

A 厂本年实现会计利润 380 万元，调查得知，本厂所生产的甲产品是以《资源综合利用企业所得税优惠目录》内的一种资源为主要原材料生产的，不属于国家禁止和限制生产的产品，且符合国家行业相关标准。在企业的“主营业务收入”中查得本年甲产品的销售收入为 520 万元。

要求：就甲产品的收入进行所得税处理。

政策提示

税法规定，企业以《资源综合利用企业所得税优惠目录》规定的资源作为主要原材料，生产国家非限制和禁止并符合国家和行业相关标准的产品取得的收入，减按 90% 计入收入总额。

业务处理

根据政策规定：A 厂在确定本年的应纳税所得额时，该笔收入确认为 468（520×90%）万元。

思考

如何调整利润？

就“情境十四”的相关项目及数据，A 厂在确定“会计利润”时是按多少金额确认收入的？如何将会计利润调整为应纳税所得额？

情境十五　确定应纳税所得额——技术转让所得的所得税处理

A 公司是居民企业，本年的利润总额为 2 300 万元，其中包括一笔专利技术转让所得 650 万元。

要求： 计算该企业本年的应纳税所得额。

政策提示

税法规定，在一个纳税年度内，居民企业技术转让所得不超过500万元的部分，免征企业所得税；超过500万元的部分，减半征收企业所得税。

业务处理

根据政策规定，A公司本年的应纳税所得额如下：

应纳税所得额 =（2 300 - 650）+（650 - 500）÷ 2 = 1 725（万元）

情境十六　确定应纳税所得额——亏损弥补的税务处理

A厂经税务机关审定的6年的应纳税所得额情况见表5-1。

要求： 确定A厂第六年的应纳税所得额。

表5-1　A厂应纳税所得额统计表　　单位：万元

年度	第一年	第二年	第三年	第四年	第五年	第六年
应纳税所得额	-30	-20	-12	14	38	25

政策提示

税法规定，企业某一纳税年度发生的亏损可以用下一年度的所得弥补，下一年度的所得不足以弥补的，可以逐年延续弥补，但最长不得超过5年。高新技术企业和科技型中小企业亏损结转年限为10年。

业务处理

根据政策规定，第四年的全部所得弥补第一年亏损，故第四年没有应纳税所得额；第一年还有亏损16万由第五年所得弥补，第五年剩余的所得额22万中的20万弥补第二年亏损20万，2万弥补第三年的亏损，故第五年也没有应纳税所得额；第三年剩余的10万亏损由第六年的所得额弥补，故A厂第六年的应纳税所得额为15万。

思考

就“情境十六”的相关项目，A厂在确定第六年“会计利润”时是否考虑以前年度亏损？

情境十七　确定应纳税所得额——国家重点扶持的公共基础设施项目、符合条件的环境保护、节能节水项目经营的所得的所得税处理

A公司2003年开始从事一个海水淡化项目，2004年取得第一笔生产经营收入。相应年

份的应纳税所得额见表 5-2。

表 5-2　A 公司应纳税所得额统计表　　单位：万元

年度	2004	2005	2006	2007	2008	2009	2010
应纳税所得额	-15	-6	8	23	56	68	100

要求：计算 A 公司各年的应纳税所得额。

政策提示

税法规定，企业从事国家重点扶持的公共基础设施项目、符合条件的环境保护、节能节水项目经营的所得，自项目取得第一笔生产经营收入所属纳税年度起，第一年至第三年免征企业所得税，第四年至第六年减半征收企业所得税。

国家重点扶持的公共基础设施项目，是指《公共基础设施项目企业所得税优惠目录》规定的港口码头、机场、铁路、公路、城市公共交通、电力、水利等项目。

符合条件的环境保护、节能节水项目，包括公共污水处理、公共垃圾处理、沼气综合开发利用、节能减排技术改造、海水淡化等。

业务处理

根据政策规定，A 公司各年的应纳税所得额如下：

A 公司 2004—2006 年的应纳税所得额为 0

2007 年的应纳税所得额 = [23 - (15 - 8) - 6] ÷ 2 = 5（万元）

2008 年应纳企业所得税 = 56 ÷ 2 = 28（万元）

2009 年应纳企业所得税 = 68 ÷ 2 = 34（万元）

2010 年应纳企业所得税 = 100（万元）

情境十八　确定应纳税所得额——创业投资额的税务处理

A 厂本年利润 90 万元，经过税务调整，年应纳税所得额为 95 万元。资料显示其持有 B 厂（还未上市的中小高新技术企业）股份，投资额为 150 万元，至今年已持有满 2 年。

要求： 确定 A 厂本年的应纳税所得额。

政策提示

税法规定，创业投资企业采取股权投资方式投资于未上市的中小高新技术企业 2 年以上的，可以按照其投资额的 70% 在股权持有满 2 年的当年抵扣该创业投资企业的应纳税所得额；当年不足抵扣的，可以在以后纳税年度结转抵扣。

业务处理

根据政策规定：投资 B 厂的股份 150 万元的 70% 可以在今年抵扣应纳税所得额，所以，

A 厂本年应纳税所得额为：

应纳税所得额 95 − 150 × 70% = − 10（万元）。即：A 厂本年最终确认的应纳税所得额为负数，且未抵扣完的 10 万元可结转下一年度抵扣。

思考

就“情境十八”的相关项目，A 厂在确定本年“会计利润”时是否考虑抵扣对外投资额？

情境十九　确定应纳税所得额——综合业务处理

A 公司为居民企业，本年发生经营业务如下：

（1）取得产品销售收入 4 000 万元。

（2）发生产品销售成本 2 600 万元。

（3）发生销售费用 770 万元（其中广告费 650 万元）；管理费用 480 万元（其中业务招待费 25 万元）；财务费用 60 万元。

（4）销售税金 40 万元。

（5）营业外收入 80 万元，营业外支出 50 万元（含通过公益性社会团体向贫困山区捐款 30 万元，支付税收滞纳金 6 万元）。

（6）计入成本、费用中的实发工资总额 200 万元、拨缴职工工会经费 5 万元、发生职工福利费 31 万元、发生职工教育经费 17 万元。

要求：计算该企业本年度的应纳税所得额。

业务处理

（1）会计利润总额 = 4 000 + 80 − 2 600 − 770 − 480 − 60 − 40 − 50 = 80（万元）

（2）就广告费和业务宣传费需调增利润 = 650 − 4 000 × 15% = 650 − 600 = 50（万元）

（3）4 000 × 5‰ = 20（万元）25 × 60% = 15（万元）就业务招待费需调增利润 = 25 − 25 × 60% = 25 − 15 = 10（万元）

（4）就捐赠支出需调增利润 = 30 − 80 × 12% = 20.4（万元）

（5）就工会经费需调增利润 = 5 − 200 × 2% = 1（万元）

（6）就职工福利费需调增利润 = 31 − 200 × 14% = 3（万元）

（7）就职工教育经费需调增利润 = 17 − 200 × 8% = 1（万元）

A 公司本年度的应纳税所得额 = 80 + 50 + 10 + 20.4 + 6 + 1 + 3 + 1 = 171.4（万元）

任务三　会计算企业所得税税额

基本内容学习

应纳企业所得税税额的计算公式为

应纳税所得额 × 适用税率 − 减免税额 − 抵免税额

基本内容应用

A公司为居民企业，本年境内外应纳税所得额共为230万元；因购买符合条件的安全生产设备，可减免应纳税额10万元；在境外已缴纳的5万元企业所得税允许抵免。

要求： 确定A公司本年应缴纳的企业所得税。

处理：

A公司本年度应缴纳的企业所得税 = 230 × 25% − 10 − 5 = 42.5（万元）

在掌握了企业所得税税额计算的基本政策的基础上，进一步学习企业所得税税额计算的具体政策：

情境一　计算企业所得税应纳税额——购置并实际使用环境保护、节能节水、安全生产等专用设备的所得税处理

A公司本年的应纳税所得额为500万元。经查得知，本企业于年中购置了一台节能节水专用设备并投入使用，取得的增值税专用发票注明价款20万元，增值税额3.4万元，增值税额按规定可以从当期销项税额中抵扣。

要求： 计算A公司本年应缴纳的企业所得税。

政策提示

税法规定，企业购置并实际使用《环境保护专用设备企业所得税优惠目录》《节能节水专用设备企业所得税优惠目录》和《安全生产专用设备企业所得税优惠目录》规定的环境保护、节能节水、安全生产等专用设备的，该专用设备的投资额的10%可以从企业当年的应纳税额中抵免；当年不足抵免的，可以在以后5个纳税年度结转抵免。

若购进设备取得增值税专用发票，且进项税额允许抵扣，其专用设备投资额不再包括进行税额；若不允许抵扣，则投资额为增值税专用发票上注明的价税合计金额。若购进设备取得普通发票，则投资额为普通发票上注明的金额。

企业购置上述专用设备在5年内转让、出租的，应当停止享受企业所得税优惠，并补缴已经抵免的企业所得税税款。

业务处理

根据政策规定：

A公司本年应缴纳的企业所得税 = 500 × 25% − 20 × 10% = 123（万元）

情境二　计算企业所得税应纳税额——境外已纳税额的抵免

A公司是我国的居民纳税人。本年度取得境内应纳税所得额为100万元，适用25%的企业所得税税率。另外，分别在甲、乙两国设有分支机构（我国与甲、乙两国已经缔结避免

双重征税协定），在甲国分支机构取得应纳税所得额为 50 万元，甲国税率为 20%；在乙国的分支机构取得应纳税所得额为 30 万元，乙国税率为 30%。

要求： 计算 A 公司在我国应缴纳的企业所得税税额。

政策提示

作为跨国纳税人，常常会面临国际重复征税的问题，也就是同一笔跨国所得负担多国的所得税，与非跨国纳税人相比加重了其税收负担，这会影响纳税人的投资，不利于国际经济发展。为了处理国际重复征税问题，各国都采取了一些有效的方法。我国采取抵免法。

我国企业所得税税法规定：纳税人来源于我国境外的所得在境外实际缴纳的所得税款，准予在汇总纳税时从其应纳税额中抵免，但不得超过抵免限额（抵免限额是纳税人境外所得按我国企业所得税法计算的应纳税额）。超过部分，可以在以后 5 个纳税年度内，用每年度抵免限额抵免当年应抵税额后的余额进行抵补。抵免限额分国不分项计算。

$$\text{某国抵免限额} = \text{境内、境外所得按我国税法计算的应纳税总额} \times \left(\text{来源于某国的所得额} \div \text{境内、境外所得总额}\right)$$

业务处理

根据政策规定，A 公司计算企业所得税的步骤为：

A 公司抵免境外所得税前应纳企业所得税税额 $=(100+50+30)\times 25\% = 45$（万元）

甲国抵免限额 $=45\times[50\div(100+50+30)]=12.5$（万元）

乙国抵免限额 $=45\times[30\div(100+50+30)]=7.5$（万元）

A 公司抵免境外所得税后应纳企业所得税税额 $=45-10-7.5=27.5$（万元）

任务四　会进行企业所得税纳税申报

基本内容学习

一、纳税地点

一般情况下，纳税地点为企业登记注册地、实际管理机构所在地。

居民企业在中国境内设立不具有法人资格的营业机构的，应当汇总计算并缴纳企业所得税。

二、纳税期限

企业所得税按年计征，分月或者分季预缴，年终汇算清缴，多退少补。

三、纳税申报

按月或按季预缴的，应当自月份或者季度终了之日起 15 日内，向税务机关报送预缴企业所得税纳税申报表，预缴税款。自年度终了之日起 5 个月内，向税务机关报送年度企业所得税纳税申报表，并汇算清缴，结清应缴应退税款。

基本内容应用

一、企业所得税纳税申报流程

企业所得税纳税申报流程，如图 5－1、图 5－2、图 5－3 所示。

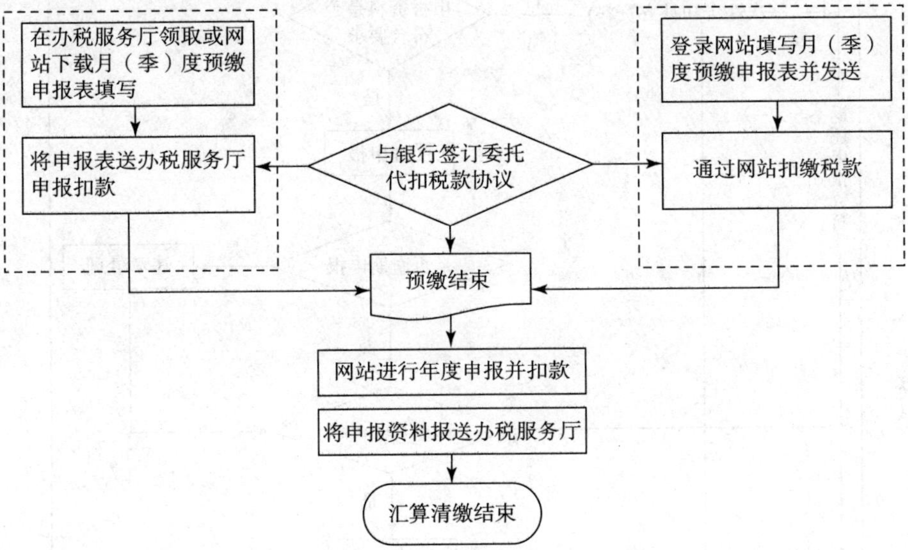

图 5－1　综合申报流程

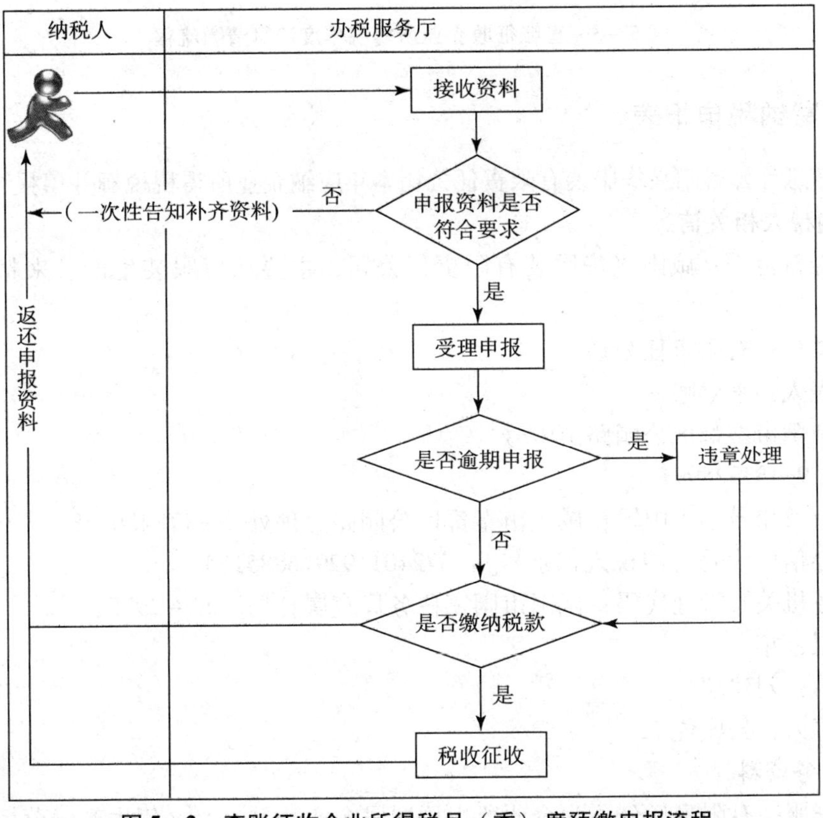

图 5－2　查账征收企业所得税月（季）度预缴申报流程

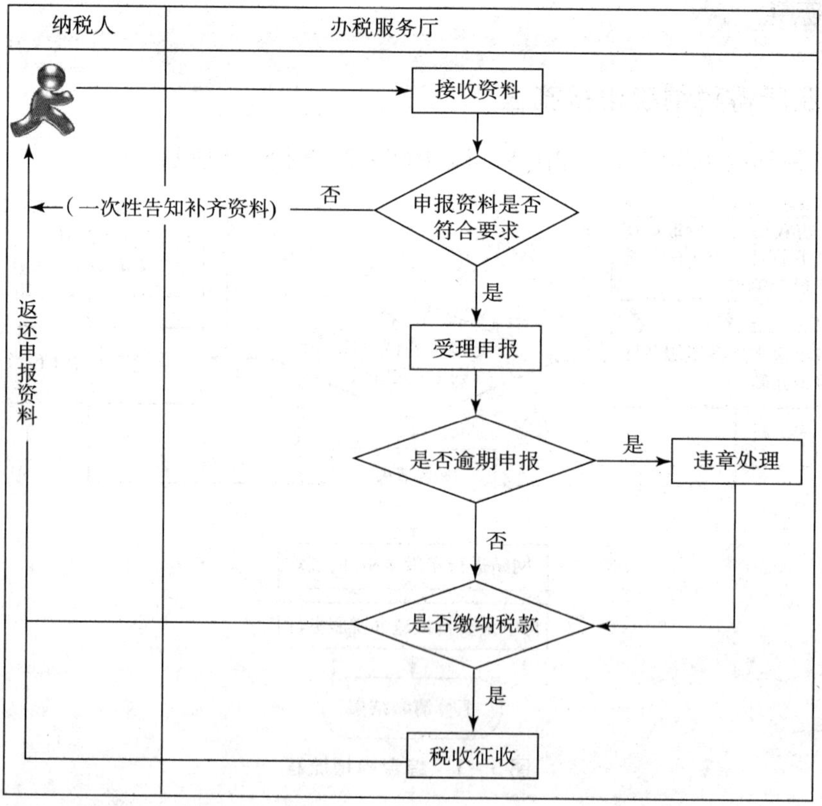

图 5－3　查账征收企业所得税年度汇算清缴流程

二、填写纳税申报表

就以下信息计算咸阳兴华服装有限责任公司本年应纳企业所得税税额并填报纳税申报表。

（一）纳税人相关信息

名称及经营范围：咸阳兴华服装有限责任公司，主要从事服装生产、来料加工等业务经营。

纳税人类型：有限责任公司

法人代表人：李晨曦

地址：咸阳市秦都区公园路 101 号

电话：029—33328997

开户银行及账号：中国银行咸阳市秦都区公园路分理处 2—178456778

统一社会信用代码（纳税人识别号）：372401192976885123

主管税务机关及管理代码：咸阳市国家税务局直属分局　23－2975；

纳税期限：年

办税人员：刘建超

财务负责人：吴成佐

（二）业务资料

咸阳兴华服装有限责任公司为企业所得税居民企业，××××年生产经营情况如下：

（1）本年度取得营业收入 2 500 万元。（其中货物销售收入 1 500 万元，提供劳务收入 800 万元，手续费收入 200 万元。）

（2）本年度发生销售成本 1 100 万元（其中销售成本 700 万元，提供劳务成本 330 万元，让渡一项商标使用权成本 20 万元，代销货物的费用为 50 万元）。

（3）本年度发生销售费用 670 万元（其中广告费 450 万元），管理费用 480 万元（其中业务招待费用 15 万元），财务费用 60 万元。

（4）本年度销售税金 160 万元（含增值税 120 万元）。

（5）本年度营业外收入 70 万元（转让一项新技术），营业外支出 50 万元（含通过公益性社会团体向贫困山区捐款 30 万元、支付税收滞纳金 6 万元）。

（6）计入成本费用中的实发工资总额 150 万元、拨缴职工工会经费 3 万元、支出职工福利费 24 万和职工教育经费 15 万元。

（三）计算税额

（1）计算企业会计利润：

会计利润总额 $=2\ 500-1\ 100-670-480-60-40+70-50=170$（万元）

（2）在会计利润的基础上调整应纳税所得额。

（3）广告费调增应纳税所得额 $=450-2\ 500\times15\%=450-375=75$（万元）

（4）业务招待费调增应纳税所得额 $=15-15\times60\%=15-9=6$（万元）

$2\ 500\times5‰=12.5$（万元）$>15\times60\%=9$（万元）

（5）公益性捐赠支出调增应纳税所得额 $=30-170\times12\%=9.6$（万元）

（6）支付税收滞纳金不得扣除，应调增应纳税所得额 $=6$（万元）

（7）职工福利费和职工教育经费调增应纳税所得额 $=(24-150\times14\%)+(15-150\times8\%)=6$（万元）

（8）企业本年应纳税所得额 $=170+75+6+9.6+6+6=272.6$（万元）

（9）企业所得税应纳税额 $=272.6\times25\%=68.15$（万元）

（四）填制申报表

根据该企业经营情况填制《中华人民共和国企业所得税年度纳税申报表（A 类）》，见表 5－3 至表 5－10。

A100000

表 5－3　中华人民共和国企业所得税年度纳税申报表（A 类）

行次	类别	项目	金额
1	利润总额计算	一、营业收入（填写 A101010＼101020＼103000）	25 000 000.00
2		减：营业成本（填写 A102010＼102020＼103000）	1 100 000.00
3		减：税金及附加	40 000.00
4		减：销售费用（填写 A104000）	6 700 000.00
5		减：管理费用（填写 A104000）	4 800 000.00
6		减：财务费用（填写 A104000）	600 000.00
7		减：资产减值损失	
8		加：公允价值变动收益	

续表

行次	类别	项目	金额
9	利润总额计算	加：投资收益	
10		二、营业利润（1－2－3－4－5－6－7＋8＋9）	1 500 000.00
11		加：营业外收入（填写A101010\101020\103000）	700 000.00
12		减：营业外支出（填写A102010\102020\103000）	500 000.00
13		三、利润总额（10＋11－12）	1 700 000.00
14	应纳税所得额计算	减：境外所得（填写A108010）	
15		加：纳税调整增加额（填写A105000）	1 026 000.00
16		减：纳税调整减少额（填写A105000）	
17		减：免税、减计收入及加计扣除（填写A107010）	
18		加：境外应税所得抵减境内亏损（填写A108000）	
19		四、纳税调整后所得（13－14＋15－16－17＋18）	2 726 000.00
20		减：所得减免（填写A107020）	
21		减：弥补以前年度亏损（填写A106000）	
22		减：抵扣应纳税所得额（填写A107030）	
23		五、应纳税所得额（19－20－21－22）	2 726 000.00
24	应纳税额计算	税率（25%）	25%
25		六、应纳所得税额（23×24）	681 500.00
26		减：减免所得税额（填写A107040）	
27		减：抵免所得税额（填写A107050）	
28		七、应纳税额（25－26－27）	681 500.00
29		加：境外所得应纳所得税额（填写A108000）	
30		减：境外所得抵免所得税额（填写A108000）	
31		八、实际应纳所得税额（28＋29－30）	681 500.00
32		减：本年累计实际已缴纳的所得税额	
33		九、本年应补（退）所得税额（31－32）	
34		其中：总机构分摊本年应补（退）所得税额（填写A109000）	
35		财政集中分配本年应补（退）所得税额（填写A109000）	
36		总机构主体生产经营部门分摊本年应补（退）所得税额（填写A109000）	

A101010

表5－4　一般企业收入明细表

行次	项目	金额
1	一、营业收入（2＋9）	25 000 000.00
2	（一）主营业务收入（3＋5＋6＋7＋8）	23 000 000.00
3	1. 销售商品收入	15 000 000.00
4	其中：非货币性资产交换收入	8 000 000.00
5	2. 提供劳务收入	
6	3. 建造合同收入	
7	4. 让渡资产使用权收入	
8	5. 其他	
9	（二）其他业务收入（10＋12＋13＋14＋15）	2 000 000.00
10	1. 销售材料收入	
11	其中：非货币性资产交换收入	
12	2. 出租固定资产收入	
13	3. 出租无形资产收入	
14	4. 出租包装物和商品收入	
15	5. 其他	2 000 000.00
16	二、营业外收入（17＋18＋19＋20＋21＋22＋23＋24＋25＋26）	700 000.00
17	（一）非流动资产处置利得	700 000.00
18	（二）非货币性资产交换利得	
19	（三）债务重组利得	
20	（四）政府补助利得	
21	（五）盘盈利得	
22	（六）捐赠利得	
23	（七）罚没利得	
24	（八）确实无法偿付的应付款项	
25	（九）汇兑收益	
26	（十）其他	

A102010

表5－5　一般企业成本支出明细表

行次	项目	金额
1	一、营业成本（2＋9）	1 100 000.00
2	（一）主营业务成本（3＋5＋6＋7＋8）	1 100 000.00
3	1. 销售商品成本	7 000 000.00

续表

行次	项目	金额
4	其中：非货币性资产交换成本	
5	2. 提供劳务成本	3 300 000.00
6	3. 建造合同成本	
7	4. 让渡资产使用权成本	200 000.00
8	5. 其他	500 000.00
9	（二）其他业务成本（10+12+13+14+15）	
10	1. 销售材料成本	
11	其中：非货币性资产交换成本	
12	2. 出租固定资产成本	
13	3. 出租无形资产成本	
14	4. 包装物出租成本	
15	5. 其他	
16	二、营业外支出（17+18+19+20+21+22+23+24+25+26）	500 000.00
17	（一）非流动资产处置损失	
18	（二）非货币性资产交换损失	
19	（三）债务重组损失	
20	（四）非常损失	
21	（五）捐赠支出	300 000.00
22	（六）赞助支出	
23	（七）罚没支出	60 000.00
24	（八）坏账损失	
25	（九）无法收回的债券股权投资损失	
26	（十）其他	140 000.00

A104000

表5－6 期间费用明细表

行次	项目	销售费用	其中：境外支付	管理费用	其中：境外支付	财务费用	其中：境外支付
		1	2	3	4	5	6
1	一、职工薪酬		*		*	*	*
2	二、劳务费					*	*
3	三、咨询顾问费					*	*
4	四、业务招待费		*	150 000.00	*	*	*

续表

行次	项目	销售费用	其中：境外支付	管理费用	其中：境外支付	财务费用	其中：境外支付
		1	2	3	4	5	6
5	五、广告费和业务宣传费	4 500 000.00	*		*	*	*
6	六、佣金和手续费						
7	七、资产折旧摊销费		*		*	*	*
8	八、财产损耗、盘亏及毁损损失		*		*	*	*
9	九、办公费		*		*	*	*
10	十、董事会费		*		*	*	*
11	十一、租赁费					*	*
12	十二、诉讼费		*		*	*	*
13	十三、差旅费		*		*	*	*
14	十四、保险费		*		*	*	*
15	十五、运输、仓储费					*	*
16	十六、修理费					*	*
17	十七、包装费		*		*	*	*
18	十八、技术转让费					*	*
19	十九、研究费用					*	*
20	二十、各项税费		*		*	*	*
21	二十一、利息收支	*	*	*	*		
22	二十二、汇兑差额	*	*	*	*		
23	二十三、现金折扣	*	*	*	*		*
24	二十四、党组织工作经费	*	*		*	*	*
25	二十五、其他	2 200 000.00		4 650 000.00		600 000.00	
26	合计（1+2+3+…+25）	6 700 000.00		4 800 000.00		600 000.00	

A105000

表 5－7　纳税调整项目明细表

行次	项目	账载金额	税收金额	调增金额	调减金额
		1	2	3	4
1	一、收入类调整项目（2+3+…+8+10+11）	*	*		
2	（一）视同销售收入（填写 A105010）	*			*

续表

行次	项目	账载金额	税收金额	调增金额	调减金额
		1	2	3	4
3	（二）未按权责发生制原则确认的收入（填写A105020）				
4	（三）投资收益（填写A105030）				
5	（四）按权益法核算长期股权投资对初始投资成本调整确认收益	*	*	*	
6	（五）交易性金融资产初始投资调整	*	*		*
7	（六）公允价值变动净损益		*		
8	（七）不征税收入	*	*		
9	其中：专项用途财政性资金（填写A105040）	*	*		
10	（八）销售折扣、折让和退回				
11	（九）其他				
12	二、扣除类调整项目（13+14+…+24+26+27+28+29+30）	*	*		
13	（一）视同销售成本（填写A105010）	*		*	
14	（二）职工薪酬（填写A105050）	1920 000.00	1 860 000.00	60 000.00	
15	（三）业务招待费支出	150 000.00	90 000.00	60 000.00	*
16	（四）广告费和业务宣传费支出（填写A105060）	*	*	750 000.00	
17	（五）捐赠支出（填写A105070）	300 000.00	204 000.00	96 000.00	
18	（六）利息支出				
19	（七）罚金、罚款和被没收财物的损失		*		*
20	（八）税收滞纳金、加收利息	60 000.00	*	60 000.00	*
21	（九）赞助支出		*		*
22	（十）与未实现融资收益相关在当期确认的财务费用				
23	（十一）佣金和手续费支出				*
24	（十二）不征税收入用于支出所形成的费用	*	*		*
25	其中：专项用途财政性资金用于支出所形成的费用（填写A105040）	*	*		*
26	（十三）跨期扣除项目				

续表

行次	项目	账载金额	税收金额	调增金额	调减金额
		1	2	3	4
27	（十四）与取得收入无关的支出		*		*
28	（十五）境外所得分摊的共同支出	*	*		*
29	（十六）党组织工作经费				
30	（十七）其他				
31	三、资产类调整项目（32+33+34+35）	*	*		
32	（一）资产折旧、摊销（填写A105080）				
33	（二）资产减值准备金		*		
34	（三）资产损失（填写A105090）				
35	（四）其他				
36	四、特殊事项调整项目（37+38+…+42）	*	*		
37	（一）企业重组及递延纳税事项（填写A105100）				
38	（二）政策性搬迁（填写A105110）	*	*		
39	（三）特殊行业准备金（填写A105120）				
40	（四）房地产开发企业特定业务计算的纳税调整额（填写A105010）	*			
41	（五）有限合伙企业法人合伙方应分得的应纳税所得额				
42	（六）其他	*	*		
43	五、特别纳税调整应税所得	*	*		
44	六、其他	*	*		
45	合计（1+12+31+36+43+44）	*	*	1 026 000.00	0

A105050

表5-8　职工薪酬支出及纳税调整明细表

行次	项目	账载金额	实际发生额	税收规定扣除率	以前年度累计结转扣除额	税收金额	纳税调整金额	累计结转以后年度扣除额
		1	2	3	4	5	6（1-5）	7（1+4-5）
1	一、工资薪金支出	1 500 000.00	1 500 000.00	*	*	1 500 000.00	0	*
2	其中：股权激励			*	*			*
3	二、职工福利费支出	240 000.00	2 40 000.00	14%	*	210 000.00	30 000.00	*

续表

行次	项目	账载金额	实际发生额	税收规定扣除率	以前年度累计结转扣除额	税收金额	纳税调整金额	累计结转以后年度扣除额
		1	2	3	4	5	6（1－5）	7（1＋4－5）
4	三、职工教育经费支出	150 000.00	150 000.00	*	0	120 000.00	30 000.00	30 000.00
5	其中：按税收规定比例扣除的职工教育经费	150 000.00	150 000.00	8%	0	120 000.00	30 000.00	30 000.00
6	按税收规定全额扣除的职工培训费用				*			*
7	四、工会经费支出	30 000.00	30 000.00	2%	*	30 000.00	0	*
8	五、各类基本社会保障性缴款			*	*			*
9	六、住房公积金			*	*			*
10	七、补充养老保险				*			*
11	八、补充医疗保险				*			*
12	九、其他			*	*			*
13	合计（1＋3＋4＋7＋8＋9＋10＋11＋12）	1 920 000.00	1 920 000.00	*	0	1 860 000.00	60 000.00	30 000.00

A105060

表5－9　广告费和业务宣传费跨年度纳税调整明细表

行次	项目	金额
1	一、本年广告费和业务宣传费支出	4 500 000.00
2	减：不允许扣除的广告费和业务宣传费支出	0
3	二、本年符合条件的广告费和业务宣传费支出（1－2）	4 500 000.00
4	三、本年计算广告费和业务宣传费扣除限额的销售（营业）收入	25 000 000.00
5	乘：税收规定扣除率	15%
6	四、本企业计算的广告费和业务宣传费扣除限额（4×5）	3 750 000.00
7	五、本年结转以后年度扣除额（3＞6，本行＝3－6；3≤6，本行＝0）	750 000.00
8	加：以前年度累计结转扣除额	0

续表

行次	项目	金额
9	减：本年扣除的以前年度结转额［3 >6，本行 =0；3≤6，本行 =8 与（6 -3）孰小值］	0
10	六、按照分摊协议归集至其他关联方的广告费和业务宣传费（10≤3 与 6 孰小值）	0
11	按照分摊协议从其他关联方归集至本企业的广告费和业务宣传费	0
12	七、本年广告费和业务宣传费支出纳税调整金额（3 >6，本行 =2 +3 -6 +10 -11；3≤6，本行 =2 +10 -11 -9）	750 000. 00
13	八、累计结转以后年度扣除额（7 +8 -9）	0

A105070

表 5 -10　捐赠支出及纳税调整明细表

行次	项目	账载金额	以前年度结转可扣除的捐赠额	按税收规定计算的扣除限额	税收金额	纳税调增金额	纳税调减金额	可结转以后年度扣除的捐赠额
		1	2	3	4	5	6	7
1	一、非公益性捐赠	0	*	*	*	0	*	*
2	二、全额扣除的公益性捐赠	0	*	*	0	*	*	*
3	三、限额扣除的公益性捐赠（4 +5 +6 +7）	300 000. 00	0	204 000. 00	204 000. 00	96 000. 00	0	96 000. 00
4	前三年度（　　　年）	*	0	*	*	*	0	*
5	前二年度（　　　年）	*	0	*	*	*	0	0
6	前一年度（　　　年）	*	0	*	*	*	0	0
7	本　　年（　　　年）	300 000. 00	*	204 000. 00	204 000. 00	96 000. 00	*	96 000. 00
8	合计（1 +2 +3）	300 000. 00	0	204 000. 00	204 000. 00	96 000. 00	0	96 000. 00

项目六

个人所得税的计算与申报

实际岗位

各种向个人支付报酬的核算岗位；办税员；有收入的个人。

工作任务

依法确定个人所得税计税依据的基础上，计算当期应纳个人所得税，在规定期限内填制个人所得税纳税申报表进行纳税申报。

教学目的

通过“项目六”的教学和实训，达到：

1. 能界定个人所得税的征税范围，判别纳税人身份和纳税义务
2. 会计算各应税项目应纳的个人所得税税额
3. 会填制《个人所得税纳税申报表》

任务一　了解个人所得税基本税制内容

基本内容学习

个人所得税是对个人（自然人）取得的各项应税所得征收的一种税。

我国个人所得税具有以下五个特点：实行分项征收、比例税率和累进税率并用、费用扣除面宽、计算简便、采用源泉扣缴和自行申报两种征收方法。

一、征税对象及具体项目

个人所得税对个人的应税所得项目征税。具体分为：

（一）工资、薪金所得

工资、薪金所得，是指个人因任职或者受雇而取得的工资、薪金、奖金、年终加薪、劳

动分红、津贴、补贴以及与任职或受雇有关的其他所得。不包括下列所得：独生子女补贴，执行公务员工资制度未纳入基本工资总额的补贴、津贴差额和家属成员的副食品补贴，托儿补助费，差旅费津贴、午餐补助。

（二）个体工商户生产、经营所得

个体工商户生产、经营所得，是指个体工商户从事工业、手工业、建筑业、交通运输业、商业、饮食业、服务业、修理业以及其他行业生产、经营取得的所得，以及与生产经营有关的应税所得；个人经批准，取得执照，从事办学、医疗、咨询以及其他有偿服务活动取得的所得；其他个人从事个体工商业生产、经营活动取得的所得；依法登记成立的个人独资企业、合伙企业的投资者取得的生产经营所得。不包括个体工商户或个人专营种植业、养殖业、饲养业、捕捞业取得的所得。

其他个人从事个体工商业生产、经营活动取得的所得，具体规定为：

（1）从事个体出租车运营的出租车驾驶员取得的收入，按“个体工商户的生产、经营所得”项目征收个人所得税。

（2）个人因从事彩票代销业务取得的所得，按“个体工商户的生产、经营所得”项目征收个人所得税。

（三）对企事业单位的承包、承租经营所得

对企事业单位的承包、承租经营所得，是指个人承包经营、承租经营以及转包、转租取得的所得，还包括个人在承包、承租期内按月或按次取得的工资、薪金性质的所得。个人对企事业单位承包、承租经营后，工商登记改变为个体工商户的，应按“个体工商户的生产、经营所得”项目征收个人所得税；若工商登记仍为企业的，不论其分配方式如何，均应按企业所得税规定缴纳企业所得税，然后根据承包合同协议缴纳个人所得税。

（四）劳务报酬所得

劳务报酬所得，是指个人独立从事非雇佣的各种劳务，如设计、装潢、安装、制图、化验、测试、医疗、法律、会计、咨询、讲学、新闻、广播、审稿、书画、雕刻、影视、录音、录像、演出、表演、广告、展览、技术服务、介绍服务、经纪服务、代办服务以及其他劳务取得的所得。

（五）稿酬所得

稿酬所得，是指个人因其作品以图书、报刊形式出版、发表而取得的所得。作者去世后，财产继承人取得的遗作稿酬，也应征个人所得税。

（六）特许权使用费所得

特许权使用费所得，是指个人提供专利权、著作权、非专利技术以及其他特许权的使用取得的所得。

作者将自己的文字作品手稿原件或复印件公开拍卖（竞价）取得的所得，应按特许权使用费所得项目征收个人所得税。

剧本作者从电影、电视剧的制作单位取得的剧本使用费，不再区分剧本的使用方是否为其任职单位，统一按特许权使用费所得项目计征个人所得税。

个人取得特许权的经济赔偿收入，按“特许权使用费所得”项目缴纳个人所得税，税款由支付赔款的单位或个人代扣代缴。

（七）利息、股息、红利所得

利息、股息、红利所得，是指个人拥有债权、股权而取得的利息、股息、红利所得。

（八）财产租赁所得

财产租赁所得，是指个人出租建筑物、土地使用权、机器设备、车船以及其他财产取得的所得。包括个人取得的房屋转租收入，个人以优惠价格从房地产企业手中购买商店，并将购买的商店无偿提供给房地产开发企业对外出租使用。

（九）财产转让所得

财产转让所得，是指个人转让有价证券、股权、建筑物、土地使用权、机器设备、车船以及其他财产取得的所得。

（十）偶然所得

偶然所得，是指个人得奖、中奖以及其他偶然性质的所得。

（十一）经国务院财政部门确定的其他所得

除上述列举的各项个人应税所得外，其他明确有必要征税的个人所得，由国务院财政部门确定。例如个人为单位或他人提供担保获得的报酬；受赠人因无偿受赠房屋取得的受赠所得；企业在年会、座谈会、庆典等活动中向本单位以外的个人赠送的礼品。

二、纳税人

个人所得税的纳税人是个人，也称自然人。一般情况下，以支付单位或个人为扣缴义务人。

个人所得税的纳税人按住所和居住时间两个标准，划分为居民纳税人和非居民纳税人。在中国境内有住所的人或在中国境内无住所但在一个纳税年度内住满365天的人是居民纳税人。在中国境内无住所也不居住的人；在中国境内无住所且在一个纳税年度内居住不满365天的人，是非居民纳税人。

居民纳税人负有无限纳税义务，应就来源于境内外的所得，向中国政府缴纳个人所得税；非居民纳税人负有有限纳税义务，仅就来源于中国境内的所得，向中国政府缴纳个人所得税。

知识拓展

住所与国籍的区别

住所是私法概念，它反映自然人与特定地域的民事联系。住所分为永久性住所和习惯性住所。我国境内有住所是采用习惯性住所标准，指纳税人因学习、工作、探亲、旅游等而在中国境外居住的，在其原因消除之后，必须回到中国境内居住的人，则中国为该纳税人的习惯性居住地，即在中国有住所。

国籍是公法概念，它反映自然人与特定国家的政治联系。纳税人因学习、工作、探亲、旅游等而在中国境外居住的，在其原因消除之后，仍然因为各种原因留在境外，但中国的国籍并没有发生改变。

三、税率

（一）工资、薪金所得，适用七级超额累进税率，见表6－1。

表 6-1　七级超额累进税率表

级数	全月应纳税所得额	税率/%	速算扣除数
1	不超过 1 500 元的	3	0
2	超过 1 500～4 500 元的部分	10	105
3	超过 4 500～9 000 元的部分	20	555
4	超过 9 000～35 000 元的部分	25	1 005
5	超过 35 000～55 000 元的部分	30	2 755
6	超过 55 000～80 000 元的部分	35	5 505
7	超过 80 000 元的部分	45	13 505

（二）个体工商户生产、经营所得适用五级超额累进税率，见表 6-2。

表 6-2　五级超额累进税率表

级数	全年应纳税所得额	税率/%	速算扣除数
1	不超过 15 000 元的	5	0
2	超过 15 000～30 000 元的部分	10	750
3	超过 30 000～60 000 元的部分	20	3 750
4	超过 60 000～100 000 元的部分	30	9 750
5	超过 100 000 元的部分	35	14 750

（三）对企事业单位的承包、承租经营所得，视分配性质适用不同税率：承包、承租人对企业的经营所得拥有支配权，则适用五级超额累进税率；承包、承租人对企业的经营所得不拥有支配权，则适用七级超额累进税率。

（四）稿酬所得、劳务报酬所得、特许权使用费所得、利息股息红利所得、财产租赁所得、财产转让所得、偶然所得和其他所得适用比例税率，税率为 20%。

四、优惠政策

（一）免税项目

（1）省级人民政府、国务院部委和中国人民解放军军以上单位，以及外国组织、国际组织颁发的科学、教育、技术、文化、卫生、体育、环境保护等方面的奖金。

（2）国债和国家发行的金融债券利息。

（3）按照国家统一规定发给的补贴、津贴。

（4）福利费、抚恤金、救济金。

（5）保险赔款。

（6）军人的转业费、复员费。

（7）按照国家统一规定发给干部、职工的安家费、退职费、退休工资、离休工资、离休生活补助费。

（8）依照我国有关法律规定应予免税的各国驻华使馆、领事馆的外交代表、领事官员和其他人员的所得。

（9）中国政府参加的国际公约、签订的协议中规定免税的所得。

（10）达到离休、退休年龄，但确因为工作需要，适当延长离休、退休年龄的高级专家（指享受国务院发放的政府特殊津贴的专家、学者），其在延长离休、退休期间的工资、薪金所得，视同离休、退休工资免征个人所得税。

（11）在中国境内无住所，但是在一个纳税年度中在中国境内连续或者累计居住不超过90日的个人，其来源于中国境内的所得，由境外雇主支付并且不由该雇主在中国境内的机构、场所负担的部分，免予缴纳个人所得税。

（12）外籍个人取得探亲费。

（13）个人取得的拆迁补偿款。

（14）经国务院财政部门批准免税的所得。

（二）下列情形经批准可以减征个人所得税

（1）残疾、孤老人员和烈属的所得。

（2）因严重自然灾害造成重大损失的。

（3）其他经国务院财政部门批准减免的。

例如，非营利性研究开发机构和高等学校科技人员取得职务科技成果转化现金奖励，减按50%计入当月工资、薪金所得项目。

（三）以下项目暂予免征个人所得税

（1）外籍个人以非现金形式或实报实销形式取得的住房补贴、伙食补贴、搬迁费、洗衣费。

（2）外籍个人按合理标准取得的境内、外出差补贴。

（3）外籍个人取得的探亲费、语言训练费、子女教育费等，经当地税务机关审核批准为合理的部分。

（4）外籍个人从外商投资企业取得的股息、红利所得。

（5）凡符合下列条件之一的外籍专家取得的工资、薪金所得：

①根据世界银行专项贷款协议由世界银行直接派往我国工作、其他经国务院财政部门批准减税的外国专家。

②联合国组织直接派往我国工作的专家。

③为联合国援助项目来华工作的专家。

④援助国派往我国专为该国无偿援助项目工作的专家。

⑤根据两国政府签订文化交流项目来华工作两年以内的文教专家，其工资、薪金所得由该国负担的。

⑥根据我国大专院校国际交流项目来华工作两年以内的文教专家，其工资、薪金所得由该国负担的。

⑦通过民间科研协定来华工作的专家，其工资、薪金所得由该国政府机构负担的。

（6）个人转让股票所得。

（7）个人举报、协查各种违法、犯罪行为而获得的奖金。

（8）个人办理代扣代缴税款，按规定取得的扣缴手续费。

（9）个人转让自用达5年以上，并且是唯一的家庭生活用房取得的所得。

（10）个人购买福利彩票、赈灾彩票、体育彩票，一次中奖收入不超过10 000元（含

10 000 元）的所得。

（11）个人取得单张有奖发票所得不超过800 元（含800 元）的所得。

（12）国有企业职工因企业破产，从破产企业取得的一次性安置费收入。

（13）自2008 年10 月9 日（含）起，对储蓄存款利息所得暂免征收个人所得税。

基本内容应用

个人A，在我国境内有住所。本期取得：从任职单位分得年终加薪、作品在境外杂志上发表取得收入、取得境内教育储蓄存款利息各一笔。

个人B，在我国境内无住所，因工作关系，于本年4 月10 日入境，按合同约定应工作到明年3 月30 日。本期取得由境内公司支付的工资、在境内提供技术讲座劳务取得收入、取得境外一处财产租赁的租金（未汇入境内）各一笔。

要求： 确定A、B 二人个人所得税的相关要素。

处理：

A 为居民纳税人，应就其境内外的所得缴纳个人所得税。年终加薪属工资薪金所得，适用七级超额累进税率；发表作品收入属于稿酬所得，适用20% 比例税率；储蓄存款利息属免税所得。

B 为非居民纳税人，应就其境内的所得应缴纳个人所得税。工资属工资薪金所得，适用七级超额累进税率；讲座劳务收入属于劳务报酬所得，适用20% 比例税率；租金收入不需向我国申报纳税。

在掌握了个人所得税基本税制内容的基础上，进一步学习个人所得税基本税制内容的具体政策：

情境一 判定纳税人类别

A、B 是在我国境内外均有收入的个人。A 在我境内有住所，但目前未居住；B 是外籍个人，在境内无住所，本年1 月1 日入境，因业务所需于4 月15 日起离境40 天，因公司业务结束于次年2 月1 日回国。

要求： 确定A、B 二人就本年收入纳税时的纳税人类别。

政策提示

临时离境是指一个纳税年度内一次离境不超过30 天或多次离境累计不超过90 天的离境行为。税法规定，纳税人的临时离境行为，不扣减其在华居住的天数。

业务处理

根据上述规定，A 为居民纳税人；B 为非居民纳税人。

情境二　确定纳税人

甲公司是由个人A和个人B合伙经营的，其中A出资47.5万元，B出资2.5万元。根据合伙协议，A、B的分配比例分别为95%和5%。C是这家企业的员工，每月领取工资4 000元。

要求： 确定按"个体工商户的生产经营所得"计算缴纳个人所得税的纳税人。

政策提示

税法规定，个人独资企业的投资者为个人所得税纳税人；合伙企业的投资者按照合伙企业的全部生产经营所得和合伙协议约定的分配比例确定每一个投资者应纳税所得额（没有约定分配比例的，以全部应纳税所得额和合伙人数平均计算每个投资者的应纳税所得额），按个体工商户的生产、经营所得计算缴纳个人所得税。

业务处理

根据上述规定，A和B是按"个体工商户的生产经营所得"计算缴纳个人所得税的纳税人。

思考

在"情境二"中，C是否是个人所得税的纳税人？若是，其收入应按哪个应税项目征税？

情境三　判定收入项目是否属于征税范围

A受雇于境内甲公司，每月有工资收入。B是乙国居民，在乙国的丙公司任职，报酬以年薪计，目前也不在我国境内居住，B将其在我国境内的一处房产出租，每年有租金收入。

要求： 确定A、B各自的收入是否属于我国个人所得税的应税范围。

政策提示

判断个人的所得是否征税，除收入项目外，还有来源地因素。我国的个人所得税对收入来源地的判断具体规定如下：

下列所得，不论支付地点是否在中国境内，均为来源于中国境内的所得：

（1）因任职、受雇、履约等而在中国境内提供劳务取得的所得。

（2）将财产出租给承租人在中国境内使用而取得的所得。

（3）转让中国境内的建筑物、土地使用权等财产或者在中国境内转让其他财产取得的所得。

(4) 许可各种特许权在中国境内使用而取得的所得。

(5) 从中国境内的公司、企业以及其他经济组织或者个人取得的利息、股息、红利所得。

业务处理

根据上述规定，A 在中国境内任职，其工资收入属于我国个人所得税的征税范围。B 在乙国任职的工资收入不属于我国个人所得税的征税范围，但其将房屋出租取得的租金属于将财产出租给承租人在中国境内使用取得所得，属于我国个人所得税的征税范围。

情境四　确定适用税率——全年一次性奖金适用税率的确定

A、B 为甲公司的员工。A 取得全年一次性奖金 28 800 元，当月工资为 3 600 元；B 取得全年一次性奖金 12 400 元，当月工资为 1 600 元。

要求： 确定 A、B 就全年一次性奖金计算个人所得税时各自适用的税率档次。

政策提示

全年一次性奖金，指行政机关、企事业单位等扣缴义务人根据其全年经济效益和对雇员全年工作业绩的综合考核情况，向雇员发放的一次性奖金，也包括年终加薪及兑现的绩效工资。

税法规定：个人取得全年一次性奖金，属于取得月份的另一次工资。当取得奖金当月个人的工薪所得大于等于税法规定的费用扣除额时，用全年一次性奖金总额除以 12，按其商数对照七级超额累进税率表，确定适用税率；当取得奖金当月个人的工薪所得小于税法规定的费用扣除额时，用全年一次性奖金总额减去个人当月“工薪所得与法定费用扣除额的差额”后的余额除以 12，按其商数对照七级超额累进税率表，确定适用税率。

业务处理

根据上述规定：

A 确定适用税率的所得额为 2 400 元（28 800 ÷ 12），A 的全年一次性奖金适用税率为 10%。

B 确定适用税率的所得额为 875 元 {[12 400 - (3 500 - 1 600)] ÷ 12}，B 的全年一次性奖金适用税率为 3%。

情境五　确定适用税率——将房屋出租给个人居住适用税率的确定

个人 A 有商铺和住房各一套，本年 1 月起将商铺出租给甲公司，租期一年，每月取得租金收入 2 000 元；另一处住房出租给 B 用于生活居住，租期一年，每月取得租金收入 1 000 元。

要求： 确定A计算个人所得税时适用的税率。

政策提示

税法规定，对个人出租住房取得的所得减按10%税率征收。

业务处理

根据上述规定，A从甲公司取得的租金适用的个人所得税税率为20%，从B取得的租金适用的个人所得税税率为10%。

任务二　会确定个人所得税计税依据

基本内容学习

个人所得税实行分项计税，应纳税所得额为纳税人每一收入项目的收入总额减去准予扣除金额后的余额。

个人取得的收入，包括现金、实物和有价证券。为实物的，应按照取得的凭证上的价格确认收入；无凭证的实物或者凭证上注明的价格明显偏低的，由主管税务机关参照当地的价格和市场价格确认收入。为有价证券的，由主管税务机关根据票面价格和市场价格确认收入。

一、工资、薪金所得

以每月收入额减除费用3 500元后的余额为应纳税所得额。

二、个体工商户的生产、经营所得

以每一纳税年度的收入总额，减除成本、费用以及损失后的余额，为应纳税所得额。成本、费用是指纳税人从事生产、经营所发生的各项直接支出和分配计入成本的间接费用以及销售费用、管理费用、财务费用；损失是指纳税人从事生产、经营过程中发生的各项营业外支出。

个人独资企业与合伙企业比照此税目执行。

（1）不得扣除的项目有：个人所得税税款；税收滞纳金；罚金、罚款和被没收财物的损失；不符合扣除规定的捐赠支出；赞助支出；用于个人和家庭的支出；与取得收入无关的其他支出；未经核定的准备金支出，国家税务总局规定不准扣除的支出（如计提的各种准备金）。

（2）业主的费用扣除标准统一确定为42 000元/年，即3 500元/月。

（3）业主的工资薪金支出不得税前扣除。

（4）向其从业人员实际支付的合理的工资、薪金支出，允许在税前据实扣除。投资者对于生产经营与个人、家庭生活混用难以分清的费用，其40%视为与生产经营有关费用，准予扣除。

（5）按照国务院有关主管部门或省级人民政府规定的范围和标准为其业主和从业人员缴纳的基本养老保险、基本医疗保险、失业保险、生育保险、工伤保险和住房公积金，准予扣除。为从业人员缴纳的补充养老保险、补充医疗保险，分别不超过从业人员工资总额的5%以内的部分准予扣除，超过部分不得扣除。业主本人缴纳的补充养老保险、补充医疗保险，以当地（地级市）上年度社会平均工资的3倍为计算基数，分别不超过该计算基数5%标准内的部分据实扣除，超过部分不得扣除。

（6）拨缴的工会经费，发生的职工福利费、职工教育经费支出分别在工资薪金总额2%、14%、2.5%的标准内据实扣除。

（7）合理的劳动保护支出、参加财产保险缴纳的保费支出，准予扣除。

（8）为特殊工种从业人员支付的人身安全保险费和财政部、国家税务总局规定可以扣除的其他商业保险外，个体工商户业主本人或者为从业人员支付的商业保险费，不得扣除。

（9）每一纳税年度发生的广告费和业务宣传费用不超过当年销售收入15%的部分，可据实扣除；超过部分，准予在以后纳税年度结转扣除。

（10）每一纳税年度发生的与其生产经营业务直接相关的业务招待费支出，按照发生额的60%扣除，但最高不得超过当年销售（营业）收入的5‰。

（11）在生产、经营期间向金融企业借款的利息支出，准予扣除；向非金融企业和个人借款利息支出，未超过金融企业同期同类贷款利率计算的数额部分，准予扣除。

（12）按照规定缴纳的摊位费、行政性收费、协会会费等，按实际发生额扣除。

（13）研发新产品、新技术、新工艺所发生的开发费用准予在当期直接扣除。

研发新产品、新技术而购置单台价值在10万元以下的测试仪器和试验性装置的购置费准予直接扣除；单台价值在10万元以上（含10万元）的测试仪器和试验性装置，按固定资产管理，不得在当期直接扣除。

（14）个体工商户自申请营业执照之日起至开始生产经营之日止所发生的符合本办法规定的费用，除为取得固定资产、无形资产的支出，以及应计入资产价值的汇兑损益、利息支出外，作为开办费，个体工商户可以选择在开始生产经营的当年一次性扣除，也可自生产经营月份起在不短于3年期限内摊销扣除，但一经选定，不得改变。

（15）个体工商户已作为损失处理的资产，在以后纳税年度又全部收回或部分收回时，应计入收回当期的收入。

（16）个体工商户发生年度亏损，准予向以后年度结转，用以后年度的生产经营所得弥补，但最长时间不能超过5年。

三、对企事业单位的承包、承租经营所得

以每一纳税年度的收入总额，减去必要费用后的余额为所得额。收入总额是指纳税人按承包承租经营合同规定分得的经营利润和工资、薪金性质的所得，必要费用是指按月减除3 500元。对在一个纳税年度内承包、承租经营不足12个月的，以实际承包、承租经营的月份数为一个纳税年度计算纳税。

四、劳务报酬、稿酬、特许权使用费、财产租赁所得

每次收入不超过4 000元的，减除费用800元；4 000元以上的，减除20%的费用，其

余额为应纳税所得额。

“次”具体指：

（1）劳务报酬所得，一次性劳务收入，以取得该项劳务的全部收入为一次；同一事项连续取得收入的，以一个月取得的收入为一次。

（2）稿酬所得，以一件作品出版一次的全部收入为一次。

（3）特许权使用费所得，以一项特许权提供使用一次所取得的全部收入为一次。

（4）财产租赁所得，以一个月取得的收入为一次。

五、财产转让所得

以一项财产转让取得的全部收入为一次。以转让该项财产的收入额减去财产原值和合理费用后的余额为应纳税所得额。财产原值指买入价或建造费及有关费用，若财产为房屋，则原值还包含取得房屋时所支付价款中包含的增值税。合理费用指卖出时支付的有关费用和计入财产原值，若财产为房屋，则费用不包括本次转让缴纳的增值税

六、利息、股息、红利所得，偶然所得和其他所得

以支付利息、股息、红利、偶然所得和其他所得时取得的收入为一次。以每次收入额为应纳税所得额。

基本内容应用

A是某大学教授，本月取得如下收入：工资收入4 000元；一次稿费收入5 000元；一次讲座收入500元；一次翻译资料收入3 000元。

要求： 确定A计算个人所得税的计税依据。

处理：

A计算个人所得税的计税依据为：

工资收入应纳税所得额 = 4 000 − 3 500 = 500（元）

稿费收入应纳税所得额 = 5 000 ×（1 − 20%）= 4 000（元）

讲学收入应纳税所得额 = 500 − 800 = −300（元）（不纳税）

翻译收入应纳税所得额 = 3 000 − 800 = 2 200（元）

在掌握了个人所得税确定计税依据的基本政策的基础上，进一步学习确定计税依据的具体政策：

情境一　确定计税依据——工资所得附加费用的扣除

A是甲国公民，受聘在我国境内的乙公司任总经理，年薪120万。

要求： 确定A的个人所得税计税依据。

政策提示

税法规定，在中国境内企事业单位工作取得工资薪金的外籍人员、在中国境外任职或受雇取得工资薪金的中国公民、在中国境内企事业单位工作取得工资薪金的华侨港澳台同胞，确定工资薪金所得的计税依据时，在 3 500 元扣除额的基础上，再扣除附加减除费用 1 300 元。

业务处理

根据上述规定，A 的计税依据为：

每月应纳税所得额 = 1 200 000 ÷ 12 − (3 500 + 1 300) = 95 200（元）

情境二　确定计税依据——公务交通、通信补贴、商业健康保险

我国公民 A 任职境内某公司财务总监，该公司已进行公务用车、通信制度改革。本月工资收入 8 900 元，公司每月向 A 另外发放公务交通补贴 1 500 元（当地税务机关核定扣除标准 1 000 元/月）、通信补贴 100 元（当地税务机关核定扣除标准 100 元/月）。A 于本月自行购买符合规定的商业健康保险产品，年保费为 7 200 元，已向公司提供了保单凭证。

要求： 确定 A 的个人所得税计税依据。

政策提示

税法规定：

(1) 进行公务用车、通信制度改革，制定了公务用车、通信制度改革方案的企事业单位员工取得公务交通、通信补贴收入，允许在一定公务费用扣除标准内，按实际取得数额予以扣除，超出标准部分按照“工资、薪金”所得项目计征个人所得税。按月发放的，并入当月“工资、薪金”所得计税；不按月发放的，分解到所属月份并与该月份“工资、薪金”所得合并计税。

(2) 取得工资薪金所得、连续性劳务报酬所得的个人，以及取得个体工商户的生产经营所得、对企事业单位的承包承租经营所得的个体工商户业主、个人独资企业投资者、合伙企业个人合伙人和承包承租经营者，自行购买符合规定的商业健康保险产品，在不超过 2 400 元/年的标准内据实扣除。一年内保费金额超过 2 400 元的部分，不得在个人所得税前扣除。

业务处理

根据上述规定，A 本月的计税依据如下：

应纳税所得额 = 8 900 + (1 500 − 1 000) − 200 − 3 500 = 5 700（元）

情境三　确定计税依据——企业年金、职业年金

甲企业建有年金计划，具体情况如下：

（1）职工A取得本年1月工资7 000元，个人缴费工资基数6 000元。另外，当月计入个人账户的企业缴费部分是300元（国家有关政策规定标准是200元）、个人缴费部分是200元，另外还有70元年金基金运营收益分配收入计入个人账户（不考虑社保和公积金）。

（2）职工B于去年12月到龄退休，退休后每月除可领取社保支付的养老金2 500元以外，还可按月领取年金1 200元。

（3）职工C将出国定居，本年1月离职时一次性从年金个人账户领取60 000元。

要求： 确定A、B、C本年1月缴纳个人所得税的计税依据。

政策提示

税法规定：

（1）企业和事业单位根据国家有关政策规定的办法和标准，为在本单位任职或者受雇的全体职工缴付的企业年金或职业年金“单位缴费部分”，在计入个人账户时，个人暂不缴纳个人所得税；超过规定标准的，应并入个人当期“工资、薪金所得”，计征个人所得税。

（2）个人根据国家有关政策规定缴付的年金“个人缴费部分”，在不超过本人缴费工资计税基数的4%标准内的部分，暂从个人当期的应纳税所得额中扣除；超过规定标准的，应并入个人当期“工资、薪金所得”，计征个人所得税。

（3）年金基金投资运营收益分配计入个人账户时，个人暂不缴纳个人所得税。

（4）个人达到国家规定的退休年龄之后按月领取的年金，全额按照“工资、薪金所得”项目适用的税率，计征个人所得税；按年或按季领取的年金，平均分摊计入各月，每月领取额全额按照“工资、薪金所得”项目适用的税率，计征个人所得税。

（5）对个人因出境定居而一次性领取的年金个人账户资金，或个人死亡后，其指定的受益人或法定继承人一次性领取的年金个人账户余额，允许领取人将一次性领取的年金个人账户资金或余额按12个月分摊到各月，就其每月分摊额，按“工资、薪金所得”计算缴纳个人所得税。对个人除上述特殊原因外一次性领取年金个人账户资金或余额的，就其一次性领取的总额，单独作为一个月的工资薪金所得，按“工资、薪金所得”计算缴纳个人所得税。

业务处理

根据上述规定，职工A计入个人账户的企业缴费部分超过规定标准100（300－200）元缴税，个人缴费部分未超过规定标准［6 000×4%＝240（元）］，可从在纳税所得额中扣除；职工B的养老金免税，按月领取的年金全额缴税；职工C一次性领取的年金分摊到各月全额缴税。

职工A的应纳税所得额＝7 000＋100－200－3 500＝3 400（元）

职工B的应纳税所得额＝1 200（元）

职工C的应纳税所得额＝60 000÷12＝5 000（元）

情境四　确定计税次数——稿酬所得次数的确定

个人A在甲报刊上连载一部小说，分次取得稿酬20 000元、30 000元、35 000元。随后A将小说交与乙出版社出版，乙出版社支付稿酬100 000元。由于畅销，出版社增加印数，并向A追加支付稿酬5 000元。3年后，A与出版社协商决定再版该小说，A又取得稿酬60 000元。

要求： 确定A取得稿酬所得的次数。

政策提示

税法规定，同一作品再版取得的所得，作另一次稿酬所得；同一作品在报刊上连载取得收入的，以连载完成后取得的所有收入合并为一次；同一作品出版和发表时，以预付稿酬或分次支付稿酬等形式取得的稿酬收入，合并为一次；同一作品出版和发表后，因添加印数而追加稿酬的，应与以前出版、发表时取得的稿酬合并为一次。

业务处理

根据上述规定，A取得稿酬3次。

情境五　确定计税依据——财产租赁所得相关税金、维修费用的扣除

个人A将自有用门面房出租给甲公司作商店用，租期一年。按合同规定，A每月取得不含税租金收入3 000元，为此A每月缴纳相关税费160元（不含增值税）。7月因房屋漏水A支付房屋修缮费1 000元。A均出具有完税凭证及发票。

要求： 确定A缴纳个人所得税的计税依据。

政策提示

税法规定：财产租赁收入，应依次减除在租赁过程中缴纳的税费、由纳税人负担的该出租财产实际开支的修缮费用、税法规定的费用扣除标准。其中，可扣除的税费不包括本次出租缴纳的增值税。允许扣除的维修费每月不超过800元，没扣完的部分可以在以后月度扣除。计算房屋出租所得可扣除的税费不包括本次出租缴纳的增值税。

每次收入不超过4 000元的：

应纳税所得额 = 每次收入 − 税金及附加 − 修缮费（每次≤800元）− 800

每次收入超过4 000元的：

应纳税所得额 = [每次收入 − 税金及附加 − 修缮费（每次≤800元）] ×（1 − 20%）

允许扣除的相关税费、修缮费，应由纳税人出具有效、准确的凭证，否则不得扣除。

业务处理

根据上述规定，A的计税依据如下：

1－6月、9－12月每月的应纳税所得额 3 000 − 800 − 160 = 2 040（元）

7月的应纳税所得额 = 3 000 − 800 − 160 − 800 = 1 240（元）

8月的应纳税所得额 = 3 000 - 800 - 160 - 200 = 1 840（元）

情景六　确定计税依据——转租

个人A本月将住房按市场价格出租给个人B，收取月租金3 045元，其中包含增值税45元（3 000 × 1.5%），发生其他可税前扣除的税费280元，未发生修缮费用。B于本月将其住房转租给C，收取月租金5 075元，其中包含增值税75元，发生其他可税前扣除的税费460元。

要求： 确定A、B本月缴纳个人所得税的计税依据。

政策提示

税法规定：

（1）个人取得的房屋转租收入，属于“财产租赁所得”。

（2）个人出租房屋的个人所得税应税收入不含增值税。

（3）个人转租房屋的，其向房屋出租方支付的租金及增值税税额，在计算转租所得时予以扣除。

业务处理

根据上述规定：

个人A的应纳税所得额 = 3 000 - 280 - 800 = 1 920（元）

个人B的应纳税所得额 = 5 000 - 460 - 45 - 3000 - 800 = 695（元）

情境七　确定计税依据——转让受赠不动产

甲公司于5月份将实际购置成本为300 000元的一处房产赠送给个人A，A受赠时支付相关税费112 204元。A于11月份以600 000元价格出售该处房产，转让过程中由A承担的5 000元费用经税务机关核定是合理的，同时A缴纳了相关税金及附加33 000元。

要求： 确定A的计税依据。

政策提示

税法规定，受赠人转让受赠房屋，以转让受赠房屋的收入扣除原捐赠人取得该房屋的实际购置成本、赠与过程中受赠人支付的相关税费、受赠人转让受赠房屋过程中缴纳的税金和合理费用后的余额为应纳税所得额。

业务处理

根据上述规定，A的计税依据为：

应纳税所得额 = 600 000 - 300 000 - 112 204 - 33 000 - 5 000 = 149 796（元）

任务三　会计算个人所得税应纳税额

基本内容学习

个人所得税有两个基本计税公式：

公式一：应纳税额＝应纳税所得额×适用税率－速算扣除数

公式二：应纳税额＝应纳税所得额×适用税率

工资薪金所得、个体工商户的生产经营所得、对企事业单位的承包承租经营所得以及劳务报酬（加成征收），都使用“公式一”进行计算；稿酬所得，特许权使用费所得，财产租赁所得，财产转让所得，利息、股息红利所得，偶然所得和其他所得，都使用“公式二”进行计算。

基本内容应用

A为中国公民，本年取得的各项收入如下：

（1）1－5月，每月参加文艺演出一次，每次收入20 000元。

（2）取得国债利息收入3 000元。

（3）取得一年期定期存款利息6 000元。

（4）转让居住4年的个人住房，取得收入300 000元，该房屋的购入原值150 000元，转让时发生合理费用21 000元。

（5）1月1日投资设立个人独资企业，当年取得收入140 000元，营业成本31 000元；管理费用等允许扣除的费用合计15 000元。

要求： 计算A应纳个人所得税。

处理：

（1）参加文艺演出应纳税额＝20 000×（1－20%）×20%×5
＝16 000（元）

（2）国债利息收入免税

（3）储蓄存款利息暂免税

（4）财产转让所得应纳税额＝（300 000－150 000－21 000）×20%
＝25 800（元）

（5）投资个人独资企业应纳税额＝（140 000－31 000－15 000－42 000）×20%－3 750＝6 650（元）

所以，A应纳个人所得税额＝16 000＋25 800＋6 650＝48 450（元）

在掌握了个人所得税基本计税方法的基础上，进一步学习个人所得税计算应纳税额的具体政策：

情境一　计算劳务报酬所得应纳税额——加成征收

歌手A与甲歌厅签约，在约定时段内为该歌厅提供演唱劳务，9月份共演出8次，每次取得酬劳200元。另外还参加一次文艺演出，取得收入30 000元。

要求： 计算A当月应纳个人所得税。

政策提示

税法规定，对劳务报酬所得一次收入畸高的，即应纳税所得额一次超过20 000元的，实行加成征收，由此导致劳务报酬所得适用三级超额累进税率表，见表6－3（单位：元）。

表6－3　三级超额累进税率表

级数	每次应纳税所得额	税率/%	速算扣除数
1	不超过20 000元的	20	0
2	超过20 000～50 000元的部分	30	2 000
3	超过50 000元的部分	40	7 000

业务处理

根据上述规定，A的个人所得税如下：

在歌厅演唱属连续性劳务所得，应纳税所得额以一个月取得的收入为一次，即

应纳税所得额＝200×8－800＝800（元）

应纳税额＝800×20%＝160（元）

参加文艺演出属一次性劳务所得，以全部收入为一次，即

应纳税所得额＝30 000×（1－20%）＝24 000（元）

应纳税额＝24 000×30%－2 000＝5 200（元）

A当月应纳个人所得税＝160＋5 200＝5 360（元）

情境二　计算稿酬所得应纳税额——减征税额

作家A的一篇小说自本年1月至3月在某报纸连载，分别获稿酬1 000元、800元和1 200元。10月将该小说出版成书，出版社支付稿酬8 000元。

要求： 计算该作家应纳个人所得税。

政策提示

税法规定，稿酬所得按应纳税额减征30%。

业务处理

根据上述规定，A的个人所得税如下：

连载时应纳税所得额＝1 000＋800＋1 200－800＝2 200（元）

应纳税额＝2 200×20%×（1－30%）＝308（元）

出版时应纳税所得额＝8 000×（1－20%）＝6 400（元）

应纳税额＝6 400×20%×（1－30%）＝896（元）

情境三　计算全年一次性奖金应纳税额

A是甲公司的员工，本月取得全年一次性奖金24 400元，当月工资为4 000元。

要求： 计算A当月应纳个人所得税。

政策提示

税法规定：

(1) 个人取得全年一次性奖金，且取得奖金当月个人的工资、薪金所得大于等于税法规定的费用扣除额时：

全年一次性奖金的应纳所得税额＝全年一次性奖金×适用税率－速算扣除数

(2) 个人取得全年一次性奖金，且取得奖金当月个人的工资、薪金所得小于税法规定的费用扣除额时：

$$\text{全年一次性奖金的应纳所得税额}=\left(\text{全年一次性奖金}-\text{当月工资与法定费用的差额}\right)\times\text{适用税率}-\text{速算扣除数}$$

业务处理

根据上述规定，A应纳个人所得税如下：

当月工资应纳个人所得税＝(4 000－3 500)×3%＝15（元）

全年一次性奖金应纳个人所得税＝24 400×10%－105＝2 335（元）

A当月应纳个人所得税＝2 335＋15＝2 350（元）

思考

(1) 若“情境三”中A本月的工资为1 600元时，如何计算税款？

(2) 个人取得全年一次性奖金时，如何确定计税次数、适用税率？如何计算税款？取得全年一次性奖金的当月工资如何计税？

情境四　计算应纳税额——两人以上共同取得同一项目收入时的处理

某高校3位教师共同编写出版一本60万字的教材，共取得稿酬收入14 000元。其中主编1人的主编费2 000元，其余稿酬3人平分。

要求： 计算各教师应缴纳的个人所得税。

政策提示

我国税法规定：两个或两个以上的个人共同取得同一项目收入的，应当对每个人取得的收入分别按照税法规定减除费用后计算纳税，即“先分配、后扣税、再纳税”。

业务处理

根据上述规定：

扣除主编费用后所得 = 14 000 - 2 000 = 12 000（元）

平均每人所得 = 12 000 ÷ 3 = 4 000（元）

主编应纳税额 =（2 000 + 4 000）×（1 - 20%）× 20% ×（1 - 30%）= 672（元）

其余 2 人每人应纳税额 =（4 000 - 800）× 20% ×（1 - 30%）= 448（元）

情境五　计算应纳税额——个人持股在计税时的处理

个人 A 取得如下所得：

（1）从甲上市公司取得持股期已达 7 个月的非限售股票股息所得 8 000 元，然后将该股票转让，取得股票转让所得 21 000 元。

（2）从乙非上市公司取得股息所得 5 000 元。

要求： 计算 A 应纳个人所得税。

政策提示

我国税法规定：个人从公开发行和转让市场取得的上市公司股票，持股期限在 1 个月以内（含 1 个月）的，其股息红利所得全额计入应纳税所得额；持股期限在 1 个月以上至 1 年（含 1 年）的，暂减按 50% 计入应纳税所得额；持股期限超过 1 年的，暂免征个人所得税。对境内上市公司非限售股票转让所得，暂不征收个人所得税。

业务处理

根据上述规定，

A 应纳个人所得税 = 8 000 × 50% × 20% + 5 000 × 20% = 1 800（元）

思考

个人出售股权和股票一样吗？出售股权应按哪一种项目征收个人所得税？

情境六　计算应纳税额——捐赠在计税时的处理

个人 A 参加商场有奖销售活动，中奖 18 000 元，通过民政局向贫困山区甲县捐赠 3 500 元。

要求： 计算 A 应纳个人所得税。

政策提示

我国税法规定：

(1) 对个人将其所得通过中国境内非营利的社会团体、国家机关向教育、公益事业和遭受严重自然灾害地区、贫困地区等的捐赠，捐赠额不超过应纳税所得额的30%的部分，可以从其应纳税所得额中扣除。

(2) 个人通过非营利性的社会团体和国家机关进行的下列公益救济性捐赠支出，在计算缴纳个人所得税时，准予在税前的所得额中全额扣除：

①向红十字事业的捐赠。

②向农村义务教育的捐赠，包括对农村义务教育与高中在一起的学校的捐赠。

③向公益性青少年活动场所（其中包括新建）的捐赠。

④向福利性、非营利性老年服务机构的捐赠，以及通过特定基金会用于公益救济性的捐赠。

业务处理

根据上述规定：

允许扣除的捐赠限额 = 18 000 × 30% = 5 400（元）

由于实际捐赠未超过限额，所以捐赠可以全额扣除。

A 应纳个人所得税 =（18 000 − 3 500）× 20% = 2 900（元）

思考

个人以不同的收入项目进行捐赠时，捐赠限额如何确定？

情境七 计算应纳税额——境外已纳税额的抵免

A是我国的居民纳税人。本月有如下收入：在甲国某杂志发表论文一篇，取得税前稿酬10 000元（已折合成人民币，下同），在甲国已纳个人所得税1 600元；在甲国一所大学作讲座一次，获得税前劳务报酬5 000元，在甲国已纳个人所得税700元；从乙国取得税前股息8 000元，在乙国已纳个人所得税1 500元。

要求： 计算A本月应向我国缴纳的个人所得税。

政策提示

纳税人在中国境外取得的所得，准予其在向我国申报的应纳税额中扣除已在境外缴纳的个人所得税，但扣除额不得超过抵免限额，抵免限额分国分项计算。对同一国家的不同应税项目，以其各项的抵免限额之和作为来自该国所得的抵免限额。

某国抵免限额 = Σ来源于该国的一项收入按我国税法计算的个人所得税

纳税人在一国实际缴纳的各项个人所得税税额之和小于该国抵免限额时，应当在中国补缴差额部分的税款；纳税人在一国实际缴纳的各项个人所得税税额之和大于该国抵免限额时，其超过部分不得在应纳税额中抵免，但可以在以后年度抵免限额的余额内补扣，补扣期限最长不得超过5年。

业务处理

根据上述规定：

来源于甲国所得的抵免限额 = [10 000 ×（1 - 20%）×20% ×（1 - 30%）] + 5 000 ×（1 - 20%）×20% = 1 920（元）

来源于乙国所得抵免限额 = 8 000 ×20% = 1 600（元）

由于（1 600 元 + 700 元）> 1 920 元，所以不需向我国补缴税款；由于 1 500 元 < 1 600 元，所以应当补缴 100 元个人所得税。

因此，A 应向我国补缴个人所得税 100 元。

任务四　会进行个人所得税纳税申报

基本内容学习

个人所得税实行代扣代缴和自行申报两种计征办法。

按照税法规定负有扣缴义务人的单位或者个人，在向个人支付应税报酬时，应计算应纳税额，并从其所得中扣除，同时向税务机关报送扣缴个人所得税报告表。这种做法的目的是控制税源，防止漏税和逃税。

自行申报是纳税人自行向税务机关申报取得的应税所得项目和数额，如实填写个人所得税纳税申报表，并按税法规定计算应纳税额的一种纳税方法。纳税人有以下情形之一的，应按规定到主管税务机关自行办理纳税申报：年所得 12 万元以上的；从中国境内两处或者两处以上取得工资、薪金所得的；从中国境外取得所得的；取得应纳税所得，没有扣缴义务人的；国务院规定的其他情形。

基本内容应用

一、个人所得税纳税申报流程

（一）代扣代缴申报流程图，如图 6 - 1 所示。

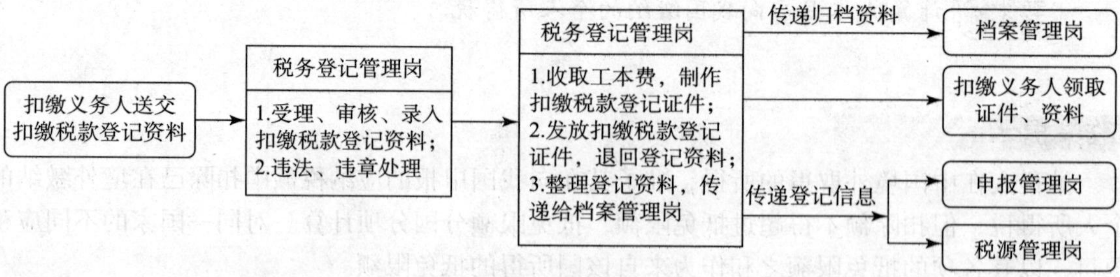

图 6 - 1　代扣代缴申报流程

（二）自行申报流程图，如图 6 - 2 所示。

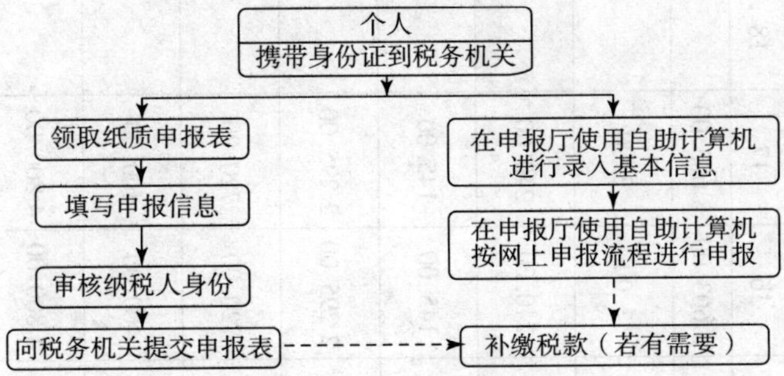

图6－2 自行申报流程

二、代扣代缴申报纳税实务操作

（一）扣缴义务人相关信息

扣缴义务人：创展广告有限公司

扣缴义务人编码：369100000012345678

扣缴义务人法定代表：章小燕

部门负责人：康萌

会计主管：李克爽

办税会计：马金

（二）业务资料

创展广告有限公司12月份支付如下个人报酬：

（1）支付本公司员工李楠工资3 600元，全年一次性奖金8 000元。

（2）支付本公司员工高峰工资6 000元，全年一次性奖金24 000元。

（3）支付外聘人员何小燕设计费4 500元。

（4）支付本公司举办的有奖销售活动中的中奖消费者方杰奖金2 000元。

（5）支付本公司员工王亚亚转让专利受让费30 000元。

（三）计算税额

（1）李楠应纳个人所得税为：

工资所得应纳税额＝(3 600－3 500)×3%＝3（元）

全年一次性奖金所得应纳税额＝8 000×3%＝240（元）

（2）高峰应纳个人所得税为：

工资所得应纳税额＝(6 000－3 500)×10%－105＝145（元）

全年一次性奖金所得应纳税额＝24 000×10%－105＝2 295（元）

（3）何小燕应纳个人所得税为：

劳务报酬所得应纳税额＝[4 500×(1－20%)]×20%＝720（元）

（4）方杰应纳个人所得税为：

偶然所得应纳税额＝2 000×20%＝400（元）

（5）王亚亚应纳个人所得税为：

特许权使用费所得应纳税额＝[30 000×(1－20%)]×20%＝4 800（元）

（四）填制报告表

根据扣缴的每个人的个人所得税税额填制《扣缴个人所得税报告表》，见表6－4。

表6-4　扣缴个人所得税报告表

扣缴义务人编码：3 6 9 1 0 0 0 0 0 0 1 2 3 4 5 6 7 8

扣缴义务人名称：创展广告有限公司（盖章）　填表日期：××××年1月3日　金额单位：元（列至角分）

序号	纳税人姓名	身份证照类型	身份证照号码	国籍	所得项目	所得期间	收入额	免税收入额	允许扣除的税费	费用扣除标准	准予扣除的捐赠额	应纳税所得额	税率/%	速算扣除数	应扣税额	已扣税额	备注
1	2	3	4	5	6	7	8	9	10	11	12	13	14	15	16	17	18
合计										—	—	—	—	—	8 603.00	8 603.00	
1	李楠	略	略		工资所得	××××年1—12	3 600.00			3 500.00		100.00	3	0	3.00	3.00	
					一次性奖金所得	××××年1—12	8 000.00			0.00		8 000.00	3	0	240.00	240.00	
2	高峰	略	略		工资所得	××××年1—12	6 000.00			3 500.00		2 500.00	10	105	145.00	145.00	
					一次性奖金所得	××××年1—12	24 000.00			0.00		24 000.00	10	105	2 295.00	2 295.00	
3	何小燕	略	略		劳务报酬所得	××××年1—12	4 500.00			900.00		3 600.00	20	0	720.00	720.00	
4	方杰	略	略		偶然所得	××××年1—12	2 000.00			0.00		2 000.00	20	0	400.00	400.00	
5	王亚亚	略	略		特许权使用费所得	××××年1—12	30 000.00			6 000.00		24 000.00	20	0	4 800.00	4 800.00	
扣缴义务人声明	我声明：此扣缴报告表是根据国家税收法律、法规的规定填报的，我确定它是真实的、可靠的、完整的。 声明人签字：马金																

会计主管签字：李克爽（签字）　负责人签字：康萌（签字）　扣缴单位（或法定代表人）：章小燕（签章）

受理人（签章）：　受理日期：　年　月　日　受理税务机关（章）：

国家税务总局监制

三、自行申报纳税实务操作

（一）纳税人相关信息

姓名：张润杰

身份证件类型：身份证

身份证件号码：610401196605230547

（二）业务资料

＊年9月张润杰与丰禾公司（纳税人识别号：110123695683252336）签订承包经营合同，于本年10月起承包经营丰禾公司三年。企业于第四季度实现营业收入300 000元，经营过程中发生成本费用和税金210 000万元。根据承包合同规定，张润杰每年向该企业上交承包费26 400万元。采用查账征收方式，已经预缴个人所得税1 500元。

（三）计算税额

丰禾公司经营所得＝300 000－210 000＝90 000（元）

应纳企业所得税＝90 000×25%＝22 500（元）

税后利润＝90 000－22 500＝67 500（元）

张润杰承包应纳税所得额＝67 500－26 400÷12×3－3 500×3＝50 400（元）

应纳个人所得税＝50 400×20%－3 750＝6 330（元）。

汇算清缴应补个人所得税税额＝6 330－1 500＝4 830（元）

（四）填制报告表

据以上数据填报《个人所得税生产经营所得纳税申报表（A表）》，见表6－5。

表6－5　个人所得税生产经营所得纳税申报表（A表）

税款所属期：自＊年10月01日至＊年12月31日　　　　金额单位：人民币元（列至角分）

<table>
<tr><td rowspan="2">投资者信息</td><td>姓名</td><td>张润杰</td><td>身份证件类型</td><td>身份证</td><td>身份证件号码</td><td>610401196605230547</td></tr>
<tr><td>国籍（地区）</td><td colspan="2">中国</td><td colspan="2">纳税人识别号</td><td></td></tr>
<tr><td rowspan="3">被投资单位信息</td><td>名称</td><td colspan="2">丰禾公司</td><td colspan="2">纳税人识别号</td><td>110123695683252336</td></tr>
<tr><td>类型</td><td colspan="5">□个体工商户　☑承包、承租经营单位　□个人独资企业　□合伙企业</td></tr>
<tr><td>征收方式</td><td colspan="5">☑查账征收（据实预缴）　□查账征收（按上年应纳税所得额预缴）　□核定应税所得率征收　□核定应纳税所得额征收　□税务机关认可的其他方式</td></tr>
<tr><td>行次</td><td colspan="4">项目</td><td colspan="2">金额</td></tr>
<tr><td>1</td><td colspan="4">一、收入总额</td><td colspan="2">300 000.00</td></tr>
<tr><td>2</td><td colspan="4">二、成本费用</td><td colspan="2">210 000.00</td></tr>
<tr><td>3</td><td colspan="4">三、利润总额</td><td colspan="2">90 000.00</td></tr>
<tr><td>4</td><td colspan="4">四、弥补以前年度亏损</td><td colspan="2">0.00</td></tr>
<tr><td>5</td><td colspan="4">五、合伙企业合伙人分配比例（%）</td><td colspan="2">0</td></tr>
<tr><td>6</td><td colspan="4">六、投资者减除费用</td><td colspan="2">10 500.00</td></tr>
<tr><td>7</td><td colspan="4">七、应税所得率（%）</td><td colspan="2"></td></tr>
</table>

续表

行次	项目	金额
8	八、应纳税所得额	50 400.00
9	九、税率（%）	20%
10	十、速算扣除数	3750
11	十一、应纳税额（8×9－10）	6 330.00
12	十二、减免税额（附报《个人所得税减免税事项报告表》）	0.00
13	十三、已预缴税额	1 500.00
14	十四、应补（退）税额（11－12－13）	4 830.00
谨声明：此表是根据《中华人民共和国个人所得税法》及有关法律法规规定填写的，是真实的、完整的、可靠的。 纳税人签字：张润杰　　　　＊年12月31日		
感谢您对税收工作的支持！		
代理申报机构（负责人）签章： 经办人： 经办人执业证件号码： 代理申报日期：　　年　　月　　日	主管税务机关印章： 受理人： 受理日期：　　年　　月　　日	

项目七

特定目的税类的计算与申报

实际岗位

收入、成本费用核算；办税员。

工作任务

确定各特定目的税类税种的应税范围、计税依据和适用税率，计算应纳税额，按规定期限填制纳税申报表，进行纳税申报。

学习目的

通过“项目七”的教学和实训，达到：

1. 能界定各特定目的税种的征税范围
2. 会计算当期各特定目的税种的税额
3. 会填制各特定目的税种的纳税申报表

任务一　会计算、申报城市维护建设税

基本内容学习

城市维护建设税是国家对缴纳增值税、消费税的单位和个人，以其实际缴纳的增值税、消费税税额为计税依据的一种附加税，是一种具有特殊用途目的的税。

城市维护建设税具有以下特点：税款专款专用，具有受益税性质；属于一种附加税；根据省市规模设计税率；征税范围较广。

一、征税范围

城市维护建设税的征税范围比较广泛，不仅包括城市、县城、建制镇还包括税法规定征收增值税、消费税的其他地区。城市、县城、建制镇的范围应根据行政区划作为划分标准，

不得随意扩大或缩小各行政区域的管辖范围。

二、纳税人

城市维护建设税的纳税人，是指在我国境内从事生产、经营，实际缴纳的单位和个人。单位，包括国有企业、集体企业、私营企业、股份制企业、外商投资企业、外国企业以及其他企业和事业单位、社会团体、国家机关、军队以及其他单位；个人，包括个体工商户以及其他个人。任何单位或个人，只要缴纳增值税、消费税中的一种，就必须同时缴纳城市维护建设税。

三、税率

城市维护建设税实行地区差别比例税率，按照纳税人所在地的不同，设置3档差别比例税率，即纳税人所在地为市区的，税率为7%；纳税人所在地为县城、建制镇的，税率为5%；纳税人所在地不属于市区、县城或建制镇的，税率为1%。

城市维护建设税的适用税率，应当按照纳税人所在地的规定税率执行。但对下列两种情况，可按缴纳增值税、消费税所在地的规定税率就地缴纳城建税：一是由受托方代征代扣增值税、消费税的单位和个人，其代征代扣的城建税按受托方所在地适用税率；二是流动经营等无固定纳税地点的单位和个人，在经营地缴纳增值税、消费税的，其城建税的缴纳按经营地适用税率。

四、计算

城市维护建设税的计税依据是纳税人实际缴纳的增值税、消费税税额，仅指增值税、消费税的正税，不包括税务机关对纳税人违反增值税、消费税税法而加收的滞纳金和罚款等非税款项。但纳税人在补查增值税、消费税和被处以罚款时，应同时对其偷逃的城市维护建设税进行补税和罚款。

城市维护建设税的计税公式为

$$应纳税额=(实际缴纳的增值税额+实际缴纳的消费税额)\times 适用税率$$

五、纳税期限

由于城市维护建设税是由纳税人在缴纳增值税、消费税时同时缴纳的，所以其纳税期限与增值税、消费税的纳税期限一致。

六、纳税地点

城市维护建设税以纳税人缴纳增值税、消费税的地点为纳税地点。

七、税收优惠

城市维护建设税原则上不单独减免，但因城市维护建设税具有附加税性质，当主税发生减免时，势必要影响城市维护建设税而相应发生税收减免。现行税收优惠政策包括：

（1）海关对进口货物代征的增值税、消费税，不征城市维护建设税。

（2）对增值税、消费税实行先征后返、先征后退、即征即退的，不退还城建税。

（3）对个别纳税人确有困难需要单独减免的，可以由省级人民政府酌情给予减税或者免税照顾。

基本内容应用

一、计算城市维护建设税

某市区一企业11月实际缴纳增值税18万元、消费税2万元。

要求： 计算该企业11月应缴纳的城市维护建设税。

处理：

企业应缴纳的城市维护建设税＝(180 000＋20 000)×7%＝14 000（元）

二、填制城市维护建设税纳税申报

（一）城市维护建设税申报流程

城市维护建设税申报流程图同增值税、消费税流程图所示。

（二）填制城镇土地使用税纳税申报表

1. 纳税人信息

纳税人名称：咸阳天骢集团公司

纳税人类型：股份有限公司

法定代表人：李梦

会计主管：张晓

营业地址：咸阳市人民西路18号

电话：029－83756688

统一社会信用代码（纳税人识别号）：110102208483051000

开户银行及账号：工行咸阳市人民中路支行　2－12345722

2. 业务资料

咸阳天骢集团公司＊年11月实际缴纳增值税215 670元、消费税20 135元。计算并填写城市维护建设税纳税申报表。

3. 计算税额

城建税应纳税额＝(215 670＋20 135)×7%＝16 506.35（元）

4. 填制纳税申报表

根据以上数据填报《城市维护建设税申报表》，见表7－1。

表7－1 城市维护建设税申报表

（适用于增值税、消费税、营业税纳税人）

填表日期： ××××年 12 月 3 日

纳税人识别号：110102208483051000

纳税人名称：咸阳天骢集团公司

申报所属期：××××年11月

单位：元（列至角分）

<table>
<tr><td rowspan="2">税（费种）</td><td colspan="3">计税（费）依据</td><td rowspan="2">税（费）率</td><td rowspan="2">应纳税（费）额</td><td rowspan="2">减免税（费）额</td><td rowspan="2">应缴纳税（费）额</td></tr>
<tr><td>增值税额</td><td>消费税额</td><td>营业税额</td></tr>
<tr><td>1</td><td>2</td><td>3</td><td>4</td><td>5</td><td>6（2＋3＋4）×5</td><td>7</td><td>8 6－7</td></tr>
<tr><td>城市维护建设税</td><td>215 670.00</td><td>20 135.00</td><td>—</td><td>7%</td><td>16 506.35</td><td>0</td><td>16 506.35</td></tr>
<tr><td colspan="4">如纳税人填报，由纳税人填写以下各栏</td><td colspan="4">如委托税务代理机构填报，由税务代理机构填写以下各栏</td></tr>
<tr><td rowspan="3" colspan="2">会计主管（签章）　张晓</td><td rowspan="3" colspan="2">经办人（签章）</td><td colspan="2">税务代理机构名称</td><td></td><td rowspan="3">税务代理机构（公章）</td></tr>
<tr><td colspan="2">税务代理机构地址</td><td></td></tr>
<tr><td colspan="2">代理人（签章）</td><td></td></tr>
<tr><td rowspan="4">申报声明</td><td rowspan="4" colspan="3">此纳税申报表是根据国家税收法律的规定填报的，我确信它是真实的、可靠的、完整的。
申明人：
法定代表人（负责人）签字或盖章　李梦
（公章）</td><td colspan="4">以下由税务机关填写</td></tr>
<tr><td>受理日期</td><td></td><td>受理人</td><td></td></tr>
<tr><td>审核日期</td><td></td><td>审核人</td><td></td></tr>
<tr><td>审核记录</td><td colspan="3"></td></tr>
</table>

任务二　会计算、申报教育费附加

基本内容学习

教育费附加是国家对缴纳增值税、消费税的单位和个人，以其实际缴纳的增值税、消费税税额为计税依据的一种附加税，是一种具有特殊用途的税。

一、征税范围

教育费附加的征税范围比较广泛，即凡缴纳增值税、消费税的单位和个人所在的地区，无论是城市、县城、建制镇或以外的地区，除税法另有规定者外，都属于教育费附加的征税范围。

二、纳税人

教育费附加的纳税人，是指在我国境内从事生产、经营，实际缴纳增值税、消费税、营业税的单位和个人。单位，包括国有企业、集体企业、私营企业、股份制企业、外商投资企业、外国企业以及其他企业和事业单位、社会团体、国家机关、军队以及其他单位；个人，包括个体工商户以及其他个人。任何单位或个人，只要缴纳增值税、消费税中的一种，就必须同时缴纳教育费附加。

三、税率

教育费附加实行的征收率为3%。

四、计算

教育费附加的计税依据是纳税人实际缴纳的增值税、消费税税额，仅指增值税、消费税的正税，不包括税务机关对纳税人违反增值税、消费税税法而加收的滞纳金和罚款等非税款项。但纳税人在补查增值税、消费税和被处以罚款时，应同时对其偷逃的教育费附加进行补税和罚款。

教育费附加的计税公式为

应纳税额 =（实际缴纳的增值税额 + 实际缴纳的消费税额）× 征收率

五、纳税期限

由于教育费附加是由纳税人在缴纳增值税、消费税时同时缴纳的，所以其纳税期限与增值税、消费税的纳税期限一致。

六、纳税地点

教育费附加以纳税人缴纳增值税、消费税的地点为纳税地点。

基本内容应用

一、计算教育费附加

某市区一企业11月实际缴纳增值税180 000元、消费税20 000万。

要求： 计算该企业11月应缴纳的教育费附加。

处理：

应缴纳的教育费附加 =（180 000 + 20 000）× 3% = 6 000（元）

二、填制教育费附加纳税申报

（一）教育费附加申报流程

教育费附加申报流程图同增值税、消费税、营业税流程图所示。

（二）填制教育费附加纳税申报表

1. 纳税人信息

纳税人名称：咸阳天骢集团公司

纳税人类型：股份有限公司

法定代表人：李梦

会计主管：张晓

营业地址：咸阳市人民西路18号

电话：029－83756688

统一社会信用代码（纳税人识别号）：110102208483051000

开户银行及账号：工行咸阳市人民中路支行　2－12345722

2. 业务资料

咸阳天骢集团公司＊年11月实际缴纳增值税215 670元、消费税20 135元。计算并填写教育费附加纳税申报表。

3. 计算税额

教育费附加应纳税额＝（215 670＋20 135）×3%＝7 074. 15（元）

4. 填制纳税申报表

根据以上数据填报《教育费附加申报表》，见表7－2。

表7－2　教育费附加（地方教育费附加）申报表

（适用于增值税、消费税、营业税纳税人）

填表日期：××××年12月3日

纳税人识别号：110102208483051000

纳税人名称：咸阳天骢集团公司

单位：元（列至角分）

<table>
<tr><td rowspan="2">税（费种）</td><td colspan="3">计税（费）依据</td><td rowspan="2">税（费）款所属期</td><td rowspan="2">税（费）率</td><td rowspan="2">应纳税（费）额</td><td rowspan="2">减免税（费）额</td><td rowspan="2">应缴纳税（费）额</td></tr>
<tr><td>实际缴纳增值税额</td><td>实际缴纳消费税额</td><td>实际缴纳营业税额</td></tr>
<tr><td>1</td><td>2</td><td>3</td><td>4</td><td>5</td><td>6</td><td>7（2＋3＋4）×6</td><td>8</td><td>9　7－8</td></tr>
<tr><td>教育费附加</td><td>215 670. 00</td><td>20 135. 00</td><td>—</td><td>××××年11月</td><td>3%</td><td>7 074. 15</td><td>0</td><td>7 074. 15</td></tr>
<tr><td>合计</td><td colspan="3">—</td><td>—</td><td>—</td><td>7 074. 15</td><td>0</td><td>7 074. 15</td></tr>
</table>

<table>
<tr><td colspan="3">如纳税人填报，由纳税人填写以下各栏</td><td colspan="4">如委托税务代理机构填报，由税务代理机构填写以下各栏</td></tr>
<tr><td colspan="2" rowspan="3">会计主管（签章）张晓</td><td rowspan="3">经办人（签章）</td><td colspan="2">税务代理机构名称</td><td></td><td rowspan="3">税务代理机构（公章）</td></tr>
<tr><td colspan="2">税务代理机构地址</td><td></td></tr>
<tr><td colspan="2">代理人（签章）</td><td></td></tr>
<tr><td rowspan="4">申报声明</td><td colspan="2" rowspan="4">此纳税申报表是根据国家税收法律的规定填报的，我确信它是真实的、可靠的、完整的。
申明人：
法定代表人（负责人）签字或盖章　李梦
（公章）</td><td colspan="4">以下由税务机关填写</td></tr>
<tr><td>受理日期</td><td></td><td>受理人</td><td></td></tr>
<tr><td>审核日期</td><td></td><td>审核人</td><td></td></tr>
<tr><td>审核记录</td><td colspan="3"></td></tr>
</table>

任务三 会计算、申报耕地占用税

基本内容学习

耕地占用税是为了合理利用土地资源，加强土地管理，保护耕地，对占用耕地建房或从事其他非农业建设的单位和个人，就其占用的耕地面积征收的一种税。

耕地占用税具有以下特点：兼具资源税与特定行为税的性质；采用地区差别税率；在占用耕地环节一次性课征。

一、征税范围

耕地占用税的征税范围为国家所有和集体所有的耕地。耕地是指种植农作物的土地，包括菜地、园地。其中，园地包括苗圃、花圃、茶园、果园、桑园和其他种植经济林木的土地。

占用鱼塘及其他农用土地建房或从事其他非农业建设，也视同占用耕地，征收耕地占用税。

占用林地、牧草地、农田水利用地、养殖水面以及渔业水域滩涂等农用地建房和从事其非农业建设的，比照耕地占用税暂行条例的规定征收耕地占用税，适用税额可以适当低于当地占用耕地的适用税额，具体适用税额按照各省、自治区、直辖市人民政府的规定执行。

用于农业生产并已由相关行政主管部门发放使用权证的草地，以及用于种植芦苇并定期进行人工养护管理的苇田，属于耕地占用税的征税范围。

建设直接为农业生产服务的生产设施占用上述农用土地的，农田水利占用耕地的，不征收耕地占用税。

二、纳税人

耕地占用税的纳税人，是指在占用耕地建房或从事其他非农业建设的单位和个人。单位，包括国有企业、集体企业、私营企业、股份制企业、外商投资企业、外国企业以及其他企业和事业单位、社会团体、国家机关、军队以及其他单位；个人，包括个体工商户以及其他个人。

三、税率

耕地占用税采用幅度定额税率。以县（市、区）为单位，耕地占用税的税额规定如下：

（一）人均耕地不超过 1 亩的地区，每平方米为 10 元至 50 元；

（二）人均耕地超过 1 亩但不超过 2 亩的地区，每平方米为 8 元至 40 元；

（三）人均耕地超过 2 亩但不超过 3 亩的地区，每平方米为 6 元至 30 元；

（四）人均耕地超过 3 亩的地区，每平方米为 5 元至 25 元。

经济特区、经济技术开发区和经济发达、人均耕地特别少的地区，适用税额可以适当提高，但最多不得超过上述规定税额的50%。各地平均税额见表7－3。

表7－3　各省、自治区、直辖市耕地占用税平均税额表

地区	每平方米平均税额/元
上海	45
北京	40
天津	35
江苏、浙江、福建、广东	30
辽宁、湖北、湖南	25
河北、安徽、江西、山东、河南、重庆、四川	22.5
广西、海南、贵州、云南、陕西	20
山西、吉林、黑龙江	17.5
内蒙古、西藏、甘肃、青海、宁夏、新疆	12.5

四、计算

耕地占用税以纳税人实际占用的耕地面积为计税依据，按照规定的单位税额计算应纳税额一次性征收。其计税公式为

$$应纳税额=实际占用应税耕地面积\times单位税额$$

五、税收优惠

（1）军事设施占用应税土地免征耕地占用税。

（2）学校、幼儿园、养老院、医院占用应税土地免征耕地占用税。

（3）铁路线路、公路线路、飞机场跑道、停机坪、港口、航道占用应税土地，减按每平方米2元的税额征收耕地占用税。

根据实际需要，国务院财政、税务主管部门商国务院有关部门并报国务院批准后，可以对前款规定的情形免征或者减征耕地占用税。

（4）农村居民占用应税土地新建住宅，按照当地适用税额减半征收耕地占用税。

减税的农村居民占用应税土地新建住宅，是指农村居民经批准在户口所在地按照规定标准占用应税土地建设自用住宅。

农村居民经批准搬迁，原宅基地恢复耕种，新建住宅占用应税土地超过原宅基地面积的，对超过部分按照当地适用税额减半征收耕地占用税。

（5）农村烈士家属、残疾军人、鳏寡孤独以及革命老根据地、少数民族聚居区和边远贫困山区生活困难的农村居民，在规定用地标准以内新建住宅缴纳耕地占用税确有困难的，经所在地乡（镇）人民政府审核，报经县级人民政府批准后，可以免征或者减征耕地占用税。

革命老根据地、少数民族聚居地区和边远贫困山区生活困难的农村居民，其标准按照各省、自治区、直辖市人民政府的有关规定执行。

六、纳税义务发生时间

经批准占用耕地的，耕地占用税纳税义务发生时间为纳税人收到土地管理部门办理占用农用地手续通知的当天。未经批准占用耕地的，耕地占用税纳税义务发生时间为纳税人实际占用耕地的当天。

七、纳税期限

耕地占用税纳税人依照税收法律法规及相关规定，应在获准占用应税土地收到土地管理部门的通知之日起30日内向主管地税机关申报缴纳耕地占用税；未经批准占用应税土地的纳税人，应在实际占地之日起30日内申报缴纳耕地占用税。

八、纳税地点

耕地占用税原则上在应税土地所在地进行申报纳税。涉及集中征收、跨地区占地需要调整纳税地点的，由省地税机关确定。

基本内容应用

A公司经批准在郊区占用一块耕地，面积1 200平方米，用于扩建子公司。该地区的耕地占用税的税率为4元/m^2。

要求： 计算绿地公司应缴纳的耕地占用税。

处理：

绿地公司应缴纳的耕地占用税 =1 200 ×4 =4 800（元）

在掌握了耕地占用税基本税制内容及申报的基础上，进一步学习其税制内容的具体政策及申报。

情境一　确定征税范围

A公司占用菜地开发商铺，占用居民楼绿化林地建造住宅，临时占用耕地，计划在3年后修建高尔夫球场。

要求： 确定A企业应就哪些用地缴纳耕地占用税。

政策提示

税法规定，耕地占用税是以占用农用耕地从事其他非农业建设为征税范围。耕地包括园地、林地、牧草地、农田水利用地、养殖水面、渔业水域滩涂、草地，以及苇田。不包括居民点内部的绿化林木用地，铁路、公路征地范围内的林木用地，以及河流、沟渠的护堤林用地。对非耕地或占用耕地用于农业生产建设的，则不属于该税的征税范围。

业务处理

根据税法规定，A公司占用菜地开发商铺和临时占用耕地属于耕地占用税的征税范围。

情境二 计算耕地占用税税额

A公司12月1日占用耕地30 000平方米建设职工住宅，其中10 000平方米作为幼儿园用地。该地区的耕地占用税的税率为12元/m^2。

要求： 计算A公司应缴纳的耕地占用税。

政策提示

耕地占用税以纳税人实际占用的耕地面积为计税依据，按照规定的单位税额计算应纳税额一次性征收。免征耕地占用税的有学校、幼儿园、养老院、医院所占用耕地。

业务处理

绿地公司应缴纳的耕地占用税 =（30 000 - 10 000）×12 = 240 000（元）

情境三 填制耕地占用税纳税申报

一、耕地占用税申报流程

耕地占用税申报流程图，如图7-1所示。

二、填制耕地占用税纳税申报表

（一）纳税人信息

纳税人名称：咸阳开普集团公司
纳税人类型：股份有限公司，增值税一般纳税人
所属行业：医药制造业
法定代表人：王倩
会计主管：李晓明
营业地址：咸阳市人民东路9号
电话：029-83796789
统一社会信用代码（纳税人识别号）：360403111100005
开户银行及账号：工行咸阳市人民东路支行 2-12365722

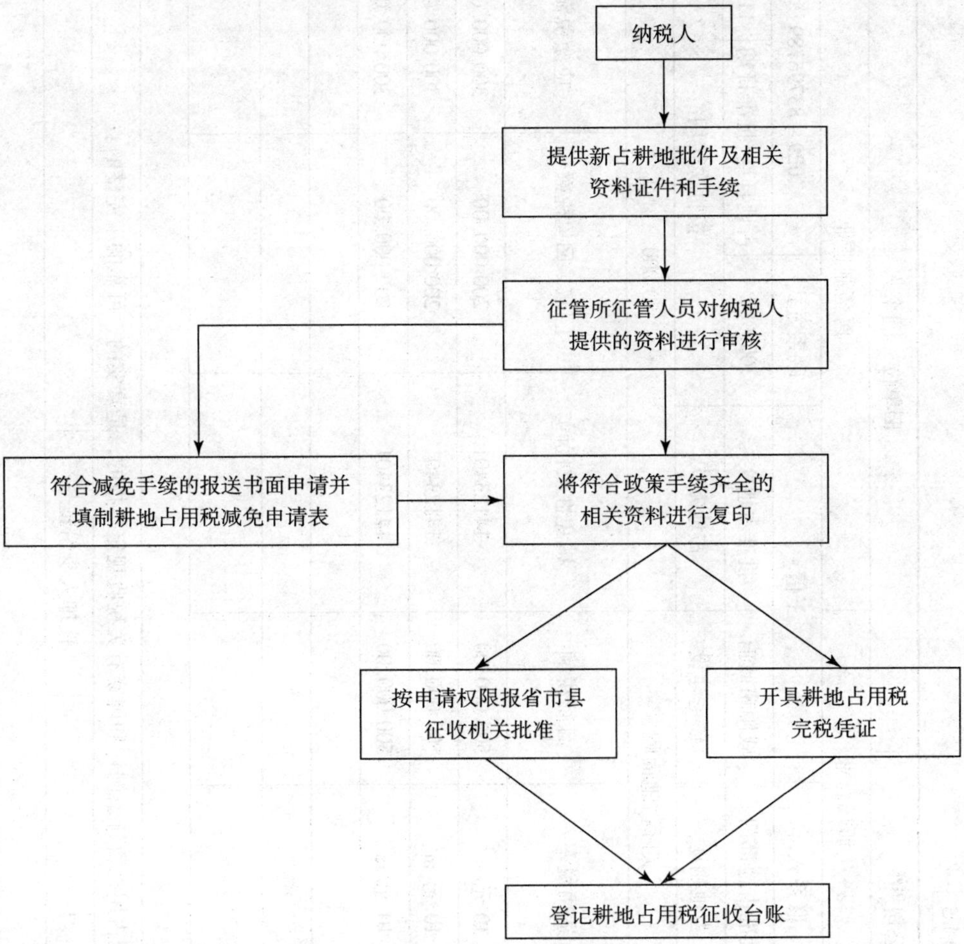

图 7－1　耕地占用税申报流程

主管税务机关：咸阳市地方税务局渭城分局

（二）业务资料

开普集团公司××××年 11 月 10 日占用城郊迎宾大道耕地 50 000 平方米建设职工住宅，其中 5 000 平方米作为幼儿园用地，15 000 平方米作为子弟学校。该地区的耕地占用税的税率为 10 元/m^2。根据资料申报耕地占用税。

（三）计算税额

应缴纳的耕地占用税＝(50 000－15 000－5 000）×10＝300 000（元）

（四）填制申报表

根据应纳耕地占用税的相关金额填制《耕地占用税纳税申报表》，见表 7－4。

表 7-4　耕地占用税纳税申报表

填表日期：××××年　12　月　1　日　　　　金额单位：元至角分；面积单位：平方米

纳税人识别号　3 6 0 4 0 3 1 1 1 1 0 0 0 5

纳税人信息	名称	咸阳开普集团公司				☑单位　□个人		
	登记注册类型	股份有限公司		所属行业		医药制造业		
	身份证照类型			联系人	王倩	联系方式	029-83796789	
耕地占用信息	项目（批次）名称	农用地转用审批文件		批准占地部门	咸阳市政府	批准占地文号	000987	占地日期/批准日期　11.10
	占地位置	迎宾大道		占地用途	住宅建设	占地方式	按批次转用	
	批准占地面积	50 000		实际占地面积		50 000		
		计税面积	其中：□减 ☑免税面积	适用税率	计征税额	减免性质代码	□减　☑免税额	应缴税额
	总计	50 000	20 000	10 元/m^2	500 000.00	14123401	200 000.00	300 000.00
	耕地	50 000	20 000	10 元/m^2	500 000.00	14123401	200 000.00	300 000.00
	其中：1. 经济开发区	50 000	20 000	10 元/m^2	500 000.00	14123401	200 000.00	300 000.00
	2. 基本农田							
	其他农用地							
	其他类型土地							
以下由纳税人填写：								
纳税人声明	此纳税申报表是根据《中华人民共和国耕地占用税暂行条例》和国家有关税收规定填报的，是真实的、可靠的、完整的。							
纳税人签章	王倩	代理人签章		代理人身份证号				
以下由税务机关填写：								
受理人		受理日期	年　月　日	受理税务机关签章				

本表一式两份，一份纳税人留存，一份税务机关留存

任务四　会计算、申报车辆购置税

基本内容学习

车辆购置税是以在中国境内购置规定的车辆为课税对象、在特定的环节向车辆购置者征收的一种税。

车辆购置税具有以下特点：征收环节单一、征税具有特定目的、价外征收、不转嫁税负。

一、征税范围

在中国境内购买、进口、自产、受赠、获奖或者以其他方式取得并自用应税车辆的行为。"购买自用"包括购买使用国产应税车辆和购买自用进口应税车辆的行为。"进口自用"指直接进口自用应税车辆的行为。"自产自用"指纳税人将自己生产的应税车辆作为最终消费品自己消费使用。"受赠自用"指接受他人馈赠。"获奖自用"从各种奖励形式中取得并自用应税车辆的行为。"其他自用"是指上述以外其他方式取得并自用应税车辆的行为，如拍卖、抵押、走私、罚没等方式取得并自用的应税车辆。

应税车辆包括汽车、摩托车、电车、挂车、农用运输车。具体征收范围见表7－5。

表7－5　车辆购置税征收范围表

应税车辆	具体范围	注释
汽车	各类汽车	
摩托车	轻便摩托车	最高设计时速不大于50km/h，或者发动机汽缸总排量不大于50cm³的两个或者三个车轮的机动车
	二轮摩托车	最高设计车速大于50km/h，或者发动机汽缸总排量大于50cm³的两个车轮的机动车
	三轮摩托车	最高设计车速大于50km/h，或者发动机汽缸总排量大于50cm³，空车重量不大于400kg的三个车轮的机动车
电车	无轨电车	以电能为动力，由专用输电电缆线供电的轮式公共车辆
	有轨电车	以电能为动力，在轨道上行驶的公共车辆
挂车	全挂车	无动力设备，独立承载，由牵引车辆牵引行驶的车辆
	半挂车	无动力设备，与牵引车辆共同承载，由牵引车辆牵引行驶的车辆
农用运输车	三轮农用运输车	柴油发动机，功率不大于运输车7.4kW，载重量不大于500kg，最高车速不大于40km/h的三个车轮的机动车
	四轮农用运输车	柴油发动机，功率不大于运输车28kW，载重量不大于1 500kg，最高车速不大于50km/h的四个车轮的机动车

二、纳税人

在我国境内购置应税车辆的单位和个人为车辆购置税的纳税人。单位，包括国有企业、集体企业、私营企业、股份制企业、外商投资企业、外国企业以及其他企业和事业单位、社会团体、国家机关、部队以及其他单位；个人，包括个体工商户以及其他个人，包括中华人民共和国公民和外国公民。

三、税率

车辆购置税的税率为10%。

四、计税依据

车辆购置税的计税价格根据不同情况确定为：

（1）购买自用应税车辆计税依据的确定。

纳税人购买自用的应税车辆以计税价格为计税依据。计税价格为纳税人购买应税车辆而支付给销售者的全部价款和价外费用，不包括增值税税款。

价外费用是指销售方价外向购买方收取的基金、集资费、违约金（延期付款利息）和手续费、包装费、各种费用、储存费、优质费、运输装卸费、租金、补贴等。包括手续费、补贴、保管费以及其他各种性质的价外收费，但不包括销售方代办保险等而向购买方收取的保险费，以及向购买方收取的代购买方缴纳的车辆购置税、车辆牌照费。

（2）进口自用应税车辆计税依据的确定。

纳税人进口自用的应税车辆以组成计税价格为计税依据。计税价格的计算公式为：

$$计税价格=关税完税价格+关税+消费税$$

具体方法参见“项目二增值税中进口货物的计算”。

如果进口车辆不是属于消费税征税范围的大卡车、大客车等车辆，则组成计税价格公式简化为

$$计税价格=关税完税价格+关税$$

（3）其他自用应税车辆计税依据的确定。

纳税人自产、受赠、获奖或者以其他方式取得并自用的应税车辆的计税价格，由主管税务机关参照国家税务总局规定的相同类型应税车辆的最低计税价格核定。

最低计税价格是指国家税务总局依据车辆生产企业或者经销商提供的车辆价格信息，参照市场平均交易价格核定的车辆购置税计税价格。

国家税务总局未核定最低计税价格的车辆，计税依据为纳税人提供的有效价格证明注明的价格。有效价格证明注明的价格明显是偏低的，主管税务机关有权核定应税车辆的计税价格。

以下情形凡纳税人能出具有效证明的，计税依据为纳税人提供的统一发票或有效凭证注明的计税价格：进口旧车、因不可抗力因素导致受损的车辆、库存超过3年的车辆、形式8万km以上的试验车辆、国家税务总局规定的其他车辆。

（4）以最低计税价格为计税依据的确定。

纳税人购买自用或者进口自用应税车辆，申报的计税价格低于同类型应税车辆的最低计税价格又无正当理由的，按照最低计税价格征收车辆购置税。

（5）特殊情形应税车辆计税依据的确定。

底盘发生更换的车辆，计税依据为最新核发的同类型应税车辆最低计税价格的70%。

免税条件消失的车辆，自初次办理纳税申报之日起，使用年限未满10年的，计税价格以免税车辆初次办理纳税申报时确定的计税价格为基准，每满1年扣减10%；未满1年的，计税价格为免税车辆的原计税价格；使用年限10年（含）以上的，计税价格为0。

（6）未按规定纳税车辆应补税额的计算。

纳税人未按规定缴税的，应按现行政策规定的计税价格，区分情况，分别确定征税。不能提供购车发票和有关购车证明资料的，检查地税务机关应按同类型应税车辆的最低计税价格征税；如果纳税人回落籍地后提供的购车发票金额与支付的价外费用之和高于核定的最低计税价格的，落籍地主管税务机关还应对其差额计算补税。

检查地税务机关补征车辆购置税计算：

$$应纳税额=最低计税价格\times税率$$

思考

车辆购置税的计税依据和车辆销售方计算增值税的计税依据有何联系？

五、计算

车辆购置税实行从价定率的办法计算应纳税额。应纳税额的计算公式为

$$应纳税额=计税价格\times税率$$

纳税人以外汇结算应税车辆价款的，按照申报纳税之日中国人民银行公布的人民币基准汇价，折合成人民币计算应纳税额。

六、税收优惠

（1）外国驻华使馆、领事馆和国际组织驻华机构及其外交人员自用的车辆，免税。

（2）中国人民解放军和中国人民武装警察部队列入军队武器装备订货计划的车辆，免税。

（3）设有固定装置的非运输车辆，是指列入国家税务总局下发的《设有固定装置非运输车辆免税图册》的车辆，免税。

（4）自2018年1月1日至2020年12月31日，对购置的新能源汽车免征车辆购置税。对免征车辆购置税的新能源汽车，通过发布《免征车辆购置税的新能源汽车车型目录》实施管理。

（5）有国务院规定予以免税或者减税的其他情形的，按照规定免税或者减税。

（6）已缴纳车辆购置税的车辆，发生下列情形之一的，准予纳税人申请退税：车辆退回生产企业或者经销商的；符合免税条件的设有固定装置的非运输车辆但已征税的；其他依据法律法规规定应予退税的情形。车辆退回生产企业或者经销商的，纳税人申请退税时，主管税务机关自纳税人办理纳税申报之日起，按已缴纳税款每满1年扣减10%计算退税额；未满1年的，按已缴纳税款全额退税。

（7）自2018年7月1日至2021年6月30日，对购置挂车减半征收车辆购置税。

七、纳税环节

车辆购置税实行购置环节一次性征收制度。购置已征车辆购置税的车辆，不再征收车辆

购置税。免税、减税车辆因转让、改变用途等原因不再属于免税、减税范围的，应当在办理车辆过户手续前或者办理变更车辆登记注册手续前缴纳车辆购置税。

纳税人应当在向公安机关车辆管理机构办理车辆登记注册前，缴纳车辆购置税。税务机关发现纳税人未按照规定缴纳车辆购置税的，有权责令其补缴；纳税人拒绝缴纳的，税务机关可以通知公安机关车辆管理机构暂扣纳税人的车辆牌照。

八、纳税地点及期限

纳税人购置应税车辆，应当向车辆登记注册地的主管国家税务机关申报纳税；购置不需要办理车辆登记注册手续的应税车辆，应当向纳税人所在地的主管税务机关申报纳税。

纳税人应当自购买之日起 60 日内申报纳税；进口自用应税车辆的，应当自进口之日起 60 日内申报纳税；自产、受赠、获奖或者以其他方式取得并自用应税车辆的，应当自取得之日起 60 日内申报纳税。

基本内容应用

A 外贸进出口公司，增值税一般纳税人，本月发生如下经济业务：

（1）向甲汽车制造公司购进 6 辆国产车辆，发票注明购进价为不含税价 100 000 元/辆。其中 4 辆作为业务车供本公司自用，另 2 辆用于抵顶前欠乙船运公司 240 000 元的债务；国家税务总局规定同类车辆最低计税价格为 110 000 元。（税务机关认为 100 000 元/辆的购进价格明显偏低且无正当理由）

（2）向丙汽车厂购买一辆自用的载货汽车及挂车、配套的备用件，分别取得机动车统一发票载明的载货汽车价税合计款 210 600 元，挂车价税合计款 93 600 元，备用件价税合计款 3 744 元。

（3）接受丁汽车制造厂赠送新小汽车 1 辆，经税务机关审核，参照国家税务总局规定上述同类车型应税车辆的最低计税价格为 100 000 元，小汽车的成本为 70 000 元，成本利润率为 8%。

要求： 计算该公司应纳的车辆购置税税额。

处理：

（1）购入直接抵债的车辆应由取得车辆自用的乙船运公司缴纳车辆购置税；所以该外贸公司就 4 辆自用车缴纳车辆购置税。由于交易价格明显偏低且无正当理由，按照国家税务总局规定的同类车辆最低计税价格计算纳税。

应纳车辆购置税 = 110 000 × 10% × 4 = 44 000（元）。

（2）购置载货汽车及挂车应纳车辆购置税 =（210 600 + 93 600 + 3 744）÷（1 + 17%）× 10% = 26 320（元）

（3）受赠小汽车应纳车辆购置税 = 100 000 × 10% = 10 000（元）

在掌握了车辆购置税基本税制内容的基础上，进一步学习其税制内容的具体政策及申报：

情境一 购买自用应税车辆应纳税额的计算

李某2014年3月18日，从上海大众汽车有限公司购买一辆小轿车，支付含增值税车价款106 000元，支付车辆装饰费1 250元。支付的各项价款均由上海大众汽车有限公司开具“机动车销售统一发票”和有关票据。

要求：计算车辆购置税应纳税额。

政策提示

支付的车辆装饰费，应作为价外费用并入计税价格中计税。

业务处理

应纳车辆购置税 $=(106\ 000+1\ 250)\div(1+17\%)\times10\%=9\ 166.67$（元）

情境二 填制车辆购置税纳税申报表

一、车辆购置税申报流程

车辆购置税申报流程图，如图7－2所示。

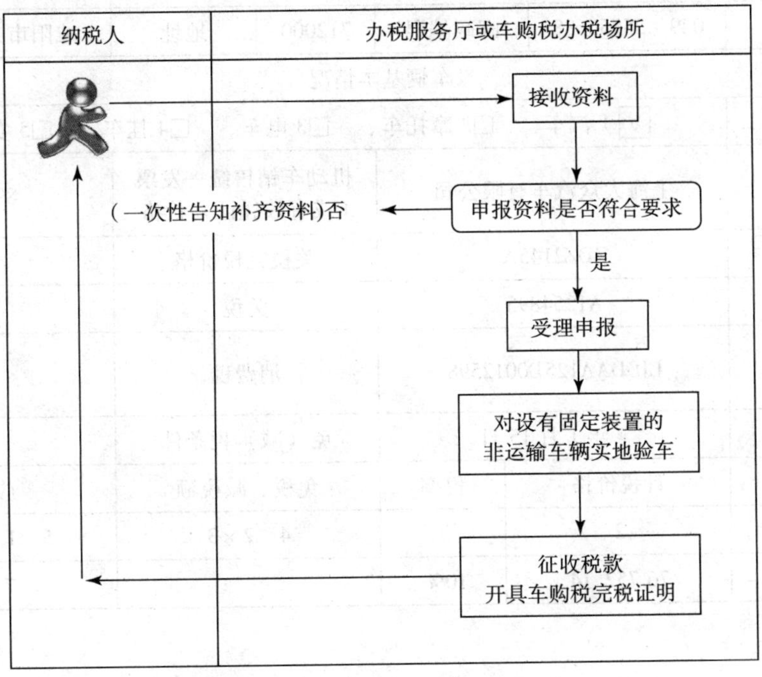

图7－2 车辆购置税申报流程

二、填制车辆购置税纳税申报表

（一）纳税人信息

纳税人名称：李华

身份证号：610442198502154562

电话：029－35556688

地址：咸阳市人民中路98号

邮编：712000

（二）业务资料

李华购买了一辆大众牌小轿车，取得机动车销售统一发票上注明：日期为＊年1月15日，价税合计为89 800元。车辆基本信息如下：

生产企业名称：上海大众汽车有限公司　厂牌型号：ZDZ2145A

发动机号：A1254895　车辆识别代号：LJDDAA125D0012598

（三）计算税额

应纳车辆购置税＝89 800÷（1＋17%）×10%＝7 675.21（元）

（四）填制纳税申报表

据以上数据填报《车辆购置税纳税申报表》，见表7－6。

表7－6　车辆购置税纳税申报表

填表日期：××××年2月3日

纳税人名称：李华　　　　金额单位：元（列至角分）

<table>
<tr><td>纳税人证件名称</td><td colspan="2">身份证</td><td colspan="2">证件号码</td><td>610442198502154562</td></tr>
<tr><td>联系电话</td><td>029－35556688</td><td>邮政编码</td><td>712000</td><td>地址</td><td>咸阳市人民中路98号</td></tr>
<tr><td colspan="6">车辆基本情况</td></tr>
<tr><td>车辆类别</td><td colspan="5">☑1汽车、　□2摩托车、　□3电车、　□4挂车、　□5农用运输车</td></tr>
<tr><td>生产企业名称</td><td colspan="2">上海大众汽车有限公司</td><td colspan="2">机动车销售统一发票（或有效凭证）价格</td><td>89 800.00</td></tr>
<tr><td>厂牌型号</td><td colspan="2">ZDZ2145A</td><td colspan="2">关税完税价格</td><td></td></tr>
<tr><td>发动机号码</td><td colspan="2">A1254895</td><td colspan="2">关税</td><td></td></tr>
<tr><td>车辆识别代号（车架号码）</td><td colspan="2">LJDDAA125D0012598</td><td colspan="2">消费税</td><td></td></tr>
<tr><td>购置日期</td><td colspan="2">＊年1月15日</td><td colspan="2">免（减）税条件</td><td></td></tr>
<tr><td>申报计税价格</td><td>计税价格</td><td>税率</td><td colspan="2">免税、减税额</td><td>应纳税额</td></tr>
<tr><td>1</td><td>2</td><td>3</td><td colspan="2">4　2×3</td><td>5　1×3或2×3</td></tr>
<tr><td>76 752.14</td><td>76 752.14</td><td>10%</td><td colspan="2"></td><td>7 675.21</td></tr>
</table>

续表

<table>
<tr><td colspan="2">申报人声明</td><td colspan="2">授权声明</td></tr>
<tr><td colspan="2">此纳税申报表是根据《中华人民共和国车辆购置税暂行条例》的规定填报的，我相信它是真实的、可靠的、完整的。
声明人：李华（签字）</td><td colspan="2">如果你已委托代理人申报，请填写以下资料：
为代理一切税务事宜，现授权（　　），地址（　　）为本纳税人的代理申报人，任何与本申报表有关的往来文件，都可寄予此人。
授权人签字：</td></tr>
<tr><td rowspan="5">纳税人签名或盖章：
李华（签名）</td><td colspan="3">如委托代理人的，代理人应填写以下各栏</td></tr>
<tr><td>代理人名称</td><td></td><td rowspan="4">代理人（章）</td></tr>
<tr><td>地址</td><td></td></tr>
<tr><td>经办人</td><td></td></tr>
<tr><td>电话</td><td></td></tr>
<tr><td colspan="2">接收人：
接收日期：</td><td colspan="2">主管税务机关（章）：</td></tr>
</table>

任务五　会计算、申报烟叶税

基本内容学习

烟叶税是对在我国境内从事烟叶收购的单位，以烟叶的买价为计税依据，在收购环节所征收的一种税。

一、征税范围

烟叶税的征收范围包括烤烟叶、晾晒烟叶。晾晒烟叶包括列入晾晒烟名录的晾晒烟叶和未列入晾晒烟名录的其他晾晒烟叶。

二、纳税人

烟叶税的纳税人为在中华人民共和国境内从事烟叶收购的单位。“单位”是指依照《中华人民共和国烟草专卖法》的规定有权收购烟叶的烟草公司或者受其委托收购烟叶的单位。

对依法查处没收的违法收购的烟叶，由收购罚没烟叶的单位按照购买金额计算缴纳烟叶税。

三、税率

烟叶税实行比例税率，税率为 20%。

四、计算

烟叶税实行从价定率的办法计算应纳税额。应纳税额的计算公式为

$$应纳税额 = 收购金额 \times 税率$$

烟叶税的收购金额，具体包括纳税人支付给烟叶销售者的烟叶收购价款和价外补贴。价外补贴统一暂按烟叶收购价款的 10% 计入收购金额。

收购金额的计算公式为

$$收购金额 = 收购价款 \times (1 + 10\%)$$

五、纳税环节

烟叶税在烟叶收购环节征收。

六、纳税义务发生时间

烟叶税的纳税义务发生时间为纳税人收购烟叶的当天，具体指纳税人向烟叶销售者付讫收购烟叶款项或者开具收购烟叶凭证的当天。

七、纳税期限

烟叶税按月计征，纳税人应当自纳税义务发生之日起 30 日内申报纳税。

八、纳税地点

纳税人应当向烟叶收购地的主管税务机关（指县级地方税务局或者其所指定的税务分局、所）申报缴纳烟叶税。

基本内容应用

一、计算烟叶税

A 烟草公司（增值税一般纳税人）收购烟叶一批，合法收购凭证上注明烟叶收购价格为 30 000 元，按规定的方式向烟叶生产者支付了价外补贴，并与烟叶收购价款在同一收购凭证上分别注明，货款全部付清。

要求： 计算 A 烟草公司应缴纳烟叶税。

处理：

A 公司应纳烟叶税额 = 30 000 × (1 + 10%) × 20% = 6 600（元）

二、填制烟叶税纳税申报

（一）烟叶税申报流程

烟叶税申报流程图，如图 7 - 3 所示。

（二）填制烟叶税纳税申报表

1. 纳税人信息

纳税人名称：国兴卷烟厂

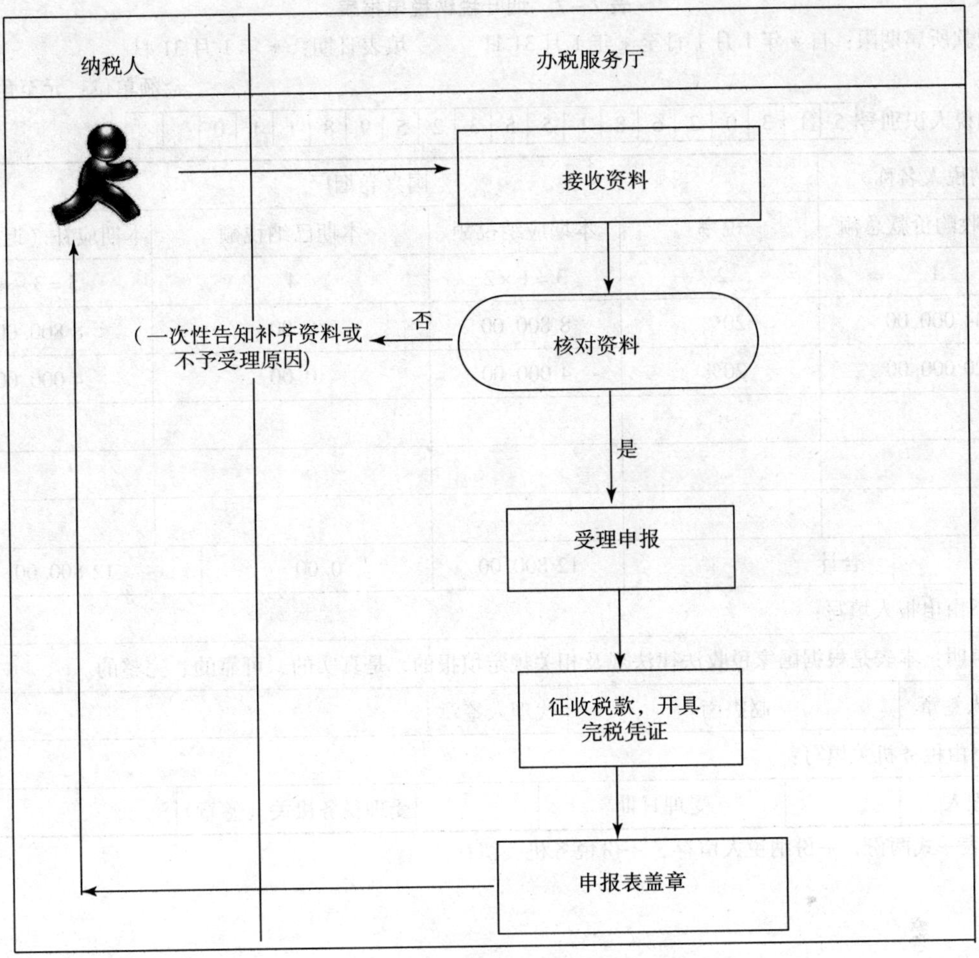

图7－3 烟叶税申报流程

纳税人类型：股份公司

法定代表人：赵杰南

地址：咸阳市人民中路98号

电话：029－35556688

纳税人识别号（统一社会信用代码）：513026815532598110

开户银行及账号：咸阳市工商银行人民路支行，02－16546818

2. 业务资料

国兴卷烟厂（一般纳税人）1月份收购B1F等级烟叶一批，合法收购凭证上注明烟叶收购价格为40 000元，按规定的方式向烟叶生产者支付了价外补贴4 000元，并与烟叶收购价款在同一收购凭证上分别注明；从烟草专卖局购买查处罚没烟叶，取得增值税专用票注明金额20 000元。

3. 计算税额

应纳烟叶税＝(44 000＋4 000)×20%＋20 000×20%＝12 800（元）

4. 填制纳税申报表

据以上数据填报《烟叶税纳税申报表》，见表7－7。

表7－7　烟叶税纳税申报表

税款所属期限：自＊年1月1日至＊年1月31日　　　填表日期：＊年1月31日

金额单位：元至角分

纳税人识别号																				
	5	1	3	0	2	6	8	1	5	5	3	2	5	9	8	1	1	0		

纳税人名称	国兴卷烟厂			
烟叶收购价款总额	税率	本期应纳税额	本期已纳税额	本期应补（退）税额
1	2	3＝1×2	4	5＝3－4
44 000.00	20%	8 800.00	0.00	8 800.00
20 000.00	20%	4 000.00	0.00	4 000.00
合计		12 800.00	0.00	12 800.00

以下由申报人填写：

谨声明：本表是根据国家税收法律法规及相关规定填报的，是真实的、可靠的、完整的。

纳税人签章	赵杰南	代理人签章	

以下由税务机关填写：

受理人		受理日期		受理税务机关（签章）	

本表一式两份，一份纳税人留存，一份税务机关留存。

项目八

资源税类的计算与申报

实际岗位

收入、成本费用核算；办税员。

工作任务

确定各资源税类税种的应税范围、计税依据和适用税率，计算应纳税额，按规定期限填制纳税申报表，进行纳税申报。

教学目的

通过“项目八”的教学和实训，达到：

1. 能界定各资源税种的征税范围
2. 会计算当期各资源税种的税额
3. 会填制各资源税种的纳税申报表

任务一　会计算、申报资源税

基本内容学习

资源税是对在我国境内从事应税矿产品开采或生产盐的单位和个人征收的一种税。

我国资源税具有以下 3 个特点：只对特定资源征税，即矿产品和盐；具有受益税的性质，体现了对国有资源的有偿占用；可以调节级差收益，对同一资源采用差别税率，剔除自然条件对开采者的经济核算的影响，保证征税的公平性。

一、征税对象和税目

资源税的征税对象是应税矿产品和盐。具体税目为：

（一）原油

原油指开采的天然原油，包括企业生产的稠油、高凝油、凝析油等，不包括人造石油。

（二）天然气

天然气指专门开采和与原油同时开采的天然气。

（三）煤炭

煤炭指原煤和以未税原煤加工的洗选煤。

（四）其他非金属矿

其他非金属矿包括石墨、硅藻土、高岭土、萤石、石灰石、硫铁矿、磷矿、氯化钾、硫酸钾、井矿盐、湖盐、提取地下卤水晒制的盐、煤层（成）气。

（五）金属矿

金属矿包括铁矿、金矿、铜矿、铝土矿、铅锌矿、镍矿、锡矿及其他金属矿产品等。

（六）海盐

海盐是指海水晒制的盐，不包括提取地下卤水晒制的盐。

知识拓展

水资源税改革试点

根据党中央、国务院决策部署，自2017年12月1日起在北京、天津、山西、内蒙古、山东、河南、四川、陕西、宁夏等9个省（自治区、直辖市）实施水资源税改革试点。水资源税的征税对象为地表水和地下水。地表水分为农业、工商业、城镇公共供水，水力发电、火力发电贯流式，特种行业及其他取用地表水；地下水分为农业、工商业、城镇公共供水，特种行业及其他取用地下水。其中，特种行业取用水包括洗车、洗浴、高尔夫球场、滑雪场等取用水。

水资源税实行从量计征。应纳税额计算公式：

应纳税额＝取水口所在地税额标准×实际取用水量

二、纳税人

资源税的纳税人为在我国境内开采应税矿产品或者生产盐的单位和个人。单位指国有企业、集体企业、私营企业、股份制企业、外商投资企业、外国企业、行政事业单位、军事单位、社会团体及其他单位。个人指个体经营者和其他个人。

资源税以收购资源税未税矿产品的单位为扣缴义务人。

知识拓展

什么是独立矿山、联合企业、其他单位?

独立矿山指只有采矿和选矿的独立核算、自负盈亏的单位。

联合企业指采矿、选矿、冶炼连续生产的企业，其采矿单位一般是该企业的二级或三级以下核算单位。

其他单位包括非矿山企业、单位、个体户等。

三、税率

资源税税目税率，见表8－1。具体适用税额，由财政部会同国务院有关部门，根据纳税人开采或者生产应税产品的资源状况，在规定的幅度内执行。

表 8－1　资源税税目税率幅度表

税目			征税对象	税率
一、原油			原油	6%～10%
二、天然气			原矿	6%～10%
三、煤炭			原煤或洗选煤	2%～10%
四、其他非金属矿	石墨		精矿	3%～10%
	硅藻土		精矿	1%～6%
	高岭土		原矿	1%～6%
	萤石		精矿	1%～6%
	石灰石		原矿	1%～6%
	硫铁矿		精矿	1%～6%
	磷矿		原矿	3%～8%
	氯化钾		精矿	3%～8%
	硫酸钾		精矿	6%～12%
	井矿盐		氯化钠初级产品	1%～6%
	湖盐		氯化钠初级产品	1%～6%
	提取地下卤水晒制的盐		氯化钠初级产品	3%～15%
	煤层（成）气		原矿	1%～2%
	黏土、砂石		原矿	每吨或立方米 0.1～5 元
	未列举名称的其他非金属矿		原矿或精矿	从量税率每吨或立方米不超过 30 元；从价税率不超过 20%
五、金属矿	稀土矿	轻稀土	原矿或精矿	7.5%～11.5%
		中重稀土	原矿或精矿	27%
	钨矿		原矿或精矿	6.5%
	钼矿		原矿或精矿	11%
	铁矿		精矿	1%～6%
	金矿		金锭	1%～4%
	铜矿		精矿	2%～8%
	铝土矿		原矿	3%～9%
	铅锌矿		精矿	2%～6%

续表

税目		征税对象	税率
五、金属矿	镍矿	精矿	2% ~6%
	锡矿	精矿	2% ~6%
	未列举名称的其他金属矿	原矿或精矿	税率不超过20%
六、海盐		氯化钠初级产品	1% ~5%

注：1. 铝土矿包括耐火级矾土、研磨级矾土等高铝黏土；

2. 氯化钠初级产品是指井矿盐、湖盐原盐、提取地下卤水晒制的盐和海盐原盐，包括固体和液体形态的初级产品；

3. 对《资源税税目税率表》中列举名称的资源品目，由省级人民政府在规定的税率幅度内提出具体适用税率建议，报财政部、国家税务总局确定核对。未列举名称的矿产品，由省级人民政府根据实际情况确定税目和适用税率，报财政部、国家税务总局确定备案。

纳税人开采或者生产不同税目的应税产品，应当分别核算不同税目应税产品的销售额或数量，未分别核算或者不能准确提供不同税目应税产品的销售额或销售数量的，从高确定税率。

四、计算

资源税的计税公式为

应纳税额 = 应税数量 × 单位税额

= 销售额 × 比例税率

1. 应税数量的确定

（1）纳税人开采或者生产应税产品销售的，以销售数量为课税数量。

（2）纳税人开采或者生产应税产品自用的，以自用数量为课税数量。

（3）纳税人不能准确提供应税产品销售数量或自用数量的，以应税产品的产量或按主管税务机关确定的折算比换算成的数量为计征资源税的数量。

（4）纳税人将其开采的矿产品原矿自用于连续生产精矿产品，无法提供自用原矿数量的，可将其精矿按选矿比折算成原矿数量作为计征资源税的数量。

思考

资源税为什么是以销售量、自用量、收购量，而不是以开采量为计税依据？

2. 销售额的确定

销售额为纳税人销售应税产品向购买方收取的全部价款和价外费用，不包括增值税销项税额和运杂费用。

价外费用，包括价外向购买方收取的手续费、补贴、基金、集资费、返还利润、奖励费、违约金、滞纳金、延期付款利息、赔偿金、代收款项、代垫款项、包装费、包装物租金、储备费、优质费、运输装卸费以及其他各种性质的价外收费。运杂费用是指应税产品从坑口或洗选（加工）地到车站、码头或购买方指定地点的运输费用、建设基金以及随运销产生的装卸、仓储、港杂费用。运杂费用应与销售额分别核算，凡未取得相应凭据或不能与销售额分别核算的，应当一并计征资源税。但下列项目不包括在内：

（1）同时符合以下条件的代垫运输费用：承运部门的运输费用发票开具给购买方的；

纳税人将该项发票转交给购买方的。

（2）同时符合以下条件代为收取的政府性基金或者行政事业性收费：由国务院或者财政部批准设立的政府性基金，由国务院或者省级人民政府及其财政、价格主管部门批准设立的行政事业性收费；收取时开具省级以上财政部门印制的财政票据；所收款项全额上缴财政。

五、税收优惠

（1）开采原油过程中用于加热、修井的原油免税；对油田范围内运输稠油过程中用于加热的原油、天然气免征资源税。

（2）纳税人开采或者生产应税产品过程中，因意外事故或者自然灾害等原因遭受重大损失的，由省、自治区、直辖市人民政府酌情决定减税或者免税。

（3）对依法在建筑物下、铁路下、水体下通过充填开采方式采出的矿产资源，资源税减征 50%。充填开采是指随着回采工作面的推进，向采空区或离层带等空间充填废石、尾矿、废渣、建筑废料以及专用充填合格材料等采出矿产品的开采方法。

（4）对稠油、高凝油和高含硫天然气资源税减征 40%；对三次采油资源税减征 30%；对低丰度油气田资源税暂减征 20%；对深水油气田资源税减征 30%；符合上述减免税规定的原油、天然气划分不清的，一律不予减免资源税；同时符合上述两项及两项以上减税规定的，只能选择其中一项执行，不能叠加适用。

（5）对实际开采年限在 15 年以上的衰竭期矿山开采的矿产资源，资源税减征 30%。衰竭期矿山是指剩余可采储量下降到原设计可采储量的 20%（含）以下或剩余服务年限不超过 5 年的矿山，以开采企业下属的单个矿山为单位确定。

六、纳税义务发生时间

（1）纳税人采取分期收款结算方式的，为销售合同规定的收款日期的当天。

（2）纳税人采取预收货款结算方式的，为发出应税产品的当天。

（3）纳税人采取其他结算方式的，为收讫销售款或取得销售款凭据的当天。

（4）纳税人自采自用应税产品的，为移送使用应税产品的当天。

（5）扣缴义务人代扣代缴税款，为支付货款的当天。

七、纳税期限

应纳资源税纳税期限为 1 日、3 日、5 日、10 日、15 日或者 1 个月，由主管税务机关根据实际情况具体核定。不能按固定期限计算纳税的，可以按次计算纳税。

纳税人以 1 个月为一期纳税的，自期满之日起 10 日内申报纳税；以 1 日、3 日、5 日、10 日或者 15 日为一期纳税的，自期满之日起 5 日内预缴税款，于次月 1 日起 10 日内申报纳税并结清上月税款。

八、纳税地点

纳税人应当向应税产品的开采或者生产所在地主管税务机关缴纳资源税。纳税人在本省、自治区、直辖市范围内开采或者生产应税产品，其纳税地点需要调整的，由省、自治区、直辖市税务机关决定。

基本内容应用

A矿务局本月开采原煤200 000吨，销售了150 000吨，自用了30 000吨，已知原煤不含税单价6 700元/吨。税务机关核定的资源税率为6%。

要求： 计算A矿务局本月应缴纳的资源税。

处理：

应纳资源税 =（150 000 + 30 000）× 6700 × 6% = 72 360 000（元）

在掌握了资源税基本税制内容的基础上，进一步学习其税制内容的具体政策及申报：

情境一　确定征税范围

A企业开采石油、天然气，同时生产人造石油。B企业主要开采煤炭，也生产天然气、洗煤。

要求： 确定资源税征税范围。

政策提示

税法规定，对专门开采的天然气以及与原油同时开采的天然气，征税资源税，暂不包括煤矿生产的天然气。对开采应税煤炭征收资源税，包括原煤和以未税原煤加工的洗选煤。

业务处理

根据税法规定，A企业开采石油、天然气应征收资源税，人造石油不属于资源税征税范围。B企业开采煤炭、洗煤征收资源税，天然气不属于资源税征税范围。

情境二　确定适用税率

A企业是独立矿山，主要开采煤炭和共伴生矿高岭土，当月销售原煤100吨，不含增值税单价550元/吨；销售高岭土10吨，不含增值税单价300元/吨。该地区税务机关已核定原煤税率为5%。

要求： 确定A企业共伴生矿高岭土的税率。

政策提示

税法规定，纳税人开采、销售共伴生矿，共伴生矿与主矿产品销售额分开核算的，对共伴生矿暂不计征资源税；没有分开核算的，共伴生矿按主矿产品的税目和适用税率计征资源税。财政部、国家税务总局另有规定的，从其规定。

业务处理

根据税法规定，A 企业开采、销售共伴生矿高岭土免税。

情境三　确定销售额——视同销售

A 企业本月开采稀土原矿 30 万吨，其中 10 万吨直接销售，10 万吨用于连续生产精矿，5 万吨用于抵顶欠 B 企业的债务 1 400 000 元，剩余 5 万吨待售。已知该稀土原矿不含税售价 300 000 元/吨。

要求： 确定 A 企业本月资源税的销售额。

政策提示

税法规定：资源税视同销售包括以下情形：

（1）纳税人以自采原矿直接加工为非应税产品的，视同原矿销售。

（2）纳税人以自采原矿洗选（加工）后的精矿连续生产非应税产品的，视同精矿销售。

（3）以应税产品投资、分配、抵债、赠与、以物易物等，视同应税产品销售。

纳税人有视同销售应税产品行为而无销售价格的，或者申报的应税产品销售价格明显偏低且无正当理由的，税务机关应按下列顺序确定其应税产品计税价格：

（1）按纳税人最近时期同类产品的平均销售价格确定。

（2）按其他纳税人最近时期同类产品的平均销售价格确定。

（3）按应税产品组成计税价格确定：

$$组成计税价格 = 成本 \times (1 + 成本利润率) \div (1 - 资源税税率)$$

（4）按后续加工非应税产品销售价格，减去后续加工环节的成本利润后确定。

（5）按其他合理方法确定。

业务处理

根据上述规定，用于连续生产精矿与待售的原矿不纳税，用于抵顶债务的原矿视同销售资源税：

A 企业销售额 = 300 000 × 10 + 300 000 × 5 = 4 500 000（万元）

情境四　确定销售额——精矿与原矿

A 矿山本月销售自采钨矿原矿 10 000 吨，每吨不含增值税单价 1 000 元；销售自采钨矿连续加工的精矿 20 000 吨，每吨不含增值税单价 1 800 元。已知该钨矿换算比为 1.125。

要求： 确定 A 矿山本月资源税的销售额。

政策提示

税法规定，为公平原矿与精矿之间的税负，对同一种应税产品，征税对象为精矿的，纳税人销售原矿时，应将原矿销售额换算为精矿销售额缴纳资源税。

原矿销售额 = 精矿销售额 × 折算率

征税对象为原矿的，纳税人销售自采原矿加工的精矿，应将精矿销售额折算为原矿销售额缴纳资源税。

精矿销售额 = 原矿销售额 × 换算比

业务处理

根据税法规定，钨矿以精矿为征税对象，销售自采原矿应将原矿销售额换算为精矿销售额，则

精矿销售额 = 1 000 × 10 000 × 1. 125 + 1 800 × 20 000 = 47 250 000（元）

思考

以原矿为征税对象时，开采企业加工成精矿后销售，原矿移送使用时还需缴纳资源税吗？

情境五　计算资源税额——煤炭资源税的计算

A 企业本月生产原煤 250 000 吨，将其中 200 000 吨原煤继续加工洗煤 160 000 吨，其余 50 000 吨原煤自用。加工的洗煤 150 000 吨进行销售，不含税售价 65 元/吨，其余 10 000 吨洗煤自用。已知原煤售价 60 元/吨，洗煤折算率为 85%，该煤矿煤炭资源税适用税率为 2%。

要求： 计算 A 企业煤炭应缴资源税。

政策提示

税法规定，纳税人将其开采的原煤，自用于连续生产洗选煤的，在原煤移送使用环节不缴纳资源税；自用于其他方面的，视同销售原煤，缴纳资源税；纳税人将其开采的原煤加工为洗选煤销售的，以洗选煤销售额乘以折算率作为应税煤炭销售额计算缴纳资源税；纳税人将其开采的原煤加工为洗选煤自用的，视同销售洗选煤，计算缴纳资源税。

应纳税额 = 洗选煤销售额 × 折算率 × 适用税率

洗选煤销售额包括洗选副产品的销售额，不包括洗选煤从洗选煤厂到车站、码头等的运输费用。折算率由省、自治区、直辖市财税部门或其授权地市级财税部门确定。

业务处理

洗煤销售额 =（150 000 + 10 000）× 65 = 10 400 000（元）

洗煤应纳税额 = 10 400 000 × 85% × 2% = 176 800（元）

原煤销售额 = 50 000 × 60 = 3 000 000（元）

原煤应纳税额 = 3 000 000 × 2% = 60 000（元）

A 企业本月应纳税额 = 176 800 + 60 000 = 236 800（元）

情境六　计算资源税额——自采未税产品和外购已税产品混合销售

A 盐场本月以自产的液体盐加工固体盐 2 000 吨，当月售出 1 600 吨，不含税单价 110 元/吨；以不含税单价 70 元/吨外购液体盐 820 吨加工固体盐 550 吨，当月全部售出，不含税单价 100 元/吨；另外还直接销售自产液体盐 500 吨，不含税单价 200 元/吨。固体盐单位税额为 5%，液体盐单位税额为 3%。

要求： 计算 A 盐场本月应纳资源税。

政策提示

税法规定，纳税人以自采未税产品和外购已税产品混合销售或者混合加工为应税产品销售的，在计算应税产品计税销售额时，准予扣减已单独核算的已税产品购进金额；未单独核算的，一并计算缴纳资源税。已税产品购进金额当期不足扣减的可结转下期扣减。

业务处理

根据税法规定，A 盐场本月应纳资源税如下：

销售自产固体盐应纳资源税 = 1 600 × 110 × 5% = 8 800（元）

销售外购液体盐加工的固体盐应纳资源税 = 550 × 100 × 5% − 820 × 70 × 3%
= 1 028（元）

销售自产液体盐应纳资源税 = 500 × 200 × 3% = 3 000（元）

A 盐场共缴纳资源税 = 8 800 + 1 028 + 3 000 = 12 828（元）

情境七　填制资源税纳税申报

一、资源税申报流程

资源税申报流程图，如图 8 − 1 所示。

二、填制资源税纳税申报表

（一）纳税人信息

名称：延兴集团

统一社会信用代码（纳税人识别号）：130023562398563126

法定代表人：窦骏

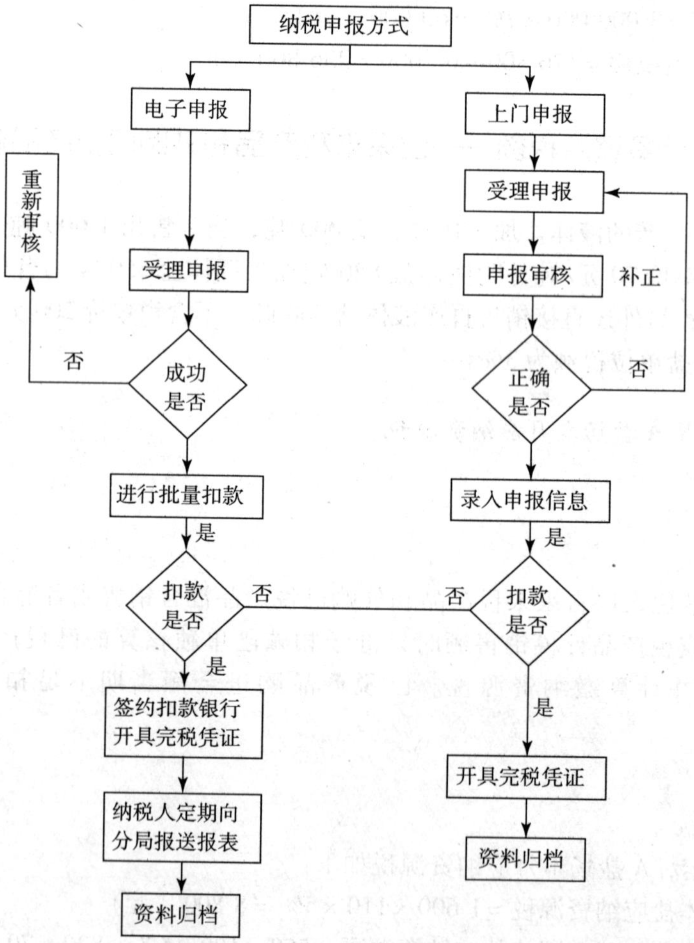

图8－1 资源税申报流程

（二）业务资料

＊年11月份，生产原煤250 000吨，将其中200 000吨原煤继续加工洗煤160 000吨，其余50 000吨原煤自用。加工的洗煤150 000吨进行销售，不含税售价65元/吨，其余10 000吨洗煤自用。已知原煤售价60元/吨，洗煤折算率为85%，煤矿煤炭资源税适用税率为2%。

（三）计算税额

洗煤销售额＝(150 000＋10 000)×65＝10 400 000（元）

洗煤应纳税额＝10 400 000×85%×2%＝176 800（元）

原煤销售额＝50 000×60＝3 000 000（元）

原煤应纳税额＝3 000 000×2%＝60 000（元）

本月应纳税额＝176 800＋60 000＝236 800（元）

（四）填制申报表

据以上数据填报《资源税纳税申报表》，见表8－2。

表8-2　资源税纳税申报表

税款所属期限：自＊年11月1日至＊年11月30日

填表日期：＊年12月2日　　　　金额单位：元至分角

纳税人识别号 | 1 | 3 | 0 | 0 | 2 | 3 | 5 | 6 | 2 | 3 | 9 | 8 | 5 | 6 | 3 | 1 | 2 | 6 |

税目	子目	折算率或换算比	计量单位	计税销售量	计税销售额	适用税率	本期应纳税额	本期减免税额	本期已缴税额	本期应补（退）税额
1	2	3	4	5	6	7	8① =6×7 8② =5×7	9	10	11 =8－9－10
煤炭	原煤		吨	50 000	3 000 000.00	2%	60 000.00			
煤炭	洗煤	85%	吨	160 000	10 400 000.00	2%	176 800.00			
合计		—	—	210 000	13 400 000.00	—	236 800.00			
授权声明	如果你已委托代理人申报，请填写下列资料： 为代理一切税务事宜，现授权　　（地址） 为本纳税人的代理申报人，任何与本申报表有关的往来文件，都可寄予此人。 授权人签字：						申报人声明	本纳税申报表是根据国家税收法律法规及相关规定填写的，我确定它是真实的、可靠的、完整的。 声明人签字：窦骏		

主管税务机关：　　　　接收人：　　　　接收日期：　　年　　月　　日

本表一式两份，一份纳税人留存，一份税务机关留存。

任务二　会计算、申报城镇土地使用税

基本内容学习

城镇土地使用税是以开征范围的土地为征税对象，以实际占用的土地单位面积为计税依据，对拥有土地使用权的单位和个人征收的一种税。城镇土地使用税具有行为税的性质。

一、征税范围

城镇土地使用税的征税范围是城市、县城、建制镇、工矿区。

二、纳税人

城镇土地使用税的纳税人，是指在税法规定的征税范围内使用土地的单位和个人。单位，包括国有企业、集体企业、私营企业、股份制企业、外商投资企业、外国企业以及其他企业和事业单位、社会团体、国家机关、军队以及其他单位；个人，包括个体工商户以及其他个人。

三、税率

城镇土地使用税采用幅度定额税率，每个幅度税额的差距为20倍。每平方米年税额为：

大城市1.5～30元；中等城市1.2～24元；小城市0.9～18元；县城、建制镇、工矿区0.6～12元。

四、计算

城镇土地使用税的计税公式为

年应纳税额 = 实际占用应税土地面积 × 单位税额

五、税收优惠

（一）下列用地免征城镇土地使用税

（1）国家机关、人民团体、军队自用的土地。

（2）由国家财政部门拨付事业经费的单位自用的土地。

（3）宗教寺庙、公园、名胜古迹自用土地。

（4）市政街道、广场、绿化地带等公共用地。

（5）直接用于农、林、牧、渔业的生产用地。

（6）经批准开山填海整治的土地和改造的废弃土地，从使用的月份起免缴城镇土地使用税5年至10年。

（7）由财政部另行规定免税的能源、交通、水利设施用地和其他用地。

（二）税收优惠的特殊规定

（1）免税单位无偿使用纳税单位的土地（如公安、海关等单位使用铁路、民航等单位的土地），免征城镇土地使用税。纳税单位无偿使用免税单位的土地，纳税单位应照章缴纳城镇土地使用税。

（2）对行使国家行政管理职能的中国人民银行总行（含国家外汇管理局）所属分支机构自用的房产、土地，免征房产税、城镇土地使用税。

（3）对盐场的盐滩、盐矿的矿井用地，暂免征收城镇土地使用税。对盐场、盐矿的生产厂房、办公、生活区用地，应照章征税。

（4）铁道部所属铁路运输企业自用的房产、土地免征城镇土地使用税。

（5）对核电站的核岛、常规岛、辅助厂房和通信设施用地（不包括地下线路用地），生活、办公用地按规定征收城镇土地使用税，其他用地免征城镇土地使用税。核电站应税土地在基建期内减半征收城镇土地使用税。

（6）专门经营农产品的农产品批发市场、农贸市场使用的房产、土地，暂免征收城镇土地使用税。

（7）城市公交站场、道路客运站场的运营用地，免征城镇土地使用税。

（8）对经费自理事业单位、体育社会团体、体育基金会、体育类民办非企业单位拥有并运营管理的体育场馆，同时符合下列条件的，其用于体育活动的房产、土地，免征城镇土地使用税。企业拥有并运营管理的大型体育场馆，其用于体育活动的房产、土地，减半征收城镇土地使用税。体育场馆，是指用于运动训练、运动竞赛及身体锻炼的专业性场所。

①向社会开放，用于满足公众体育活动需要。

②体育场馆取得的收入主要用于场馆的维护、管理和事业发展。

③拥有体育场馆的体育社会团体、体育基金会及体育类民办非企业单位，除当年新设立

或登记的以外，前一年度登记管理机关的检查结论为“合格”。

（9）下列石油天然气生产建设用地暂免征收城镇土地使用税：

①地质勘探、钻井、井下作业、油气田地面工程等施工临时用地。

②企业厂区以外的铁路专用线、公路及输油（气、水）管道用地。

③油气长输管线用地。

（10）在城市、县城、建制镇以外工矿区内的消防、防洪排涝、防风、防沙设施用地，暂免征收城镇土地使用税。

（11）对企业的铁路专用线、公路等用地，在厂区以外，与社会公用地段未加隔离的，暂免征收土地使用税；对企业厂区以外的公共绿化用地和向社会开放的公园用地，暂免征收城镇土地使用税。

（12）对水利设施及其管护用地（如水库库区、大坝、堤防、灌渠、泵站等用地），免征土地使用税；其他用地，如生产、办公、生活用地，应照章征收土地使用税。

（13）对林区的有林地，运材道，防火道，防火设施用地，免征土地使用税。林业系统的森林公园、自然保护区，可比照公园免征土地使用税。

（14）机场飞行区用地免税；机场道路分为场内、场外道路，场外道路用地免征城镇土地使用税，场内道路用地依照规定征收土地使用税；

（15）老年服务机构免征收土地使用税。

知识拓展　**哪些机构属于老年服务机构？**

老年服务机构是指专门为老年人提供生活照料、文化、护理、健身等多方面服务的福利性、非营利性机构。主要包括：老年社会福利院、敬老院（养老院）、老年服务中心、老年公寓（含老年护理院、康复中心、托老所）。

六、纳税义务发生时间

（1）购置新建商品房，自房屋交付使用之次月起缴纳城镇土地使用税。

（2）购置存量房，自办理房屋权属转移、变更登记手续，房地产权属登记机关签发房屋权属证书之次月起缴纳城镇土地使用税。

（3）纳税人出租、出借房产，自交付出租、出借房产之次月起，缴纳城镇土地使用税。

（4）以出让或转让方式有偿取得土地使用权的，应由受让方从合同约定交付土地时间的之次月起缴纳城镇土地使用税；合同未约定土地交付时间的，由受让方从合同签订的次月起缴纳城镇土地使用税。

（5）纳税人新征用的耕地，自批准征用之日起满一年时，开始缴纳土地使用税。

（6）纳税人新征用的非耕地，自批准征用次月起，缴纳土地使用税。

七、纳税期限

城镇土地使用税实行按年计算，分期缴纳的征收方法，具体纳税期限由省、自治区、直辖市人民政府确定。

八、纳税地点

城镇土地使用税由土地所在地的税务机关征收。纳税人使用的土地不属于同一省（自治区、直辖市）管辖范围的，由纳税人分别向土地所在地的税务机关申报缴纳。在同一省（自治区、直辖市）管辖范围内，纳税人跨地区使用的土地，如何确定纳税地点，由各省、自治区、直辖市税务机关确定。

基本内容应用

A公司的厂址在市区，用于生产经营的土地面积为10 000m²。税务机关核定的城镇土地使用税的税率为5元/m²。

要求： 计算A公司本年应缴纳的城镇土地使用税。

处理：

A公司本年应缴纳的城镇土地使用税 = 10 000 × 5 = 50 000（元）

在掌握了城镇土地使用税基本税制内容及申报的基础上，进一步学习其税制内容的具体政策及申报：

情境一　确定征税范围——开征区域

A公司在城市中心有办公楼一座，城郊有大型生产基地，并在县城内、县辖村设有经营机构。

要求： 确定A企业应就哪些机构用地缴纳城镇土地使用税。

政策提示

税法规定，城镇土地使用税在城市、县城、建制镇、工矿区范围内开征。城市是指经国务院批准设立的市，其征税范围包括市区和郊区；县城是指县人民政府所在地的城镇；建制镇是指经省、自治区、直辖市人民政府批准设立的，符合国务院规定的镇建制标准的镇，其征税范围为镇人民政府所在地，不包括所辖的行政村；工矿区是指工商业比较发达，人口比较集中的大型工矿企业所在地。

业务处理

根据税法规定，A公司在城市中心的办公楼、城郊的大型生产基地，以及县城内的经营机构均属于城镇土地使用税征税范围，县辖村的经营机构不属于城镇土地使用税征税范围。

情境二　确定纳税人

A企业在甲市拥有两处土地使用权，一处自用，一处与B单位共用；在乙市拥有一处土地使用权，委托C公司代管。

要求： 确定城镇土地使用税纳税人。

政策提示

税法规定，根据土地用地者的不同情况，纳税人具体确定为：城镇土地使用税由拥有土地使用权的单位或个人缴纳；拥有土地使用权的纳税人不在土地所在地的，由代管人或实际使用人纳税；土地使用权未确定或权属纠纷未解决的，由实际使用人纳税；土地使用权共有的，由共有各方分别纳税。

业务处理

根据政策规定，自用土地的纳税人为A企业，共用土地的纳税人分别为A企业和B单位，乙市的土地的纳税人为C公司。

情境三　确定计税依据

A公司在甲市拥有两处土地使用权，一处有《土地使用证》，注明使用土地面积20 000平方米；一处尚未核发《土地使用证》，A公司已向当地政府部门上报土地面积15 000平方米，目前正在审核中。

要求： 确定城镇土地使用税的计税依据。

政策提示

税法规定，凡由省、自治区、直辖市人民政府确定的单位组织测定土地面积的，以测定的面积为准；尚未组织测量，但纳税人持有政府部门核发的土地使用证书的，以证书确认的土地面积为准；尚未核发土地使用证书的，应由纳税人申报土地面积，据以纳税，待核发土地使用证以后再作调整。

业务处理

根据政策规定，A公司城镇土地使用税的计税依据分别为20 000平方米和15 000平方米，其中15 000平方米的申报数据待核发土地使用证后再作调整。

情境四　填制城镇土地使用税纳税申报

一、城镇土地使用税申报流程

城镇土地使用税申报流程图，如图8－2所示。

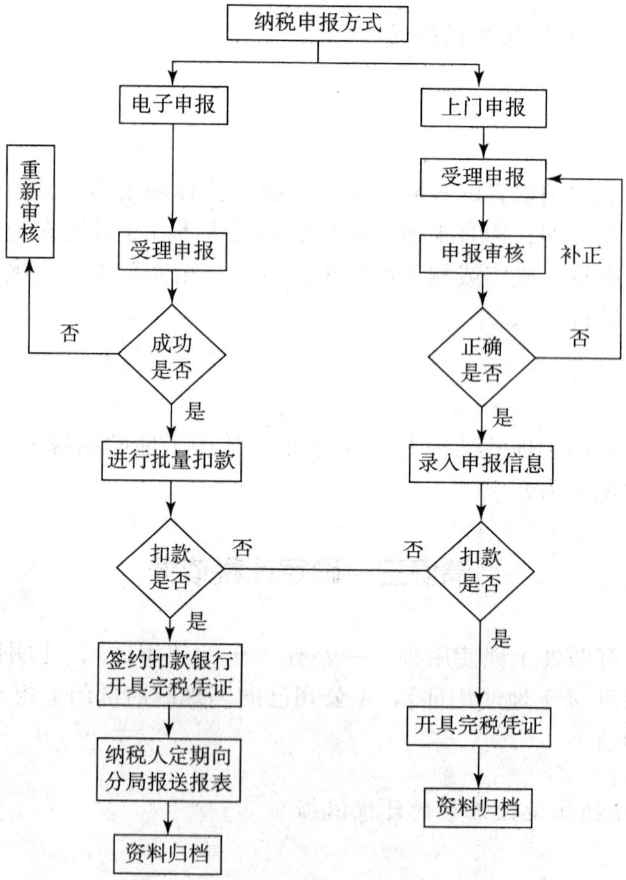

图8-2　城镇土地使用税申报流程

二、填制城镇土地使用税纳税申报表

（一）纳税人信息

纳税人名称：咸阳天润集团公司

法定代表人：李华

会计主管：张晓国

公司类型：股份有限公司

所属行业：医药制造业

营业地址：咸阳市人民中路98号

电话：029-85556688

统一社会信用代码（纳税人识别号）：360403111100005123

开户银行及账号：工行咸阳市人民中路支行　2-12365722

主管税务机关：咸阳市地方税务局秦都分局

（二）业务资料

企业核发的土地登记卡中记载，所在城市一等地段的工业用地面积为27万平方米（宗地号A10—2）、在城市二等地段的工业用地面积为54万平方米（宗地号B11-3）。已知，该企业所处地段适用年税额分别为 8 元/平方米、5 元/平方米。年税额分上下半年缴纳。本次申报下半年的税额。

（三）计算税额

应纳城镇土地使用税 = 270 000 × 8 + 540 000 × 5 = 4 860 000（元）

（四）填制申报表

根据应纳城镇土地使用税的相关金额填制《城镇土地使用税纳税申报表》，见表 8 – 3。

表 8 – 3　城镇土地使用税纳税申报表

税款所属期：自 * 年 7 月 1 日至 * 年 12 月 31 日　　　　填表日期：* 年 8 月 1 日

纳税人识别：36040311110005123　　　　金额单位：元至角分；面积单位：平方米

纳税人信息	名称			咸阳天润集团公司			纳税人分类		单位☑　个人☐		
	登记注册类型			股份有限公司			所属行业		医药制造业		
	身份证件类型			身份证☐　护照☐　其他☐			身份证件号码				
	联系人			李华			联系方式		029 – 85556688		
申报纳税信息	土地编号	宗地的地号	土地等级	税额标准	土地总面积	所属期起	所属期止	本期应纳税额	本期减免税额	本期已缴税额	本期应补（退）税额
	*	A10—2	一等	8.00	270 000	* 年 7 月	* 年 12 月	1 080 000.00	0	0	
	*	B11 – 3	二等	5.00	540 000	* 年 7 月	* 年 12 月	1 350 000.00	0	0	
	合计			*	810 000	*	*	2 430 000.00	0	0	
以下由纳税人填写：											
纳税人声明	此纳税申报表是根据《中华人民共和国城镇土地使用税暂行条例》和国家有关税收规定填报的，是真实的、可靠的、完整的。										
纳税人签章	咸阳天润集团公司			代理人签章			代理人身份证号				
以下由税务机关填写：											
受理人				受理日期		年　月　日	受理税务机关签章				

本表一式两份，一份纳税人留存，一份税务机关留存。

任务三　会计算、申报土地增值税

基本内容学习

土地增值税是对转让国有土地使用权、地上建筑物及其附着物（以下简称转让房地产）并取得收入的单位和个人，就其转让房地产所取得的增值额征收的一种税。开征土地增值税，对增强国家对房地产开发和房地产市场的调控力度，抑制炒买炒卖土地，投机获取暴利的行为有较强的调节作用。

土地增值税具有五个特点：征税面比较广，凡在我国境内转让房地产并取得增值收入的单位和个人，除税法规定免税的外，均应按照税法规定缴纳土地增值税；以转让房地产取得的增值额为征税对象；采用扣除法和评估法计算增值额；实行超率累进税率；实行按次征收，每转让一次就征收一次土地增值税。

一、纳税人

凡是有偿转让我国国有土地使用权、地上建筑物及其附着物（以下简称转让房地产）产权，并且取得收入的单位和个人，为土地增值税的纳税人。具体包括：国有企业、集体企业、私营企业、外商投资企业和外国企业；机关、团体、部队、事业单位、个体工商户，及其他单位和个人；外国机构、华侨、港澳台同胞及外国公民。

二、征税范围

（1）土地增值税只对转让国有土地使用权的行为征税，转让非国有土地使用权和出让国有土地使用权的行为均不征税。

国有土地使用权是指土地使用人根据国家法律、合同等规定，对国家所有的土地享有的使用权利。按现行规定，集体所有的土地须先由国家征用后才能转让其使用权。未经国家征用的集体土地不得转让使用权。自行转让集体土地使用权是一种违法行为，应由有关部门依照相关法律来处理，而不应纳入土地增值税的征税范围。

国有土地使用权出让是指国家以土地所有者的身份将土地使用权在一定年限内让与土地使用者，并由土地使用者向国家支付土地出让金的行为。由于土地使用权的出让方是国家，出让收入在性质上属于政府凭借所有权在土地一级市场上收取的租金，所以，政府出让土地的行为及取得的收入也不在土地增值税的征税之列。

提示

国有土地使用权的出让不同于国有土地使用权的转让。

（2）土地增值税既对转让土地使用权征税，也对转让地上建筑物和其他附着物的产权征税。所谓地上建筑物，是指建于土地上的一切建筑物，包括地上地下的各种附属设施。如厂房、仓库、商店、医院、住宅、地下室、围墙、烟囱、电梯、中央空调、管道等。所谓附着物，是指附着于土地上、不能移动，一经移动即遭损坏的物品。

（3）土地增值税只对有偿转让的房地产征税，对以继承、赠与等方式无偿转让的房地产，不予征税。

不征土地增值税的房地产赠与行为包括以下两种情况：房产所有人、土地使用权所有人将房屋产权、土地使用权赠与直系亲属或承担直接赡养义务人的行为；房产所有人、土地使用权所有人通过中国境内非营利的社会团体、国家机关将房屋产权、土地使用权赠与教育、民政和其他社会福利、公益事业的行为。

知识拓展　**赠送房地产需通过的“社会团体”指哪些部门？**

赠送房地产需通过的“社会团体”是指中国青少年发展基金会、希望工程基金会、宋庆龄基金会、减灾委员会、中国红十字会、中国残疾人联合会、全国老年基金会、老区促进会，以及经民政部门批准成立的其他非营利的公益性组织。

三、税率

土地增值税实行四级超率累进税率，具体见表8－4。

表8－4　四级超率累进税率表

级数	土地增值额与扣除项目金额比例	税率/%	速算扣除系数/%
1	未超过50%的	30	0
2	超过50%～100%以内的	40	5
3	超过100%～200%以内的	50	15
4	超过200%的	60	35

四、计算

土地增值税的计税公式为：

增值额＝转让房地产收入－扣除项目金额

应纳税额＝增值额×税率－扣除项目金额×速算扣除系数

其中，“转让房地产收入”是指纳税人转让房地产所取得全部价款及有关的经济收益，为不含增值税收入，包括货币收入、实物收入及其他收入等全部收入。

“扣除项目金额”包括以下五项：

（1）取得土地使用权所支付的金额：纳税人以协议、招标、拍卖等出让方式取得土地使用权的，其价款为纳税人所支付的土地出让金；以行政划拨方式取得土地使用权的，其价款为按国家有关规定补交的出让金，以转让方式取得土地使用权的，其价款为向原土地使用人实际交付的地价款。

（2）房地产开发成本：包括土地征用及拆迁补偿、前期工程费用、建筑安装工程费、基础设施费、公共配套设施费、开发间接费。

（3）房地产开发费用：是指与开发项目有关的销售费用、管理费用和财务费用。该项目的扣除据财务费用中利息支出的不同情况而采用不同的扣除方法：

财务费用中的利息支出，凡能够按转让房地产项目计算分摊并提供金融机构证明的，允许据实扣除，但最高不能超过商业银行同类同期贷款利率计算的金额。其他房地产开发费用，按取得土地使用权所支付的金额和房地产开发成本两项金额之和的5%以内计算扣除。

凡不能按转让房地产项目计算分摊利息支出或不能提供金融机构证明的，房地产开发费用按取得土地使用权所支付的金额和房地产开发成本两项金额的10%以内计算扣除。

（4）与转让房地产有关的税金：是指纳税人在转让房地产时涉及的增值税进项税额、城建税、教育费附加、印花税。房地产开发企业的印花税已列入“管理费用”，不在此扣除。此处指其他纳税人的印花税。增值税进项税额，允许在销项税额中计算抵扣的，不计入扣除项目，不允许在销项税额中计算抵扣的，可以计入扣除项目。

（5）财政部规定的其他扣除项目。对从事房地产开发的纳税人，可按取得土地使用权所支付的金额和房地产开发成本两项金额之和，加计20%的扣除。

思考

旧房屋及建筑物转让的扣除项目有哪些呢？

五、税收优惠

（1）纳税人建造普通标准住宅，增值额未超过扣除项目金额20%的，给予免税。增值额超过扣除项目金额之和20%的，应就其全部增值额按规定计税。

（2）因国家建设需要，依法征用、回收的房地产，免税。

（3）企事业单位、社会团体以及其他组织转让旧房作为廉租住房、经济适用房房源且增值额未超过扣除项目金额20%的，免征土地增值税。

（4）居民个人转让住房免征土地增值税。

六、纳税义务发生时间

土地增值税纳税义务发生时间为房地产转让合同签订之日。

七、纳税期限

（1）纳税人应在转让房地产合同签订后7日内，到房地产所在地主管税务机关办理纳税申报后，在税务机关规定的期限内缴纳土地增值税。

（2）纳税人采取预售方式销售房地产的，对在项目全部结算前转让房地产取得的收入，税务机关可以预征土地增值税。

知识拓展

房地产开发企业土地增值税清算

符合下列情形之一的，房地产开发企业纳税人应当进行土地增值税清算：

（1）房地产开发项目全部竣工、完成销售的；

（2）整体转让未竣工决算房地产开发项目的；

（3）直接转让土地使用权的。

符合下列情形之一的，主管税务机关可要求纳税人进行土地增值税清算：

（1）已竣工验收的房地产开发项目，已转让的房地产建筑面积占整个项目可售建筑面积的比例在85%以上，或该比例虽未超过85%，但剩余的可售建筑面积已经出租或自用的；

（2）取得销售（预售）许可证满3年仍未销售完毕的；

（3）纳税人申请注销税务登记但未办理土地增值税清算手续的；

（4）省税务机关规定的其他情况。

八、纳税地点

土地增值税的纳税人应向房地产所在地主管税务机关办理纳税申报。房地产所在地，是指房地产的坐落地。纳税人转让的房地产坐落在两个或两个以上的地区的，应按房地产所在地分别申报纳税。具体分为两种情况：

（1）纳税人是法人的，当转让的房地产坐落地与机构所在地或经营所在地一致时，则向办理税务登记的原管辖税务机关申报纳税即可；如果转让的房地产坐落地与其机构所在地或经营所在地不一致时，则应向房地产坐落地所管辖的税务机关申报纳税。

（2）纳税人是自然人的，当转让的房地产坐落地与其居住地一致时，则向其居住所在地税务机关申报纳税；当转让的房地产坐落地与其居住地不一致时，向办理过户手续所在地税务机关申报纳税。

基本内容应用

A 房地产开发公司出售一幢写字楼，收入总额为 10 000 万元。开发该写字楼有关支出为：支付地价款及各种费用 1 000 万元；房地产开发成本 3 000 万元；财务费用中的利息支出为 500 万元（可按转让项目计算分摊并提供金融机构证明），但其中有 50 万元属加罚的利息；转让环节缴纳的有关税费共计为 555 万元；该单位所在地政府规定的其他房地产开发费用计算扣除比例为 5%。

要求： 计算该房地产开发公司应纳的土地增值税。

处理：

（1）取得的收入：10 000 万元

（2）取得土地使用权支付的地价款及有关费用：1 000 万元

（3）房地产开发成本：3 000 万元

（4）利息支出 = 500 − 50 = 450（万元）

（5）房地产开发费用 =（1 000 + 3 000）× 5% = 200（万元）

（6）允许扣除的税费：555 万元

（7）从事房地产开发的纳税人加计扣除 20%

允许扣除额 =（1 000 + 3 000）× 20% = 800（万元）

允许扣除的项目金额合计 = 1 000 + 3 000 + 450 + 200 + 555 + 800 = 6 005（万元）

（8）增值额 = 10 000 − 6 005 = 3 995（万元）

（9）增值额与扣除项目金额比率 = 3 995 ÷ 6 005 × 100% = 66.53%

确定税率 40%，速算扣除率 5%。

（10）应纳税额 = 3 995 × 40% − 6 005 × 5% = 1 297.75（万元）

在掌握了土地增值税的基本税制内容的基础上，进一步学习其税制内容的具体政策及申报：

情境一　确定征税范围——视同销售房地产

A 房地产开发公司将自行开发的一处房产出租给 B 公司用于商业用途，每年收取租金 3 000 000 元；另一处自行开发的房产投资于 C 机械制造厂，作价 5 000 000 元折为股份，已变更产权所有人为 C 机械制造厂。

要求： 确定土地增值税的增税范围。

政策提示

税法规定，房地产开发企业将开发产品用于职工福利、奖励、对外投资、分配给股东或投资人、抵偿债务、换取其他单位和个人的非货币性资产等，发生所有权转移时应视同销售房地产，其收入按下列方法和顺序确认：

（1）按本企业在同一地区、同一年度销售的同类房地产的平均价格确定；

（2）由主管税务机关参照当地当年、同类房地产的市场价格或评估价值确定。

业务处理

根据政策规定，A房地产开发企业出租时产权未发生转移，不征收土地增值税；将开发房产用于对外投资发生所有权转移，应视同销售房地产，其收入应按税法要求确认。

情境二　确定征税范围——合作建房、房地产出租

A公司与甲公司签订合作建房协议，共同开发某房地产项目，A公司负责投入资金及全部开发活动，甲公司将所有的一处国有土地使用权投入该项目，建成后甲公司分得30%的房产（包括住宅及商铺），将其用于办公和对外出租，A公司分得其余房产，将其出售给乙公司，共取得收入1 200万元。

要求： 确定土地增值税的征税范围。

政策提示

税法规定，对于一方出地，一方出资金，双方合作建房，建成后分房自用的，暂免征收土地增值税。建成后转让的，属于土地增值税的征收范围。

房地产出租，出租人取得收入，但没有发生房地产产权的转让，不属于征收土地增值税的范围。

业务处理

根据政策规定，甲公司自用和出租的房产免征土地增值税，A公司销售的房产属于土地增值税征税范围。

情境三　确定征税范围——交换房地产

由于业务需要，A厂与甲公司将原各自拥有的房产交换，根据合同规定A厂还支付给甲公司一笔房产价差。

要求： 确定土地增值税的征税范围。

政策提示

税法规定，交换房地产行为即发生了房产产权、土地使用权的转移，交换双方又取得了实物形态的收入，属于征收土地增值税的范围。对个人之间互换自有居住用房地产的，经当地税务机关核实，可以免征土地增值税。

业务处理

根据政策规定，A 厂和甲公司的房产发生互换，都属于土地增值税的征税范围。

情境四　确定征税范围——房地产抵押

A 厂因资金短缺，于 2012 年 1 月将一处自有房产抵押与甲银行并取得贷款，还款期 2 年。现还款期限已到，由于 A 厂不能还本付息赎回该处房产，遂于 2014 年 2 月与甲银行办理了该处房产过户手续。

要求： 确定土地增值税的征税范围。

政策提示

税法规定，房地产在抵押期间不征收土地增值税。待抵押期满后，视该房地产是否转移产权来确定是否征税。以房地产抵债而发生房地产产权转让的，属于土地增值税的征收范围。

业务处理

根据政策规定，A 厂自有房产自 2011 年 1 月到 2014 年 1 月抵押期间不征收土地增值税，2014 年 2 月转让后属于土地增值税征税范围。

情境五　确定征税范围——房地产评估增值

A 厂在清产核资时对房地产进行重新评估，在所有资产中，有一项房地产的账面原值为 210 万元，经评估增值 50 万元，该处房地产正在生产经营使用中。

要求： 确定土地增值税的征税范围。

政策提示

税法规定，房地产评估增值，没有发生房地产权属的转让，不属于土地增值税的征收范围。

业务处理

根据政策规定，A 厂的评估增值房产不属于土地增值税征税范围。

情境六　确定征税范围——代建房地产

A房地产公司受甲公司委托，代其进行一处建筑物的开发建造。合同规定竣工后甲公司向A房地产公司支付代建费用700万元。甲公司将收回的房地产用于本单位的生产经营。

要求： 确定土地增值税的征税范围。

政策提示

税法规定，房地产开发公司代客户建造建筑物，并向客户收取劳务费的行为，由于并没有发生土地使用权的转让，不属于土地增值税的征税范围。

业务处理

根据政策规定，A房地产开发公司代建的房地产不属于土地增值税征税范围。

情境七　确定征税范围——土地使用者处置土地使用权

A公司将一处国有土地使用权（无土地使用证）转让给甲公司，双方签订了转让合同，A公司取得转让收入200万元。

要求： 确定土地增值税的征税范围。

政策提示

税法规定，土地使用者转让、抵押或置换土地，只要土地使用者享有占有、使用、收益或处分该土地的权利，且有合同等证据表明其实质转让、抵押或置换了土地并取得了相应的经济利益，属于土地增值税的征税范围。

业务处理

根据政策规定，A公司转让的土地使用权属于土地增值税征税范围。

知识拓展

企业改制重组有关土地增值税政策

1. 非公司制企业整体改建为有限责任公司或者股份有限公司，有限责任公司（股份有限公司）整体改建为股份有限公司（有限责任公司）。对改建前的企业将国有土地、房屋权属转移、变更到改建后的企业，暂不征土地增值税。整体改建是指不改变原企业的投资主体，并承继原企业权利、义务的行为。

2. 按照法律规定或者合同约定，两个或两个以上企业合并为一个企业，且原企业投资主体存续的，对原企业将国有土地、房屋权属转移、变更到合并后的企业，暂不征土地增值税。

3. 按照法律规定或者合同约定，企业分设为两个或两个以上与原企业投资主体相同的企业，对原企业将国有土地、房屋权属转移、变更到分立后的企业，暂不征土地增值税。

4. 单位、个人在改制重组时以国有土地、房屋进行投资，对其将国有土地、房屋权属转移、变更到被投资的企业，暂不征土地增值税。

5. 上述改制重组有关土地增值税政策不适用于房地产开发企业。

情境八　填制土地增值税纳税申报

一、土地增值税纳税申报流程

土地增值税纳税申报流程图，如图8－3所示。

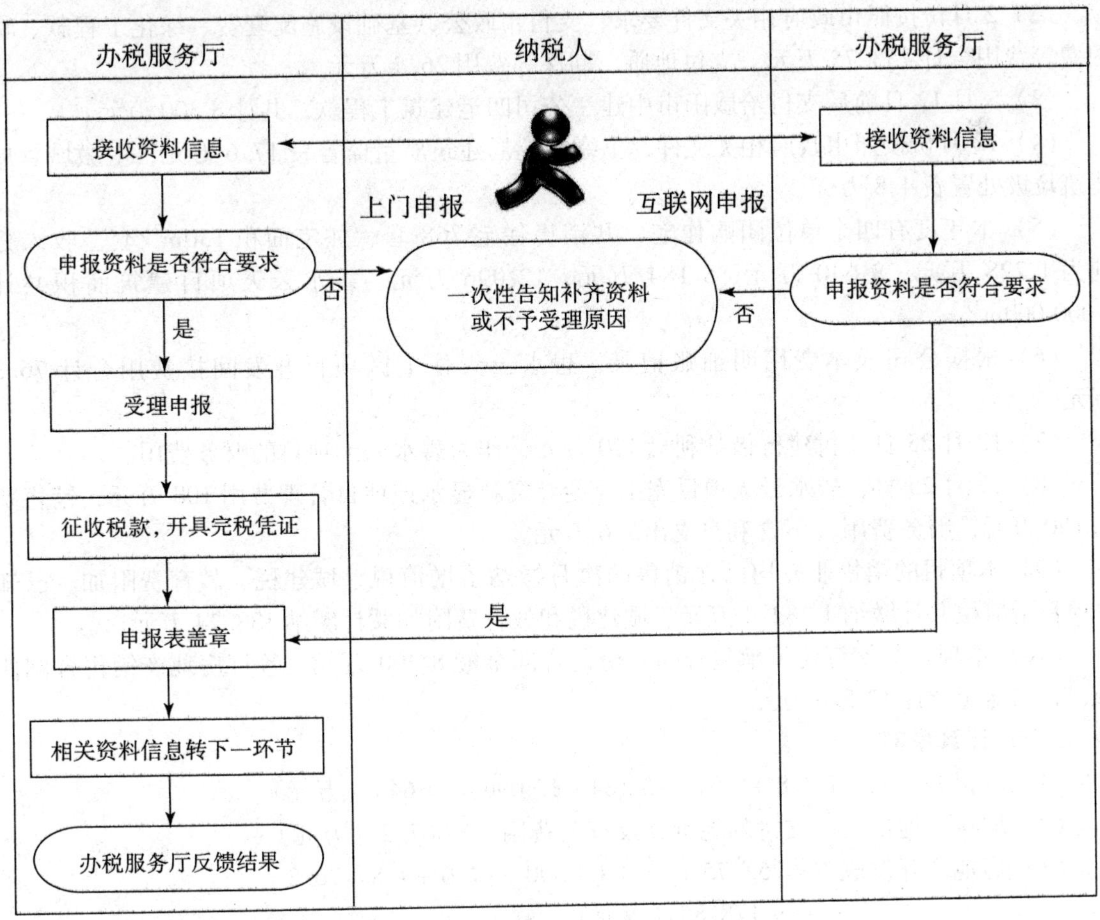

图8－3　土地增值税纳税申报流程

二、填制土地增值税纳税申报表

（一）纳税人信息

纳税人名称：咸阳新华房地产开发集团公司

法人代表：张敏

营业地址：咸阳市人民东路 15 号

电话：029 - 31226589

开户银行：咸阳市工行人民路分理处

账号：5 - 12345788

统一社会信用代码（纳税人识别号）：360403000000088123

办税员：郑可

（二）业务资料

新华房地产公司进行清算的业务资料如下：

（1）1 月 12 日经咸阳市政府批准，取得了位于咸阳市环湖路 2 号（城区）的开发区 01 号商业用地，土地面积 4 000 000 平方米，1 月 22 日支付土地出让金、土地登记费共计 6 007.20 万元。该公司将其用于碧水云天住宅区项目开发建设。

（2）2 月份按照市政府相关文件要求，支付市政公共基础设施配套费、绿化工程款、审图费等费用合计 753.75 万元，支付地质、勘探等费用 26.4 万元。

（3）3 月 12 日前后支付给咸阳市中建一公司四笔建筑工程款，共计 8 300 万元。

（4）12 月份按照市政府相关文件，上缴城建局建筑质量监督费 17.6 万元，上缴城管局建筑垃圾处置费 4.8 万元。

（5）本年度有四个单位团购住宅，共销售住宅 768 套，住宅面积 $130m^2$/套。收入分别为 1 728 万元、8 640 万元、5 184 万元、12 096 万元。碧水云天项目建筑面积共计 2 000 $000m^2$。

（6）根据公司成本费用明细账记录，碧水云天住宅区项目开发间接费用合计 76.3 万元。

（7）12 月 23 日，付建行借款利息 120 万元，作为碧水云天项目的财务费用。

（8）12 月 25 日，碧水云天项目完工，会计资料显示该项目管理费用 108 万元，销售费用 150 万元，财务费用（不含利息支出）6 万元。

（9）本项目的销售业务均已在销售的次月缴纳了增值税、城建税、教育费附加。已知本项目增值税共计缴纳 1 382.4 万元、城建税和教育费附加共计缴纳 138.24 万元。

（10）本项目共签订建筑承包合同一份，合同金额 8 300 万元，签订房地产销售合同四份，合同金额合计 12 528 万元。

（三）计算税额

（1）取得的收入：1 728 + 8 640 + 5 184 + 12 096 = 27 648（万元）

（2）取得土地使用权支付的地价款及有关费用：6 007.2（万元）

（3）房地产开发成本 = 753.75 + 26.4 + 8 300 + 17.6 + 4.8 + 76.3

= 9 178.85（万元）

（4）利息支出实际发生额 = 120（万元）

其他房地产开发费用 = (6 007.2 + 9 178.85) × 5% = 759.3025（万元）

（5）允许扣除的税费 = 138.24（万元）

（6）从事房地产开发的纳税人加计扣除 20%：

允许扣除额 = (6 007.2 + 9 178.85) × 20% = 3 037.21（万元）

（7）允许扣除的项目金额 = 6 007.2 + 9 178.85 + 120 + 759.3025 + 1 38.24 + 3 037.21 =

19 240.8025（万元）

（8）增值额＝27 648 － 19 240.802 5 ＝ 8 407.1975（万元）

（9）增值额与扣除项目金额比率＝8 407.1975 ÷ 19 240.802 5 × 100% ≈ 43.69%

（10）应纳土地增值税税额＝8 407.197 5 × 30% － 19 240.802 5 × 0% ＝ 2 522.159 25（万元）

（四）填制申报表

根据应纳土地增值税的相关金额填制《土地增值税纳税申报表》，见表8－5。

表8－5　土地增值税纳税申报表（二）

（从事房地产开发的纳税人清算适用）

税款所属时间：＊年1月至12月　　　　填表日期：＊年2月31日

纳税人编码：360403000000088123　　　　单位：人民币元　面积单位：平方米

纳税人名称	咸阳新华房地产开发集团公司			项目名称	碧水云天	项目地址	咸阳市环湖路2号
所属行业	房地产	登记注册类型	股份有限公司	纳税人地址	咸阳市人民西路15号	邮政编码	712000
开户银行	工行人民路分理处	银行账号	5－12345788	主管部门	咸阳市地方税务局秦都分局	电话	029－31226589
总可售面积	2 000 000			自用和出租面积		0	
已售面积	99 840	其中：普通住宅已售面积	99 840	其中：非普通住宅已售面积	0	其中：其他类型房地产已售面积	0

项目		行次	金额			
			普通住宅	非普通住宅	其他类型房地产	合计
一、转让房地产收入总额　1＝2＋3＋4		1	276 480 000.00			
其中	货币收入	2	276 480 000.00			
	实物收入及其他收入	3	0.00			
	视同销售收入	4	0.00			
二、扣除项目金额合计　5＝6＋7＋14＋17＋21＋22		5	192 408 025.00			
1. 取得土地使用权所支付的金额		6	60 072 000.00			
2. 房地产开发成本　7＝8＋9＋10＋11＋12＋13		7	91 788 500.00			
其中	土地征用及拆迁补偿费	8	0.00			
	前期工程费	9	78 015 00.00			
	建筑安装工程费	10	83 000 000.00			
	基础设施费	11	224 000.00			
	公共配套设施费	12	0.00			
	开发间接费用	13	763 000.00			

续表

<table>
<tr><td colspan="3" rowspan="2">项目</td><td rowspan="2">行次</td><td colspan="4">金额</td></tr>
<tr><td>普通住宅</td><td>非普通住宅</td><td>其他类型房地产</td><td>合计</td></tr>
<tr><td colspan="3">3. 房地产开发费用　14 = 15 + 16</td><td>14</td><td>8 793 025.00</td><td></td><td></td><td></td></tr>
<tr><td rowspan="2">其中</td><td colspan="2">利息支出</td><td>15</td><td>1 200 000.00</td><td></td><td></td><td></td></tr>
<tr><td colspan="2">其他房地产开发费用</td><td>16</td><td>7 593 025.00</td><td></td><td></td><td></td></tr>
<tr><td colspan="3">4. 与转让房地产有关的税金等　17 = 18 + 19 + 20</td><td>17</td><td>1 382 400.00</td><td></td><td></td><td></td></tr>
<tr><td rowspan="3">其中</td><td colspan="2">营业税</td><td>18</td><td>0.00</td><td></td><td></td><td></td></tr>
<tr><td colspan="2">城市维护建设税</td><td>19</td><td>967 680.00</td><td></td><td></td><td></td></tr>
<tr><td colspan="2">教育费附加</td><td>20</td><td>414 720.00</td><td></td><td></td><td></td></tr>
<tr><td colspan="3">5. 财政部规定的其他扣除项目</td><td>21</td><td>30 372 100.00</td><td></td><td></td><td></td></tr>
<tr><td colspan="3">6. 代收费用</td><td>22</td><td>0.00</td><td></td><td></td><td></td></tr>
<tr><td colspan="3">三、增值额　23 = 1 − 5</td><td>23</td><td>84 071 975.00</td><td></td><td></td><td></td></tr>
<tr><td colspan="3">四、增值额与扣除项目金额之比（%）24 = 23 ÷ 45</td><td>24</td><td>43.69%</td><td></td><td></td><td></td></tr>
<tr><td colspan="3">五、适用税率（%）</td><td>25</td><td>30%</td><td></td><td></td><td></td></tr>
<tr><td colspan="3">六、速算扣除系数（%）</td><td>26</td><td>0</td><td></td><td></td><td></td></tr>
<tr><td colspan="3">七、应缴土地增值税税额　27 = 23 × 25 − 5 × 26</td><td>27</td><td>25 221 592.50</td><td></td><td></td><td></td></tr>
<tr><td colspan="3">八、减免税额　28 = 30 + 32</td><td>28</td><td>0.00</td><td></td><td></td><td></td></tr>
<tr><td rowspan="4">其中</td><td rowspan="2">减免税（1）</td><td>减免性质代码（1）</td><td>29</td><td></td><td></td><td></td><td></td></tr>
<tr><td>减免税额（1）</td><td>30</td><td>0.00</td><td></td><td></td><td></td></tr>
<tr><td rowspan="2">减免税（2）</td><td>减免性质代码（2）</td><td>31</td><td></td><td></td><td></td><td></td></tr>
<tr><td>减免税额（2）</td><td>32</td><td>0.00</td><td></td><td></td><td></td></tr>
<tr><td colspan="3">九、已缴土地增值税税额</td><td>33</td><td>0.00</td><td></td><td></td><td></td></tr>
<tr><td colspan="3">十、应补（退）土地增值税税额　34 = 27 − 28 − 33</td><td>34</td><td>25 221 592.50</td><td></td><td></td><td></td></tr>
</table>

<table>
<tr><td colspan="6">以下由纳税人填写：</td></tr>
<tr><td>纳税人声明</td><td colspan="5">此纳税申报表是根据《中华人民共和国土地增值税暂行条例》及其实施细则和国家有关税收规定填报的，是真实的、可靠的、完整的。</td></tr>
<tr><td>纳税人签章</td><td>张华敏（章）</td><td>代理人签章</td><td></td><td>代理人身份证号</td><td></td></tr>
<tr><td colspan="6">以下由税务机关填写：</td></tr>
<tr><td>受理人</td><td></td><td>受理日期</td><td>年　月　日</td><td>受理税务机关签章</td><td></td></tr>
</table>

项目九

财产税类的计算与申报

实际岗位

收入、成本、费用核算岗位；办税员。

工作任务

在确定当期财产税类应税业务的基础上，计算当期应纳各种财产税税额，编制会计凭证，登录相关账簿，在规定期限内填制各财产税类的纳税申报表，进行纳税申报。

学习目的

通过“项目九”的学习和实训，达到：

1. 会确定各财产税类的计税依据
2. 会计算当期各财产税类的税额
3. 会填制各财产税类的纳税申报表

任务一　会计算、申报房产税

基本内容学习

房产税是以房屋为征税对象，按照房屋的计税余值或租金收入向房产所有人征收的一种税。

房产税具有以下两个特点：限于征税范围内的经营性房屋；区别房屋的经营使用方式规定不同的计税依据。

一、征税范围

所谓房产，是指以房屋形态表现的财产。房屋指有屋面和围护结构（有墙或两边有柱），能够遮风避雨，可供人们在其中生产、生活、工作、学习、娱乐、居住或储藏物资的场所。

房产税的征税范围为城市、县城、建制镇、工矿区，不包括农村。

思考

能辨别实际业务中所见到的建筑物、构筑物是否属于“房产”吗？

二、纳税人

凡在我国境内拥有房屋产权的单位和个人均为房产税的纳税义务人。

三、税率

依照房产余值计算缴纳的，房产税的税率为1.2%；依照房产租金收入计算缴纳的，税率为12%。

四、计算

（一）计税依据的确定

房产税的计税依据是计税余值或房产租金收入，分别称为从价计征和从租计征。

（1）从价计征时，房产税依照房产原值一次减除10%～30%后的余额，即计税余值计算缴纳。房产原值是指纳税人“固定资产”科目中记载的房屋原价，具体减除幅度，由省、自治区、直辖市人民政府规定。没有房产原值的，由房产所在地税务机关参考同类房产核定。

（2）从租计征时，以不含增值税的房产租金收入为房产税的计税依据。房产的租金收入是指房屋产权所有人出租房产使用权所得的报酬，包括货币收入和实物收入。

出租房产实行（或选择）增值税一般计税方法的，从租计征的房产税计税依据“不含增值税”的租金收入，是增值税发票中列明的“销售额”；一般纳税人选择简易计税方法的或小规模纳税人适用简易计税方法的，从租计征房产税计税依据“不含增值税”的租金收入，是以收到的全部租金收入，按照5%的征收率折算。

知识拓展

房产原值的范围

房产原值包括与房屋不可分割的各种附属设备或一般不单独计算价值的配套设施。主要有：暖气、卫生、通风、照明、煤气等设备；各种管线，如蒸气、压缩空气、石油、给水排水等管道及电力、电信、电缆导线；电梯、升降机、过道、晒台等。凡以房屋为载体，不可随意移动的附属设备和配套设施，如给排水、采暖、消防、中央空调、电气及智能化楼宇设备等，无论在会计核算中是否单独记账与核算，都应计入房产原值，计征房产税。

（二）税额的计算

（1）从价计征时：

$$应纳税额 = 房产原值 \times (1 - 扣除比例) \times 适用税率$$

（2）从租计征时：

$$应纳税额 = 全部租金收入 \div (1 + 11\%) \times 适用税率（一般计税方法适用）$$

应纳税额 = 全部租金收入 ÷ (1 + 5%) × 适用税率（简易计税方法适用）

五、税收优惠

（1）国家机关、人民团体、军队自用房产，国家财政部门拨付事业经费的单位自用房产免税。

（2）宗教寺庙、公园、名胜古迹自用房产免税。将自有房产出租以及用于非本身业务的生产、营业用房产，不属于免税范围。

（3）对非营利性医疗机构、疾病控制机构和妇幼保健机构等卫生机构自用的房产，免征房产税。

（4）个人所有非营业用房免税。

（5）对行使国家行政管理职能的中国人民银行总行所属分支机构自用的房地产，免征房产税。

（6）对经费自理事业单位、体育社会团体、体育基金会、体育类民办非企业单位拥有并运营管理的体育场馆，其用于体育活动的房产、土地，免征房产税。企业拥有并运营管理的大型体育场馆，其用于体育活动的房产、土地，减半征收房产税。

（7）对专门经营农产品的农产品批发市场、农贸市场使用的房产、土地，暂免征收房产税。

（8）对股份制改革铁路运输企业及合资铁路运输公司自用的房产、土地暂免征收房产税。

（9）经财政部批准免税的其他房产免税。

具体指：损坏不堪使用的房产和危房；房产大修停用半年以上；基建工地各种工棚、材料棚、休息棚、工作室、食堂、茶炉房等临时房屋，在施工期间免税；房管部门经租的民用住房；高校学生公寓；老年服务机构自用房产。

知识拓展 **“自用房产”在不同单位的具体所指范围**

国家机关、人民团体、军队、财政拨付事业经费的单位的自用房产是指单位本身的办公用房和公务用房。

宗教寺庙自用的房产，是指举行宗教仪式等的房屋和宗教人员使用的生活用房屋。

公园、名胜古迹自用的房产，是指供公共参观游览的房屋及其管理单位的办公用房屋。

六、纳税义务发生时间

（1）纳税人将原有房产用于生产经营，从生产经营之月起，缴纳房产税。

（2）纳税人自行新建房屋用于生产经营，从建成之次月起，缴纳房产税。

（3）纳税人委托施工企业建设的房屋，从办理验收手续之次月起，缴纳房产税。

（4）纳税人购置新建商品房，自房屋交付使用之次月起，缴纳房产税。

（5）纳税人购置存量房，自办理房屋权属转移、变更登记手续，房地产权属登记机关签发房屋权属证书之次月起，缴纳房产税。

（6）纳税人出租、出借房产，自交付出租、出借房产之次月起，缴纳房产税。

（7）房地产开发企业自用、出租、出借本企业建造的商品房，自房屋使用或交付之次月起，缴纳房产税。

七、纳税期限

房产税实行按年计算、分期缴纳的征收方法，具体纳税期限由省、自治区、直辖市人民政府确定。

八、纳税地点

房产税在房产所在地缴纳。房产不在同一地方的纳税人，应按房产的坐落地点分别向房产所在地的税务机关纳税。

基本内容应用

A公司本年1月1日“固定资产”分类账中，房产原值为240万元，自2月份开始，企业将其中的50万元的房产租给其他单位使用（房产已于1月底交付承租方），每年的租金为6万元，租期两年。从价计征房产税时的扣除比例为20%，每年收取含增值税租金6.3万元，租期两年。已知当地规定房产税扣除比例为20%，增值税征收率为5%，该公司实行按年计算，分季缴纳。

要求： 计算A公司第一季度应缴纳的房产税税额。

处理：

（1）1月份按房产余值计算应纳房产税：

年应纳税额＝2 400 000×（1－20%）×1.2%＝23 040（元）

1月份应纳税额＝23 040÷12＝1 920（元）

（2）2月份按房产余值和按租金收入分别计算房产税：

从价计征的房产应纳房产税＝（2 400 000－500 000）×（1－20%）×1.2%÷12＝1 520（元）

从租计征的房产应纳房产税＝63 000÷（1＋5%）×12%÷12＝600（元）

2月份应纳房产税税额＝1 520＋600＝2 120（元）

（3）3月份应纳税额：与2月份相同

（4）该企业本年第一季度应缴纳的房产税税额＝1 920＋2 120×2＝6 160（元）

在掌握了房产税的基本税制内容的基础上，进一步学习其税制内容的具体政策及申报：

情境一　确定纳税人

A公司拥有多处应税房产：办公楼和厂房的产权属于全民所有，自用于生产经营；因经营需要将职工食堂的产权出典给甲公司；还有两处经营机构房产在外地，由乙公司代为管理。

要求： 确定各项房产的纳税人。

政策提示

房产税的纳税人具体规定为：产权属于全民所有的，由经营管理的单位和个人缴纳；产权出典的，由承典人缴纳；产权所有人、承典人不在房产所在地的，或者产权未确定及租典纠纷未解决的，由房产代管人或者使用人缴纳。

业务处理

根据税法规定，办公楼和厂房的房产税纳税人是A公司，职工食堂的房产税纳税人是甲公司，外地的两处经营机构房产税纳税人是乙公司。

情境二　确定税率

A个人有一处门面房和一处住房，将门面房出租给甲公司作商店用，将住房出租给乙某个人居住。

要求： 确定房产税税率。

政策提示

税法规定，为了配合国家住房制度改革，支持住房租赁市场的健康发展，经国务院批准，对个人出租住房，不区分用途，按4%的税率征收房产税。

业务处理

根据税法规定，A出租门面房适用的房产税税率为12%，出租居民住房适用的房产税税率为4%。

情境三　确定计税依据——投资联营、融资租赁房屋的依据确定

A集团拥有多处自有房产，为拓展市场，将其中两处房产投资与甲、乙两公司。投资于甲公司的房产价值200万元，与甲公司约定A集团参与投资利润分红并承担相应风险，本年取得分红5万元；投资于乙公司的房产价值120万元，与乙公司约定A集团不承担联营风险，每年取得固定红利2万元。另外，A集团以融资租赁方式租入一处房产，期限5年，共应付租金230万元。已知适用的扣除比例为20%，适用增值税征收率为5%。

要求： 确定A集团计算房产税的计税依据。

政策提示

税法规定：对投资联营的房产，如投资者参与投资利润分红、共担风险，则从价计征房产税；如投资者只收取固定收入、不承担联营风险，实际上是以联营名义取得房产租金，应从租计征房产税。

对融资租赁房屋的，其租赁费与一般房屋出租的租金不同，实际上是一种变相的分期付款购买固定资产的形式，所以实行从价计征房产税。

业务处理

根据税法规定，A集团投资于甲公司的房产由甲公司按房产余值缴纳房产税，投资于乙公司的房产由A集团按不含增值税租金收入缴纳房产税。A集团计征房产税的计税依据如下：

投资于乙公司的房产的计税依据（租金）= 2 ÷ (1 + 5%) ≈ 1.9（万元）

融资租赁的房产的计税依据（计税余值）= 230 × (1 − 20%) = 184（万元）

情境四　确定计税依据——以劳务或其他形式取得房产出租的报酬的依据确定

A厂于本年1月份起将一处厂房出租给甲公司，厂房原值100万元，租期一年。合同规定，甲公司以每月提供加工费为7 000元的加工劳务抵顶租金。已知该市同类房产租金平均价格为8 000元/月。

要求： 确定A厂本年计算房产税的计税依据。

政策提示

税法规定，当出租房屋，取得劳务或其他形式的报酬时，应根据当地同类房产的租金水平，确定租金标准，依率计征。

业务处理

根据税法规定：

A企业出租厂房的房产税计税依据 = 8 000 × 12 = 96 000（元）

情境五　确定计税依据——改建、扩建房屋、更换配套设施的处理

A厂对原有甲、乙、丙三处房产进行改扩建，已知三处房产原值分别为10万元、12万元和20万元。其中，对甲房产进行扩建，增加房产价值5万元；更换乙房产的采暖设施，原设施原值1.2万元，更换的新设施价值2.1万元；更换丙房产的照明线（属零配件），该配件原值0.1万元，新配件价值0.12万元。已知适用的扣除比例为20%。

要求： 确定A厂计算房产税的计税依据。

政策提示

税法规定，纳税人对原有房屋进行改建、扩建的，要相应增加房屋的原值；对更换房屋

附属设备和配套设施的，在将其价值计入房产原值时，可扣减原来相应设备和设施的价值；对附属设备和配套设施中易损坏，需要经常更换的零配件，更新后不再计入房产原值，原零配件的原值也不扣除。

业务处理

根据税法规定，A厂计算房产税的计税依据如下：

甲房产的计税依据 = (10 + 5) × (1 − 20%) = 12（万元）

乙房产的计税依据 = (12 + 2.1 − 1.2) × (1 − 20%) = 10.32（万元）

丙房产的计税依据 = 20 × (1 − 20%) = 16（万元）

情境六　填制房产税纳税申报

一、房产税纳税申报流程

房产税纳税申报流程图，如图9－1所示。

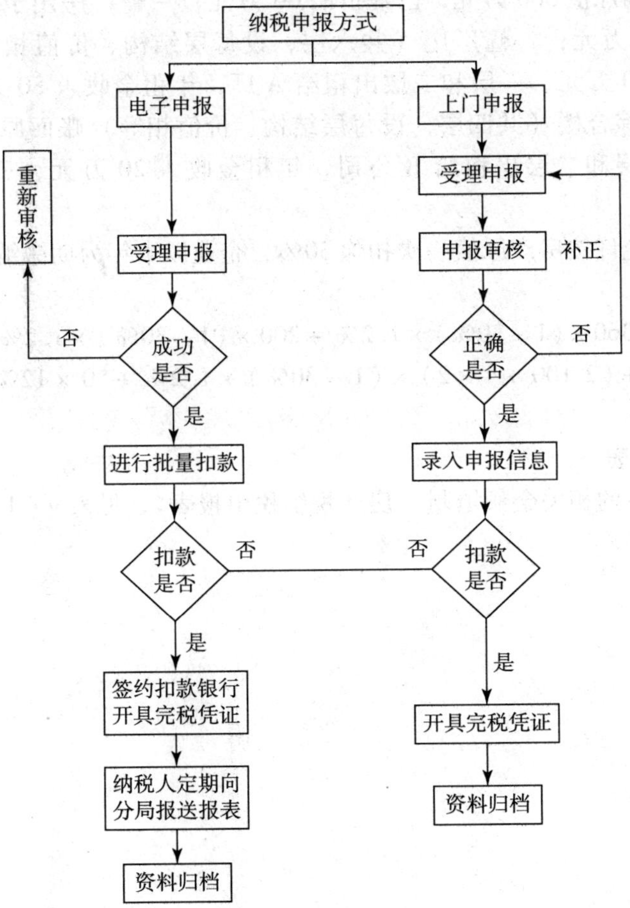

图9－1　房产税纳税申报流程

二、填制房产税纳税申报表

（一）纳税人信息

纳税人名称：咸阳天润集团公司

纳税人类型：股份有限公司，增值税一般纳税人

所属行业：医药制造业

法定代表人：李华

会计主管：张晓国

营业地址：咸阳市人民中路98号

电话：029-35556688

统一社会信用代码（纳税人识别号）：360403111100005123

开户银行及账号：工行咸阳市人民中路支行　2-12365722

主管税务机关：咸阳市地方税务局秦都分局

（二）业务资料

企业市区有房屋四幢，根据房屋登记卡资料显示，建筑面积共11 800平方米。一幢办公楼用于办公，账面原值360万元，已提折旧66万元；一幢厂房用于生产，账面原值200万元，已提折旧36万元；一幢厂房（共六层，设每层结构、价值相等）账面原值1 800万元，已提折旧240万元，一层和二层出租给A厂，年租金收入50万元，三层到六层用于生产经营；一幢综合楼（共四层，设每层结构、价值相等）账面原值2 100万元，已提折旧300万元，一层和二层出租给B公司，年租金收入20万元，三层和四层用于生产经营。

当地政府规定允许按房产原值一次扣除30%，企业以半年为期缴纳税款。

（三）计算税额

应纳房产税 $=[360\times(1-30\%)\times1.2\%+200\times(1-30\%)\times1.2\%+(1\,800\div6\times4)\times(1-30\%)\times1.2\%+(2\,100\div4\times2)\times(1-30\%)\times1.2\%+50\times12\%+20\times12\%]\div2=16.002$（万元）

（四）填制申报表

根据应纳房产税的相关金额填制《房产税纳税申报表》，见表9-1。

表 9－1 房产税纳税申报表

税款所属期：自＊年 7 月 1 日至＊年 12 月 31 日　　填表日期：＊年 12 月 31 日　　金额单位：元至角分；面积单位：平方米

纳税人识别号 | 3 | 6 | 0 | 4 | 0 | 3 | 1 | 1 | 1 | 1 | 0 | 0 | 0 | 0 | 5 | 1 | 2 | 3 |

纳税人信息	名称	咸阳天润集团	纳税人分类	单位☑ 个人□
	登记注册类型	股份有限公司	所属行业	医药制造业
	身份证件类型	身份证□ 护照□ 其他□	身份证件号码	
	联系人	李华	联系方式	029－35556688

一、从价计征房产税

	房产编号	房产原值	其中：出租房产原值	计税比例	税率	所属期起	所属期止	本期应纳税额	本期减免税额	本期已缴税额	本期应补（退）税额
1	＊	3 600 000.00		30%	1.2%	＊年 7 月 1 日	＊年 12 月 31 日	15 120.00	0	0	15 120.00
2	＊	2 000 000.00		30%	1.2%	＊年 7 月 1 日	＊年 12 月 31 日	8 400.00	0	0	8 400.00
3	＊	18 000 000.00	6 000 000.00	30%	1.2%	＊年 7 月 1 日	＊年 12 月 31 日	50 400.00	0	0	50 400.00
4	＊	21 000 000.00	10 500 000.00	30%	1.2%	＊年 7 月 1 日	＊年 12 月 31 日	44 100.00	0	0	44 100.00
合计	＊	＊	＊	＊	＊	＊	＊	118 020.00			118 020.00

二、从租计征房产税

	本期申报租金收入	税率	所属期起	所属起止	本期应纳税额	本期减免税额	本期已缴税额	本期应补（退）税额
1	500 000.00	12%	＊年 7 月 1 日	＊年 12 月 31 日	30 000.00	0	0	30 000.00
2	200 000.00	12%	＊年 7 月 1 日	＊年 12 月 31 日	12 000.00	0	0	12 000.00
合计	700 000.00	＊	＊		42 000.00	0	0	42 000.00

以下由纳税人填写：					
纳税人声明	此纳税申报表是根据《中华人民共和国房产税暂行条例》和国家有关税收规定填报的，是真实的、可靠的、完整的。				
纳税人签章	咸阳天润集团	代理人签章		代理人身份证号	
以下由税务机关填写：					
受理人		受理日期	年　月　日	受理税务机关签章	

本表一式两份，一份纳税人留存，一份税务机关留存

任务二　会计算、申报契税

基本内容学习

契税是因房屋、土地发生权属转移时，依据当事人双方订立的契约及相应价格，向权属承受人征收的一种税。

契税具有以下三个特点：在转让环节征收、按次征税、由受让方缴纳。

一、征税对象和范围

契税以发生土地使用权和房屋所有权权属转移的土地和房屋为征税对象，具体的征税范围包括：

（1）国有土地使用权出让。

国有土地使用权出让是指土地使用者向国家交付土地使用权出让费用，国家将国有土地使用权在一定年限内让予土地使用者的行为。

（2）土地使用权转让。

土地使用权转让，是指土地使用者以出售、赠与、交换或者其他方式将土地使用权转移给其他单位和个人的行为。土地使用权的转让不包括农村集体土地承包经营权的转移。

（3）房屋买卖。

房屋买卖，是指房屋所有者将其房屋出售，由承受者交付货币、实物、无形资产或者其他经济利益的行为。包括房屋抵债、房产投资或作股权转让、买房拆料、翻建新房。

（4）房屋赠与。

房屋赠与，是指房屋所有者将其房屋无偿转让给受赠者的行为。不包括房屋的继承、分拆（分割）、典当。

（5）房屋交换。

房屋交换，是指房屋所有者之间相互交换房屋的行为。

二、纳税人

契税以在我境内承受土地、房屋权属的单位和个人为纳税人。

这里说的“承受”，是指以受让、购买、受赠、交换等方式取得土地、房屋权属的行为。单位，是指企业单位、事业单位、国家机关、军事单位和社会团体以及其他组织。个人，是指个体经营者及其他个人，包括外商投资企业、外国企业和外籍个人。

三、税率

契税的适用税率为 3% ~5%，纳税人具体适用税率由省、自治区、直辖市人民政府在此幅度内按照本地区的实际情况确定，并报财政部和国家税务总局备案。

四、应纳税额计算

（一）计税依据的确定

契税的计税依据，是指土地使用权、房屋所有权发生转移，权属承受人应支付的价格。依不动产的转移方式、定价方法不同，契税计税依据具体规定为：

（1）国有土地使用权出让、土地使用权转让、房屋买卖，为合同确定的价格即不含增值税的成交价格为计税依据。成交价格，包括承受者应交付的货币、实物、无形资产或者其他经济利益。

（2）土地使用权、房屋赠与，由征收机关参照市场价格核定。

（3）土地使用权、房屋交换，为所交换的土地使用权、房屋的价格的差额。

上述成交价格明显低于市场价格并且无正当理由的，或者价格的差额明显不合理并且无正当理由的，由征收机关参照市场价格核定。

（4）以划拨方式取得土地使用权，经批准转让房地产时应补缴契税，以补交的土地使用权出让费用或土地收益作为计税依据。

对成交价格明显低于市场价格且无正当理由的，或所交换的土地使用权、房屋价格的差额明显不合理并且无正当理由的，征收机关参照市场价格核定计税依据。

（二）税额的计算

契税应纳税额计算公式：

$$应纳税额 = 计税依据 \times 适用税率$$

应纳税额以人民币计算。以外汇结算的，按照纳税义务发生之日中国人民银行公布的人民币市场汇率中间价折合成人民币计算。

五、税收优惠

（1）国家机关、事业单位、社会团体、军事单位承受土地、房屋用于办公、教学、医疗、科研和军事设施的，免征契税。

（2）城镇职工按规定第一次购买公有住房的，免征契税。

（3）因不可抗力灭失住房而重新购买住房的，酌情准予减征或者免征契税。

（4）纳税人承受荒山、荒沟、荒丘、荒滩土地使用权，用于农、林、牧、渔业生产的，免征契税。

（5）依照我国有关法律规定以及我国缔结或参加的双边和多边条约或协定的规定应当予以免税的外国驻华使馆、领事馆、联合国驻华机构及其外交代表、领事官员和其他外交人员承受土地、房屋权属的，经外交部确认，可以免征契税。

（6）对个人购买家庭唯一住房（家庭成员范围包括购房人、配偶以及未成年子女），面积为 90 平方米及以下的，减按 1% 的税率征收契税；面积为 90 平方米以上的，减按 1.5% 的税率征收契税。对个人购买家庭第二套改善性住房，面积为 90 平方米及以下的，减按 1% 的税率征收契税；面积为 90 平方米以上的，减按 2% 的税率征收契税。

（7）财政部规定的其他减征、免征契税的项目。

六、纳税义务发生时间

契税的纳税义务发生时间，为纳税人签订土地、房屋权属转移合同的当天，或者纳税人取得其他具有土地、房屋权属转移合同性质凭证的当天。纳税人因改变土地、房屋用途应当补缴已经减征、免征契税的，其纳税义务发生时间为改变有关土地、房屋用途的当天。

七、纳税期限

纳税人应当自纳税义务发生之日起10日内，向土地、房屋所在地的契税征收机关办理纳税申报，并在契税征收机关核定的期限内缴纳税款。

八、纳税地点

契税征收机关为土地、房屋所在地的财政机关或者地方税务机关。

基本内容应用

A公司从甲公司受让一处国有土地用于生产经营。转让书据注明该处土地面积20 000平方米，转让价格300 000元。税务机关核定的适用税率为4%。

要求： 计算A公司应缴纳的契税。

处理：

契税＝300 000×4%＝12 000（元）

在掌握了契税的基本税制内容的基础上，进一步学习其税制内容的具体政策及申报：

情境一　确定征税范围

A公司在业务往来过程中取得几处土地使用权，其中包括：承受甲公司破产清算的土地（双方无债务关系）、乙公司以土地使用权抵债的一处土地、以预购方式从丙公司取得一处土地使用权。

要求： 确定契税的征税范围。

政策提示

税法规定，以下情形属于契税的征税范围：以土地、房屋权属作价投资、入股；以土地、房屋权属抵债；以获奖方式承受土地、房屋权属；以预购方式或者预付集资建房款方式承受土地、房屋权属；破产清算期间，对非债权人承受破产企业土地、房屋权属；公司增资扩股中，以土地、房屋权属作价入股或作为出资投入企业的。

业务处理

根据规定，A 公司从甲、乙、丙三个公司取得的房屋和土地使用权都属于契税的征税范围。

情境二　计算契税税额

A 日用化工厂以一栋厂房换取甲公司办公楼一栋，房屋契约写明：A 厂厂房价值 3 800 万元，甲公司办公楼价值 5 000 万元，A 厂应支付甲公司价差 1 200 万元。同时，A 日用化工厂以一处土地使用权换取乙公司的一处土地使用权，土地契约写明：A 厂、乙公司的土地价值均为 1 000 万元。经税务机关核定，上述两笔交易所提供的数据信息是合理的。已知当地契税税率为 5%。

要求： 计算应纳契税税额。

政策提示

税法规定，土地使用权交换、房屋交换，交换价格相等的，免征契税。交换价格不相等的，按超出部分由支付差价方缴纳税款。

业务处理

根据规定，A 厂应根据其支付的差额缴税：

应纳契税税额 =（5 000 − 3 800）×5% =60（万元）

A 日化厂和乙公司交换的土地使用权价格相等，免征契税。

情境三　填制契税纳税申报

一、契税纳税申报流程

契税纳税申报流程图，如图 9 − 2 所示。

二、填制契税纳税申报表

（一）纳税人信息

纳税人名称：咸阳新华房地产开发集团公司

纳税人类型：股份有限公司

法人代表：张敏

营业地址：咸阳市人民东路 15 号

电话：029 − 31226589

开户银行：咸阳市工行人民路分理处

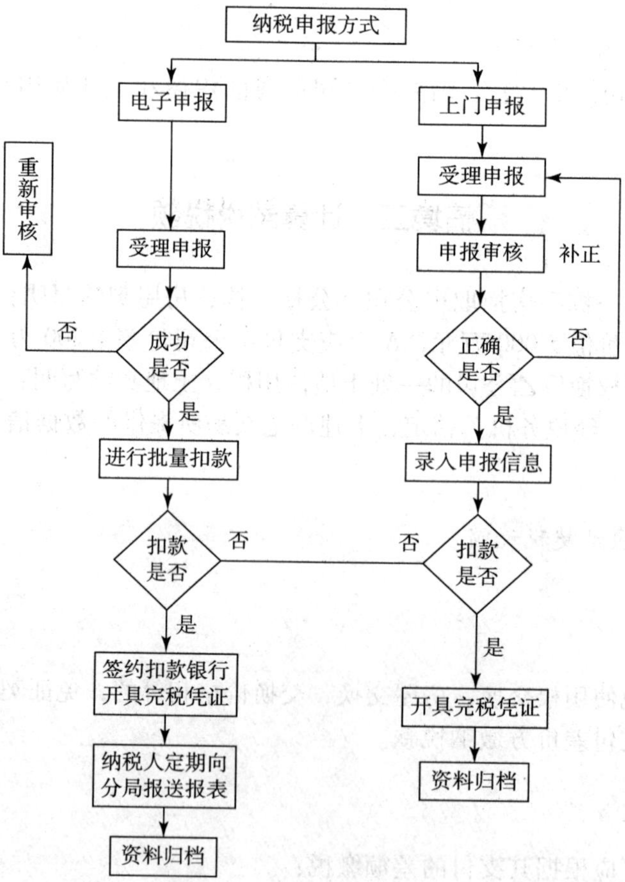

图9－2　契税纳税申报流程

账号：5－12345788

统一社会信用代码（纳税人识别号）：360403000000088123

办税员：郑可

主管税务机关及代码：咸阳市地方税务局秦都分局，1234002

（二）业务资料

经咸阳市政府批准，与咸阳市国有土地管理局（统一社会信用代码：360403440090312312；电话：33674287）办妥相关手续，于＊年1月12日取得了开发区01号商业用地使用权并取得土地使用证。该处土地面积400 000平方米，支付土地出让金6 000万元，税务机关核定的适用税率为3%。

（三）计算税额

应纳契税＝6 000×3%＝180（万元）

（四）填制申报表

根据应纳契税的相关金额填制《契税纳税申报表》，见表9－2。

表 9－2　契税纳税申报表

填表日期：＊年 1 月 20 日

纳税人识别号：360403000000088123　　　　金额单位：元至角分；面积单位：平方米

<table>
<tr><td rowspan="4">承受方信息</td><td>名称</td><td colspan="4">咸阳新华房地产开发集团公司</td><td colspan="3">☑单位　□个人</td></tr>
<tr><td>登记注册类型</td><td colspan="4">股份有限公司</td><td colspan="2">所属行业</td><td>房地产开发经营</td></tr>
<tr><td>身份证件类型</td><td colspan="4">身份证□　护照□　其他□</td><td colspan="2">身份证件号码</td><td></td></tr>
<tr><td>联系人</td><td colspan="4">张敏</td><td colspan="2">联系方式</td><td>029－31226589</td></tr>
<tr><td rowspan="3">转让方信息</td><td>名称</td><td colspan="4">咸阳市国有土地管理局</td><td colspan="3">☑单位　□个人</td></tr>
<tr><td>纳税人识别号</td><td>360403440090312312</td><td>登记注册类型</td><td colspan="2"></td><td colspan="2">所属行业</td><td>行政管理机构</td></tr>
<tr><td>身份证件类型</td><td></td><td>身份证件号码</td><td colspan="2"></td><td colspan="2">联系方式</td><td>029－33674287</td></tr>
<tr><td rowspan="3">土地、房屋权属转移信息</td><td>合同签订时间</td><td>#年 12 月 12 日</td><td>土地房屋坐落地址</td><td colspan="2">咸阳市经济开发区 01 号</td><td>权属转移对象</td><td colspan="2">土地</td></tr>
<tr><td>权属转移方式</td><td>国有土地使用权出让</td><td>用途</td><td>商业用地</td><td colspan="2">家庭唯一普通住房</td><td colspan="2">□90 平方米以上
□90 平方米及以下</td></tr>
<tr><td>权属转移面积</td><td>400 000</td><td>成交价格</td><td colspan="2">60 000 000.00</td><td colspan="2">成交单价</td><td>150.00</td></tr>
<tr><td rowspan="2">税款征收信息</td><td>评估价格</td><td></td><td>计税价格</td><td colspan="2">60 000 000.00</td><td colspan="2">税率</td><td>3%</td></tr>
<tr><td>计征税额</td><td>1 800 000.00</td><td>减免性质代码</td><td></td><td>减免税额</td><td></td><td>应纳税额</td><td>1 800 000.00</td></tr>
<tr><td colspan="9">以下由纳税人填写：</td></tr>
<tr><td colspan="2">纳税人声明</td><td colspan="7">此纳税申报表是根据《中华人民共和国契税暂行条例》和国家有关税收规定填报的，是真实的、可靠的、完整的。</td></tr>
<tr><td colspan="2">纳税人签章</td><td colspan="2">咸阳新华房地产开发集团公司（盖章）</td><td>代理人签章</td><td></td><td colspan="2">代理人身份证号</td><td></td></tr>
<tr><td colspan="9">以下由税务机关填写：</td></tr>
<tr><td colspan="2">受理人</td><td></td><td>受理日期</td><td colspan="2">年　月　日</td><td colspan="2">受理税务机关签章</td><td></td></tr>
</table>

本表一式两份，一份纳税人留存，一份税务机关留存。

任务三　会计算、申报车船税

基本内容学习

车船税是对在我国境内车船管理部门登记的车辆、船舶，按照车船的种类和规定的税额计算征收的一种税。

一、征税对象

车船税的征税对象是在中国境内属于车船税法所规定的应税车辆和船舶。具体包括：

（1）依法应当在车船管理部门登记的机动车辆和船舶。

（2）在机场、港口以及其他企业内部场所行驶或者作业且依法不需在车船登记管理部门登记的车船机动车辆和船舶。

知识拓展

车船税规定的各类车船的范围

（1）乘用车，是指在设计和技术特性上主要用于载运乘客及随身行李，核定载客人数包括驾驶员在内不超过9人的汽车。

（2）商用车，是指除乘用车外，在设计和技术特性上用于载运乘客、货物的汽车，划分为客车和货车。

（3）半挂牵引车，是指装备有特殊装置用于牵引半挂车的商用车。

（4）三轮汽车，是指最高设计车速不超过50千米/时，具有三个车轮的货车。

（5）低速载货汽车，是指以柴油机为动力，最高设计车速不超过70千米/时，具有四个车轮的货车。

（6）挂车，是指就其设计和技术特性需由汽车或者拖拉机牵引，才能正常使用的一种无动力的道路车辆。

（7）专用作业车，是指在其设计和技术特性上用于特殊工作的车辆。

（8）轮式专用机械车，是指有特殊结构和专门功能，装有橡胶车轮可以自行行驶，最高设计车速大于20千米/时的轮式工程机械车。

（9）摩托车，是指无论采用何种驱动方式，最高设计车速大于50千米/时，或者使用内燃机，其排量大于50毫升的两轮或者三轮车辆。

（10）船舶，是指各类机动、非机动船舶以及其他水上移动装置，但是船舶上装备的救生艇筏和长度小于5米的艇筏除外。其中，机动船舶是指用机器推进的船舶；拖船是指专门用于拖（推）动运输船舶的专业作业船舶；非机动驳船，是指在船舶登记管理部门登记为驳船的非机动船舶；游艇是指具备内置机械推进动力装置，长度在90米以下，主要用于游览观光、休闲娱乐、水上体育运动等活动，并应当具有船舶检验证书和适航证书的船舶。

二、纳税人

在中华人民共和国境内，车辆、船舶（以下简称车船）的所有人或者管理人为车船税的纳税人。管理人是指对车船具有管理使用权，不具有所有权的单位。

从事机动车交通事故责任强制保险业务的保险机构为机动车车船税的扣缴义务人。

三、税率

车船税税目税额，见表9－3。

表9－3　车船税税目税额表

税目		计税单位	每年税额/元	备注
乘用车	1.0升（含）以下	每辆	60～360	核定载客人数9人（含）以下。按发动机汽缸容量（排气量）分档
	1.0升以上至1.6升（含）		300～540	
	1.6升以上至2.0升（含）		360～660	
	2.0升以上至2.5升（含）		660～1 200	
	2.5升以上至3.0升（含）		1 200～2 400	
	3.0升以上至4.0升（含）		2 400～3 600	
	4.0升以上的		3 600～5 400	

续表

税目			计税单位	每年税额/元	备注
商用车	客车		每辆	480～1 440	核定载客人数9人以上，包括电车
	货车		整备质量每吨	16～120	包括半挂牵引车、三轮汽车和低速载货汽车等
挂车			整备质量每吨	按货车税额的50%	
其他车辆	专用作业车		整备质量每吨	16～120	不包括拖拉机
	轮式专用机械车				
摩托车			每辆	36～180	
船舶	机动船舶	净吨位小于或等于200吨	净吨位每吨	3	拖船和非机动驳船分别按船舶税额的50%计算
		净吨位201吨至2 000吨		4	
		净吨位2001吨至10 000吨		5	
		净吨位10 001吨及其以上		6	
	游艇	艇身长度不超过10米	艇身长度每米	600	
		艇身长度超过10米至18米		900	
		艇身长度超过18米至30米		1 300	
		艇身长度超过30米		2 000	
		辅助动力帆艇		600	

四、计算

（一）计税依据

（1）乘用车、商用车中的客车、摩托车，以“辆”为计税依据。

（2）商用车中的货车、挂车、其他车辆，以“整备质量”为计税依据。“整备质量”指机动车的自重吨位。

（3）船舶中的机动船舶，以净吨位为计税依据。“净吨位”一般是额定装运货物和载运旅客的船舱所占用的空间容积，即船舶各个部位的总容积，扣除按税法规定的非营业用所占容积，包括驾驶室、轮机间、业务办公室、船员生活用房等容积。

（4）船舶中的游艇，以艇身长度每米为计税依据。

（5）拖船按照发动机功率每1千瓦折合净吨位0.67吨计算征收车船税。

所涉及的排气量、整备质量、核定载客人数、净吨位、千瓦、艇身长度，以车船登记管理部门核发的车船登记证书或者行驶证所载数据为准。依法不需要办理登记的车船和依法应当登记而未办理登记或者不能提供车船登记证书、行驶证的车船，以车船出厂合格证明或者进口凭证标注的技术参数、数据为准；不能提供车船出厂合格证明或者进口凭证的，由主管税务机关参照国家相关标准核定，没有国家相关标准的参照同类车船核定。

（二）应纳税额的计算

车船税的计税公式为

$$应纳税额 = 应税数量 \times 适用税率$$

五、税收优惠

（一）下列车船免征车船税

（1）捕捞、养殖渔船。

（2）军队、武装警察部队专用的车船。

（3）警用车船。

（4）依照法律规定应当予以免税的外国驻华使领馆、国际组织驻华代表机构及其有关人员的车船。

（5）对使用新能源的车船，免征车船税，具体指纯电动商用车、插电式（含增程式）混合动力汽车、燃料电池商用车。

（二）授权省、自治区、直辖市人民政府规定的减免税车船

（1）对节约能源车船，减半征收车船税，包括节约能源乘用车和节约能源商用车。节约能源乘用车指获得许可在中国境内销售的排量为1.6升以下（含1.6升）的燃用汽油、柴油的乘用车（含非插电式混合动力乘用车和双燃料乘用车）；节约能源商用车指获得许可在中国境内销售的燃用天然气、汽油、柴油的重型商用车（含非插电式混合动力和双燃料重型商用车）。

（2）省、自治区、直辖市人民政府根据当地实际情况，可以对公共交通车船，农村居民拥有并主要在农村地区使用的摩托车、三轮汽车和低速载货汽车定期减征或者免征车船税。

（3）对受地震、洪涝等严重自然灾害影响纳税困难以及其他特殊原因确需减免税的车船，可以在一定期限内减征或者免征车船税。

思考

纯电动乘用车、燃料电池乘用车、非机动车船（不包括非机动驳船）征收车船税吗？

六、纳税义务发生时间

车船税的纳税义务发生时间为车船管理部门核发的车船登记证书或者行驶证书所记载日期的当月。纳税人未按照规定到车船管理部门办理应税车船登记手续的，以车船购置发票所载开具时间的当月作为车船税的纳税义务发生时间。对未办理车船登记手续且无法提供车船购置发票的，由主管地方税务机关核定纳税义务发生时间。

七、纳税期限

车船税按年申报，分月计算，一次性缴纳。具体申报纳税期限由省、自治区、直辖市人民政府确定。在一个纳税年度内，已完税的车船被盗抢、报废、灭失的，纳税人可以凭有关管理机关出具的证明和完税证明，向纳税所在地的主管地方税务机关申请退还自被盗抢、报废、灭失月份起至该纳税年度终了期间的税款。

已办理退税的被盗抢车船，失而复得的，纳税人应当从公安机关出具相关证明的当月起计算缴纳车船税。

八、纳税地点

车船税由地方税务机关负责征收。纳税地点为车船的登记地。

由扣缴义务人代收代缴机动车车船税的，纳税地点为扣缴义务人所在地。

纳税人自行申报缴纳车船税的，纳税地点为车船登记地。

依法不需办理登记的车船，纳税地点为车船的所有人或管理人所在地。

基本内容应用

A 运输公司拥有货车 10 辆（其中 2 辆报停，货车整备质量 5 吨/辆），乘用车 30 辆（其中，45 座车 15 辆；19 座车 10 辆；8 座车 5 辆）。车船税年税额为：货车 40 元/吨，乘用车大于等于 20 座以上的每辆 600 元，9 ~ 20 座的每辆 540 元，9 座以下的每辆 360 元。

要求： 计算该公司本年应纳车船税税额。

处理：

货车应纳税额 = (10 − 2) × 5 × 40 = 1 600（元）

乘用车应纳税额 = 15 × 600 + 10 × 540 + 5 × 360 = 16 200（元）

A 运输公司本年应纳税额车船税 = 1 600 + 16 200 = 17 800（元）

在掌握了车船税基本税制内容的基础上，进一步学习其税制内容的具体政策及申报：

情境一　确定纳税人

B 公司于本年 6 月购入一辆货车，尚未办理车辆登记，随即将车辆出租给 A 个人用于生产经营活动。

要求： 确定车船税的纳税人。

政策提示

税法规定，车船的所有人或者管理人未缴纳车船税的，使用人应当代为缴纳车船税。

业务处理

根据规定，B 公司作为车辆所有人，是车船税的纳税人，但其尚未缴纳车船税，由使用人 A 代为缴纳。

思考

如“情境一”中所示，A代为缴纳车船税，能否认为A就是车船税的纳税人？

情境二　计算车船税——购置的新车船应纳车船税的计算

A公司于本年4月12日购入小轿车一辆，至本年12月31日一直未到车辆管理部门登记。已知小轿车年单位税额为360元。

要求： 计算车船税。

政策提示

税法规定，购置的新车船，购置当年的应纳税额自纳税义务发生的当月起按月计算。计算公式为

应纳税额＝(年应纳税额/12)×应纳税月份数

业务处理

根据规定：

A公司应纳车船税税额＝360÷12×9＝270（元）

情境三　填制车船税纳税申报

一、车船税纳税申报流程

车船税纳税申报流程图，如图9－3所示。

二、填制车船税纳税申报表

（一）纳税人信息

纳税人名称：咸阳天润集团公司

法定代表人：李华

会计主管：张晓国

营业地址：咸阳市人民中路98号

统一社会信用代码（纳税人识别号）：360403111100005123

开户银行及账号：工行咸阳市人民中路支行　2－12365722

主管税务机关：咸阳市地方税务局秦都分局

（二）业务资料

××××年该企业固定资产登记卡中记载，企业拥有货车一辆，自重5吨，陕D120098；挂车一辆，自重8吨，陕D134900，且已取得《车船税减免税证明》，证明号码610402201600099；小轿车一辆，帕萨特领驭1.8T，陕D120978。已知，货车、挂车年税额

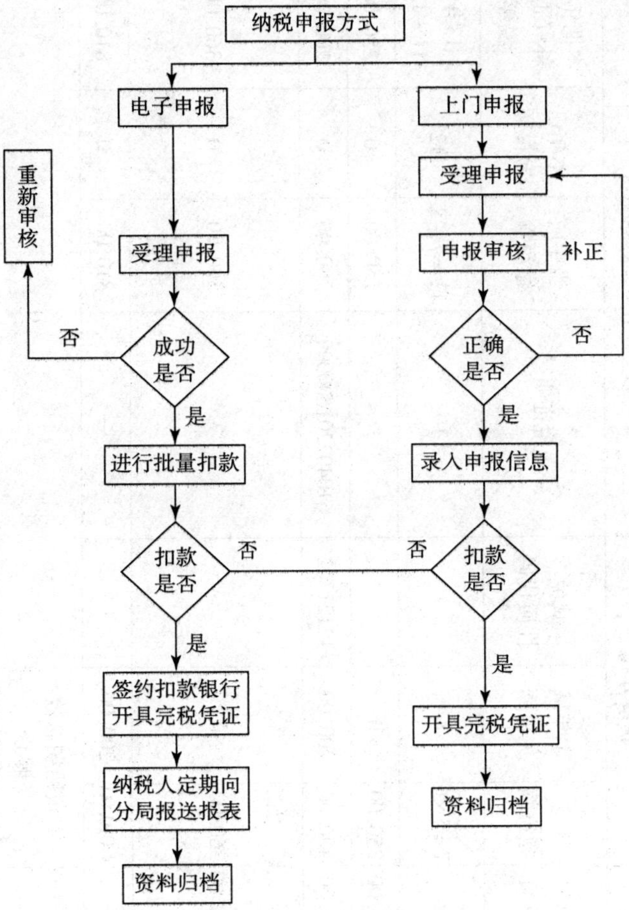

图9－3　车船税纳税申报流程

50元/吨，小轿车年税额360元/辆。企业按年缴纳车船税。

（三）计算税款

货车应纳车船税＝5×50＝250（元）

挂车应纳车船税＝8×50×50%＝200（元）

小轿车应纳车船税＝360（元）

（四）填制申报表

根据应纳车船税的相关金额填制《车船税纳税申报表》，见表9－4。

表9－4　车船税纳税申报表

税款所属期限：自×年1月1日至×年12月31日　　　填表日期：×年1月1日　　　金额单位：元至角分

纳税人识别号 3 6 0 4 0 3 1 1 1 1 0 0 0 0 5 1 2 3

纳税人名称			咸阳市天润集团				纳税人身份证照类型						
纳税人身份证照号码							居住（单位）地址			咸阳市人民中路98号			
联系人			李华				联系方式			029－85556688			
序号	（车辆）号牌号码/（船舶）登记号码	车船识别代码（车架号/船舶识别号）	征收品目	计税单位	计税单位的数量	单位税额	年应缴税额	本年减免税额	减免性质代码	减免税证明号	当年应缴税额	本年已缴税额	本期年应补（退）税额
	1	2	3	4	5	6	7＝5×6	8	9	10	11＝7－8	12	13＝11－12
1	陕D120098	*********	货车	吨	5	50.00	250.00	0			250.00	0	250.00
2	陕D134900	*********	挂车	吨	8	50.00	400.00	200.00	12121302	610402201600099	200.00	0	200.00
3	陕D120978	*********	1.6升以上至2.0升（含）的乘用车	辆	1	360.00	360.00	0			360.00	0	360.00
合计	—	—	—	—	—	—	1 010.00	200.00	—	—	810.00	0	810.00
申报车辆总数（辆）			3				申报船舶总数（艘）		0				
以下由申报人填写：													
纳税人声明	此纳税申报表是根据《中华人民共和国车船税法》和国家有关税收规定填报的，是真实的、可靠的、完整的。												
纳税人签章	咸阳天润集团（签章）		代理人签章					代理人身份证号					
以下由税务机关填写：													
受理人			受理日期					受理税务机关（签章）					

项目十

行为税类的计算与申报

实际岗位

成本、费用核算岗位；办税员。

工作任务

在确定当期各行为税税目的基础上，核定当期计税依据和适用税率，计算当期应纳税额，编制会计凭证，登录相关账簿，在规定期限内填制各税的纳税申报表，进行纳税申报。

教学目的

通过“项目十”的教学和实训，达到：

1. 能够确定相应的税目、计税依据和税率
2. 会计算各税种的应纳税额
3. 会填制各行为目的税种的纳税申报表

任务一　会计算、申报印花税

基本内容学习

印花税是对经济活动和经济交往中书立、领受或使用的应税经济凭证所征收的一种税。它具有维护社会经济交易秩序的重要作用。

印花税具有以下四个特点：兼有凭证税和行为税性质、征税范围广泛、税收负担比较轻、由纳税人自行完成纳税义务。

一、征税范围

（1）经济合同。

经济合同包括购销、加工承揽、建设工程承包、财产租赁、货物运输、仓储保管、借

款、财产保险、技术合同或者具有合同性质的凭证。具有合同性质的凭证，是指具有合同效力的协议、契约、合约、单据、确认书及其他各种名称的凭证。

购销合同，包括供应、预购、采购、购销结合及协作、调剂、补偿、易货等合同；还包括各出版单位与发行单位（不包括订阅单位和个人）之间订立的图书、报刊、音像征订凭证。纳税人以电子形式签订的各类应税凭证按规定征收印花税。

加工承揽合同，包括加工、定做、修缮、修理、印刷、广告、测绘、测试等合同。

建设工程勘察设计合同，包括勘察、设计合同的总包合同、分包合同和转包合同。

建筑安装工程承包合同，包括建筑、安装工程承包合同的总包合同、分包合同和转包合同。

财产租赁合同，包括租赁房屋、船舶、飞机、机动车辆、机械、器具、设备等合同，还包括企业、个人出租门店、柜台等所签订的合同。

货物运输合同，包括民用航空、铁路运输、海上运输、内河运输、公路运输和联运合同。

仓储保管合同，包括仓储、保管合同或作为合同使用的仓单、入库单。

借款合同，包括银行及其他金融组织和借款人（不包括银行同业拆借）所签订的借款合同。

财产保险合同，包括财产、责任、保证、信用等保险合同。

技术合同，包括技术开发、转让、咨询、服务等合同。技术转让合同包括专利申请转让、非专利技术转让所书立的合同。

（2）产权转移书据。

在产权买卖、交换、继承、赠与、分割等产权主体变更过程中，产权出让人与受让人之间订立的民事法律文书。包括财产所有权、版权、商标专用权、专利权、专有技术使用权等5项产权的转移书据。

土地使用权出让合同、土地使用权转让合同、商品房销售合同，按产权转移书据征收印花税。

（3）资金账簿。

资金账簿归属于财务账簿，是反映生产经营单位“实收资本”和“资本公积”金额变化的账簿。

（4）权利、许可证照。

权利、许可证照包括政府部门发给的房屋产权证、工商营业执照、商标注册证、专利证、土地使用证。

（5）经财政部确定征税的其他凭证。

知识拓展

技术转让合同分类

专利权转让合同，是指专利权人作为转让方将其发明创造专利的所有权或持有权移交受让方，受让方支付约定价款所订立的合同。

专利实施许可合同，是指专利权人或者其授权的人作为转让方许可受让方在约定的范围内实施专利，受让方支付约定使用费所订立的合同。

专利申请转让合同，是指转让方将其就特定的发明创造申请专利的权利移交受让方，受让方支付约定价款所订立的合同。

非专利技术转让合同，是指转让方将拥有的非专利技术成果提供给受让方，明确相互间非专利技术成果使用权、转让权，受让方支付约定使用费所订立的合同。

专利权转让合同、专利实施许可合同按“产权转移书据”缴印花税。专利申请转让合同、非专利技术转让合同按“技术合同”缴纳印花税。

二、纳税人

印花税的纳税人是书立、领受或使用凭证的单位或个人。具体为：

立合同人，指合同的当事人，即对凭证有直接权利义务关系的单位和个人。立据人，产权转移书据的纳税人是立据人，即书立产权转移书据的单位和个人。

立账簿人，即设立并使用营业账簿的单位和个人，营业账簿的纳税人是立账簿人。

领受人，即领取并持有该项凭证的单位和个人，权利许可证照的纳税人是领受人。

使用人，应税凭证的使用人指在国外书立、领受应税凭证，在国内使用该凭证的单位和个人。

各类电子应税凭证的签订人，即以电子形式签订的各类应税凭证的当事人。

提示

印花税的纳税人

同一凭证，由两方或者两方以上当事人签订并各执一份的，应当由各方就所执的一份各自全额贴花，当事人各方都是印花税纳税义务人。

三、税率

印花税的税率有两种形式，即比例税率和定额税率。各类合同以及具有合同性质的凭证、产权转移书据、营业账簿中记载资金的账簿，适用比例税率；权利许可证照和营业账簿中的其他账簿，适用定额税率。具体税率见表 10－1。

表 10－1　印花税税目税率表

序号	税目	计税依据	税率	纳税人	说明
1	购销合同	购销金额	0.3‰	立合同人	
2	加工承揽合同	加工或承揽收入	0.5‰		
3	建设工程勘察设计合同	收取费用	0.5‰		
4	建筑安装工程承包合同	承包金额	0.3‰		
5	财产租赁合同	租赁金额	1‰		税额不足 1 元，按 1 元贴花
6	货物运输合同	运输费用	0.5‰		单据作为合同使用的，按合同贴花
7	仓储保管合同	仓储保管费用	1‰		仓单或栈单作为合同使用的，按合同贴花

续表

序号	税目	计税依据	税率	纳税人	说明
8	借款合同	借款金额	0.05‰	立合同人	单据作为合同使用的，按合同贴花
9	财产保险合同	保险费收入	1‰		单据作为合同使用的，按合同贴花
10	技术合同	所载金额	0.3‰		
11	产权转移书据	所载金额	0.5‰	立据人	
12	资金账簿	按实收资本和资本公积的合计金额	0.5‰	立账簿人	
		其他账簿按件	5元		
13	权利、许可证照	件	5元	领受人	

注：证券交易印花税（股票印花税）根据书立证券交易合同的金额对卖方（或继承，赠与A股、B股股权的出让方）计征，税率为1‰。

四、计税依据

印花税根据应税凭证的不同，设置了价值形态和实物形态两种计税依据。

（一）从价计征时计税依据的确定

1. 各类经济合同，以合同上记载的金额、收入或费用为计税依据。具体包括：

（1）购销合同，计税依据为合同或应税凭证记载的购销金额。如果是以物易物方式签订的购销合同，计税金额为合同所载的购、销金额合计数。

（2）加工承揽合同，计税依据为合同或应税凭证记载的加工或承揽收入。如果是由受托方提供原材料的加工、定作合同，凡在合同中分别记载加工费金额与原材料金额的，加工费金额按“加工承揽合同”，原材料金额按“购销合同”计税，两项税额相加数，即为合同应贴印花；若合同中未分别记载，则就全部金额依照“加工承揽合同”计税贴花。

（3）建设工程勘察设计合同，计税依据为合同或应税凭证记载的勘察、设计收取的费用（即勘察、设计收入）。

（4）建筑安装工程承包合同，计税依据为合同或应税凭证记载的承包金额，不得剔除任何费用。施工单位将自己承包的建设项目分包或转包给其他施工单位所签订的分包合同或转包合同，应以新的分包合同或转包合同所载金额为依据计算应纳税额。

（5）财产租赁合同，计税依据为合同或应税凭证记载的租赁金额（即租金收入）。注意两点：第一，税额不足1元的按照1元贴花。第二，财产租赁合同只是规定（月）天租金而不确定租期的，先定额5元贴花，在结算时按实际租赁金额补贴印花。

（6）货物运输合同，计税依据为合同或应税凭证记载的取得的运输费金额（即运费收入），不包括所运货物的金额、装卸费和保险费等。

（7）仓储保管合同，计税依据为合同或应税凭证记载的仓储保管的费用（即保管费收入）。有些企业以进仓单作为合同使用，有的又以收费单据作合同使用的，则进仓单或收费单据可作为应税凭证。

（8）借款合同，计税依据为合同或应税凭证记载的借款金额（即借款本金），分以下几种情况：

①凡是一项信贷业务既签订借款合同，又一次或分次填开借据的，只以借款合同所载金额为计税依据计税贴花；凡是只填开借据并作为合同使用的，应以借据所载金额为计税依据计税贴花。

②借贷双方签订的流动周转性借款合同，一般按年（期）签订，规定最高限额，借款人在规定的期限和最高限额内随借随还，为避免加重借贷双方的负担，对这类合同只以其规定的最高限额为计税依据，在签订时贴花一次，在限额内随借随还不签订新合同的，不再贴花。

③对借款方以财产作抵押，从贷款方取得一定数量抵押贷款的合同，应按借款合同贴花；在借款方因无力偿还借款而将抵押财产转移给贷款方时，应再就双方书立的产权书据，按产权转移书据的有关规定计税贴花。

④对银行及其他金融组织的融资租赁业务签订的融资租赁合同，应按合同所载租金总额，暂按借款合同计税。

（9）财产保险合同，计税依据为合同或应税凭证记载支付（收取）的保险费金额，不包括所保财产的金额。

（10）技术合同，计税依据为合同或应税凭证记载的价款、报酬或使用费的金额。技术开发合同中的研究开发经费不作为计税依据。

2. 产权转移书据，以书据中所载的金额为计税依据。

3. 资金账簿，以实收资本和资本公积两项合计的金额为计税依据。

（二）从量计税情况下计税依据的确定

实行从量计税的权利、许可证照，以计税数量为计税依据。

五、计算

从价定率计税时：

$$应纳印花税额 = 计税金额 \times 适用税率$$

从量定额计税时：

$$应纳印花税额 = 应税凭证数量 \times 定额税率$$

知识拓展

计算印花税的细节要求

（1）按金额计税的应税凭证，未标明金额的，应按照凭证所载数量及市场价格确定计税金额。

（2）同一凭证因载有两个或两个以上经济事项而适用不同税率，如分别载有金额的，应分别计算应纳税额，相加后按合计税额贴花；如未分别记载金额的，应从高适用税率计税贴花。

（3）按比例税率计算纳税而应纳税额又不足 1 角的，免纳印花税；应纳税额 1 角以上的，其税额尾数不满 5 分的不计，满 5 分的按 1 角计算贴花。对财产租赁合同的应纳税额超过 1 角但不足 1 元的，按 1 元贴花。

（4）应税凭证所载金额为外币的，按凭证书立当日的国家外汇管理局公布的外汇牌价折合成人民币，计算应纳税额。

六、减免优惠

（1）已缴纳印花税的凭证的副本或者抄本，免征印花税。

（2）财产所有人将财产赠给政府、社会福利单位、学校所立的书据，免征印花税。

（3）应纳税额不足1角的，免征印花税。

（4）无息、贴息贷款合同，免征印花税。

（5）外国政府或者国际金融组织向我国政府及国家金融机构提供优惠贷款所书立的合同，免征印花税。

（6）商店、门市部的零星加工修理业务开具的修理单，不贴印花。

（7）纳税人已履行并贴花的合同，发现实际结算金额与合同所载金额不一致的，一般不再补贴印花。

（8）农林作物、牧业畜类保险合同，免征印花税。

（9）国家指定的收购部门与村民委员会、农民个人书立的农副产品收购合同，免征印花税。

（10）书、报、刊发行单位之间，发行单位与订阅单位或个人之间书立的凭证，免征印花税。

（11）房地产管理部门与个人订立的租房合同，凡用于生活居住的，暂免贴印花；用于生产经营的，应按规定贴花。

（12）铁路、公路、航运承运快件行李、包裹开具的托运单据，暂免贴印花税。

（13）对企业车间、门市部、仓库设置的不属于会计核算范围，或虽属会计核算范围，但不记载金额的登记簿、统计簿、台账等，不贴印花。

（14）实行差额预算管理的单位，不记载经营业务的账簿不贴花。

（15）自2018年5月1日起，对按万分之五税率贴花的资金账簿减半征收印花税。

七、纳税义务发生时间

印花税的纳税义务发生时间分别为：账簿起用时；合同（协议）签订时；证照领受时；资本注册时或增加时。

八、纳税期限

印花税应税凭证应当于书立或者领受时贴花（申报缴纳税款）。同一种类应纳税凭证，需频繁贴花的，应向主管税务机关申请按期汇总缴纳印花税。汇总缴纳限期由地方税务机关确定，但最长期限不得超过1个月。

九、纳税地点

印花税一般实行就地纳税。对于全国性订货会（包括展销会、交易会等）所签合同，由纳税人回其所在地办理贴花完税手续；地方主办，不涉及省际关系的订货会（包括展销会、交易会等），由省级政府自行确定纳税地点。

十、缴纳方法

（1）自行贴花。

印花税通常由纳税人根据规定自行计算应纳税额，购买并一次贴足印花税票，将印花税票粘贴在应税凭证后，应即行注销。即自购、自贴、自销的“三自”纳税方法。纳税人向税务机关或指定的代售单位购买印花税票，就税务机关来说，印花税票一经售出，国家即取得印花税收入。但就纳税人来说，购买了印花税票，不等于履行了纳税义务。同时必须明确：已贴用的印花税票不得重用。

（2）汇贴汇缴。

当一份凭证的应纳税额数量较大，超过500元时，纳税人可向当地税务机关申请填写缴款书或者完税证，将其中一联粘贴在凭证上或者由税务机关在凭证上加注完税标记，代替贴花。

同一种类应纳税凭证若需要频繁贴花的，纳税人应向当地税务机关申请按期汇总缴纳印花税。经税务机关核准发给汇缴许可证后，按税务机关确定的限期（最长不超过1个月）汇总计算纳税。应纳税凭证在加注税务机关指定的汇缴戳记、编号，并装订成册后，纳税人应将缴款书的一联黏附册后，盖章注销，保存备查。

（3）委托代征。

税务机关为了加强源泉控制管理，可以委托发放、鉴证、公证或仲裁应税凭证的有关部门代征，并给代征单位发放代征委托书，明确双方的权利和义务。

知识拓展　**纳税人贴花时，必须遵守的相关事宜**

（1）在应纳税凭证书立或领受时即行贴花完税，不得延至凭证生效日期贴花。

（2）印花税票应粘贴在应纳税凭证上，并由纳税人在每枚税票的骑缝处盖戳注销或画销，严禁揭下重用。

（3）已经贴花的凭证，凡修改后所载金额增加的部分，应补贴印花。

（4）对已贴花的各类应纳税凭证，纳税人须按规定期限保管，不得私自销毁，以备纳税检查。

（5）凡多贴印花税票者，不得申请退税或者抵扣。

（6）纳税人对凭证不能确定是否应当纳税的，应及时携带凭证，到当地税务机关鉴别。

（7）纳税人同税务机关对凭证的性质发生争议的，应检附该凭证报请上一级税务机关核定。

（8）纳税人对纳税凭证应妥善保存。凭证的保存期限，凡国家已有明确规定的，按规定办理；其他凭证均应在履行纳税义务完毕后保存1年。

基本内容应用

A公司本年1月份开业。领受了工商营业执照、房屋产权证、土地使用证各一份；建账时，资金账簿中记载实收资本220万元。当年发生经营活动，签订以下合同：签订购销合同4份，共记载金额280万元；签订借款合同1份，记载金额50万元，当年取得借款利息0.8万元；签订租赁合同1份，记载支付租赁费50万元；签订技术服务合同1份，记载金额60

万元。

要求： 计算A公司应缴纳的印花税税额。

处理：

领受三份证照应缴纳的印花税额 $=3\times5=15$（元）

设置账簿应缴纳的印花税税额 $=2\ 200\ 000\times0.5‰\div2=550$（元）

签订购销合同应缴纳的印花税税额 $=2\ 800\ 000\times0.3‰=840$（元）

签订借款合同应缴纳的印花税税额 $=500\ 000\times0.05‰=25$（元）

签订租赁合同应缴纳的印花税税额 $=500\ 000\times1‰=500$（元）

签订技术服务合同应缴纳的印花税税额 $=600\ 000\times0.3‰=180$（元）

在掌握了印花税基本税制内容的基础上，进一步学习其税制内容的具体政策及申报：

情境一　确定纳税人

A公司向B厂购买钢材，为保证收回货款，B厂要求A公司提供担保，甲机构为A公司提供了购货担保。三方签订购销合同，并到乙公证处对合同进行了公证。

要求： 确定印花税纳税人。

政策提示

税法规定，应税合同的纳税人为立合同人。立合同人指合同的当事人，对凭证有直接权利义务关系的单位和个人，但不包括担保人、证人、鉴定人。如果合同有代理人的，当事人的代理人有代理纳税的义务。

业务处理

根据上述规定，该购销合同的纳税人为A公司和B厂。

情境二　确定征税范围——以会计核算级次确定营业账簿是否应纳印花税

A企业采用分级核算方法，财会部门启用了“实收资本”“资本公积”等账簿以记载生产经营活动。其他各管理部门也设置若干账户进行该部门的明细核算。

要求： 确定印花税的征税范围。

政策提示

税法规定，对采用一级核算形式的单位，只就财会部门设置的账簿贴花；采用分级核算形式的除财会部门的账簿应贴花外，财会部门设置在其他部门和车间的明细分类账，亦应按规定贴花。

业务处理

根据上述规定，该企业财务部门和其他各管理部门应分别根据所启用账簿计算缴纳印花税。

情境三　确定征税范围——未按期兑现的合同的处理

A 公司与 B 公司于 6 月份签订一份仓库租赁合同，B 公司随即贴花。之后 A 公司因故于 9 月与 B 公司协商解除了该项合同。A 公司就该合同自始至终未贴花。

要求： 确定该合同是否属于印花税应税合同。

政策提示

税法规定，应税凭证于书立或者领受时即应贴花，具体是指在合同的签订时、书据的立据时、账簿的启用时和证照的领受时贴花。因此，不论合同是否兑现或能否按期兑现，都一律要按照规定贴花。

业务处理

根据上述规定，即使合同解除，A 公司和 B 公司也应就其签订的仓库租赁合同分别计算缴纳印花税。

情境四　确定计税依据

A 建设单位与 B 公司签订了一份有关建设项目的勘察设计合同，勘察设计费用 200 万元，均已贴花。由于勘察项目难度较大，经协商双方就原合同修改了勘察设计费用，将其增至 270 万元。

要求： 确定印花税计税依据。

政策提示

税法规定，已贴花的应税凭证，修改后所载金额增加的，其增加部分应当补贴印花税票。

业务处理

根据上述规定，A 建设单位与 B 公司在合同签订时已经就其合同记载金额（200 万元）计算贴花，合同修订后双方只就其金额增加部分（70 万元）分别计税贴花。

情境五　确定征税范围——既书立合同又开立单据的处理

A 公司与 B 公司签订一项货物运输合同，合同签订时 B 公司给 A 公司预付了运费，A

公司开具了收款单据。

要求： 确定印花税应税范围。

政策提示

税法规定，办理一项业务，如果既书立合同，又开立票据，只就合同贴花；凡不书立合同，只开立单据，以单据作为合同使用的，其使用的单据应按规定贴花。

业务处理

根据上述规定，A公司与B公司只就签订的货物运输合同计算缴纳印花税，不再就收款单据纳税。

情境六　填制印花税纳税申报表

一、印花税申报流程

印花税申报流程图，如图10－1所示。

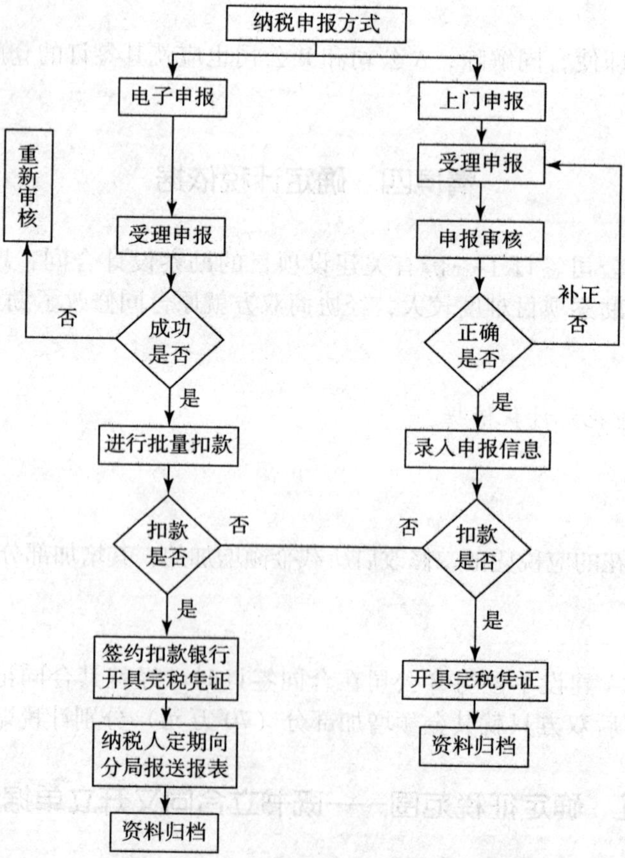

图10－1　印花税申报流程

二、填制印花税纳税申报表

（一）纳税人信息

纳税人名称：好家实业有限公司

法定代表人：叶丽

纳税人类型：股份有限公司，增值税一般纳税人

财务负责人：李婷

地址及电话：咸阳市渭阳区宝泉路386号　029－33369368

开户行及账号：工商银行渭阳中心支行　2－23896318

统一社会信用代码（纳税人识别号）：614004003216589123

（二）业务资料

好家实业有限公司××××年10月开业，经营期限10年。开业时领受房屋产权证、工商营业执照、土地使用证各一份；企业营业账簿中，资金账簿中“实收资本”“资本公积”科目共载有资金800万元；订立购销合同一份，所载金额为300万元；订立借款合同一份，所载金额300万元；订立转移专用技术使用权书据一份，所载金额100万元。

（三）计算税额

领受权利许可证照应缴纳的印花税税额＝3×5＝15（元）

设置账簿应缴纳的印花税税额＝8 000 000×0.5‰÷2＝2 000（元）

签订购销合同应缴纳的印花税税额＝3 000 000×0.3‰＝900（元）

签订借款合同应缴纳的印花税税额＝3 000 000×0.05‰＝150（元）

订立产权转移数据应缴纳的印花税税额＝1 000 000×0.5‰＝500（元）

（四）填制申报表

据以上数据填报《印花税申报表》，见表10－2。

表10－2　印花税纳税申报表

填报日期：××××年11月8日

纳税人识别号：614004003216589123　　　　金额单位：元（列至角分）

纳税人名称	好家实业有限公司				税款所属日期	××××.10.1－××××.10.31				
应税凭证名称	件数	计税金额	适用税率	应纳税额	已纳税额	应补（退）税额	贴花情况			
							上期结存	本期购进	本期贴花	本期结余
1	2	3	4	5	6	5－6	8	9	10	11
权利许可证照	3		5.00	15.00		15.00			15.00	
产权转移书据	1	1 000 000.00	0.5‰	500.00		500.00			500.00	
购销合同	1	3 000 000.00	0.3‰	900.00		900.00			900.00	
借款合同	1	3 000 000.00	0.05‰	150.00		150.00			150.00	
记载资金账簿	1	8 000 000.00	0.5‰	2 000.00		2 000.00			2 000.00	

续表

<table>
<tr><td rowspan="2">应税凭证名称</td><td rowspan="2">件数</td><td rowspan="2">计税金额</td><td rowspan="2">适用税率</td><td rowspan="2">应纳税额</td><td rowspan="2">已纳税额</td><td rowspan="2">应补（退）税额</td><td colspan="4">贴花情况</td></tr>
<tr><td>上期结存</td><td>本期购进</td><td>本期贴花</td><td>本期结余</td></tr>
<tr><td>1</td><td>2</td><td>3</td><td>4</td><td>5</td><td>6</td><td>5－6</td><td>8</td><td>9</td><td>10</td><td>11</td></tr>
<tr><td colspan="5">如纳税人填报，由纳税人填写以下各栏</td><td colspan="5">如委托代理人填报，由代理人填写以下各栏</td><td>备注</td></tr>
<tr><td colspan="2" rowspan="3">会计主管：
李婷（签章）</td><td colspan="3" rowspan="3">纳税人：好家实业
有限公司（公章）</td><td>代理人名称</td><td></td><td colspan="3" rowspan="2">代理人（公章）</td><td rowspan="3"></td></tr>
<tr><td>代理人地址</td><td></td></tr>
<tr><td>经办人姓名</td><td></td><td>电话</td><td colspan="2"></td></tr>
<tr><td colspan="11">以下为税务机关填写</td></tr>
<tr><td colspan="2">收到申报日期</td><td colspan="3"></td><td colspan="2">接收人</td><td colspan="4"></td></tr>
</table>

任务二　会计算、申报环境保护税

基本内容学习

环境保护税是为了保护和改善环境，减少污染物排放，推进生态文明建设而征收的一种税。

一、征税范围

环境保护税的征税对象包括大气污染物、水污染物、固体废物和噪声等四类污染物，具体按照《环境保护税法》所附《环境保护税目税额表》《应税污染物和当量值表》的规定执行。

有下列情形之一的，不属于直接向环境排放污染物，不缴纳相应污染物的环境保护税：

（1）企业事业单位和其他生产经营者向依法设立的污水集中处理、生活垃圾集中处理场所排放应税污染物的。

（2）企业事业单位和其他生产经营者在符合国家和地方环境保护标准的设施、场所储存或者处置固体废物的。

依法设立的城乡污水集中处理、生活垃圾集中处理场所超过国家和地方规定的排放标准向环境排放应税污染物的，应当缴纳环境保护税。

企业事业单位和其他生产经营者储存或者处置固体废物不符合国家和地方环境保护标准的，应当缴纳环境保护税。

知识拓展

何谓城乡污水集中处理场所？

城乡污水集中处理场所，是指为社会公众提供生活污水处理服务的场所，不包括为工业园区、开发区等工业聚集区域内的企业事业单位和其他生产经营者提供污水处理服务的场所，以及企业事业单位和其他生产经营者自建自用的污水处理场所。

二、纳税人

在中华人民共和国领域和中华人民共和国管辖的其他海域，直接向环境排放应税污染物的企业事业单位和其他生产经营者为环境保护税的纳税人。

思考

居民个人、机动车等流动污染源排放应税污染物要缴纳环境保护税吗？

三、税率

环境保护税实行定额税率，具体规定见表10－3。

表10－3　环境保护税税目税额表

<table>
<tr><th colspan="2">税目</th><th>计税单位</th><th>税额</th><th>备注</th></tr>
<tr><td colspan="2">大气污染物</td><td>每污染当量</td><td>1.2元至12元</td><td></td></tr>
<tr><td colspan="2">水污染物</td><td>每污染当量</td><td>1.4元至14元</td><td></td></tr>
<tr><td rowspan="4">固体废物</td><td>煤矸石</td><td>每吨</td><td>5元</td><td></td></tr>
<tr><td>尾矿</td><td>每吨</td><td>15元</td><td></td></tr>
<tr><td>危险废物</td><td>每吨</td><td>1 000元</td><td></td></tr>
<tr><td>冶炼渣、粉煤灰、炉渣、其他固体废物（含半固态、液态废物）</td><td>每吨</td><td>25元</td><td></td></tr>
<tr><td rowspan="6">噪声</td><td rowspan="6">工业噪声</td><td>超标1～3分贝</td><td>每月350元</td><td rowspan="6">1. 一个单位边界上有多处噪声超标，根据最高一处超标升级计算应纳税额；当沿边界长度超过100米有两处以上噪声超标，按照两个单位计算应纳税额。
2. 一个单位有不同地点作业场所的，应当分别计算应纳税额，合并计征。
3. 昼、夜均超标的环境噪声，昼、夜分别计算应纳税额，累计计征。
4. 声源一个月内超标不足15天的，减半计算应纳税额。
5. 夜间频繁突发和夜间偶然突发厂界超标噪声，按等效声级和峰值噪声两种指标中超标分贝值高的一项计算应纳税额</td></tr>
<tr><td>超标4～6分贝</td><td>每月700元</td></tr>
<tr><td>超标7～9分贝</td><td>每月1 400元</td></tr>
<tr><td>超标10～12分贝</td><td>每月2 800元</td></tr>
<tr><td>超标13～15分贝</td><td>每月5 600元</td></tr>
<tr><td>超标16分贝以上</td><td>每月11 200元</td></tr>
</table>

注：1. 污染当量，是指根据污染物或者污染排放活动对环境的有害程度以及处理的技术经济性，衡量不同污染物对环境污染的综合性指标或者计量单位。

2. 分贝，是量度两个相同单位之数量比例的计量单位，主要用于度量声音强度。

应税大气污染物和水污染物的具体适用税额的确定和调整，由省、自治区、直辖市人民政府统筹考虑本地区环境承载能力、污染物排放现状和经济社会生态发展目标要求，在规定的税额幅度内提出，报同级人民代表大会常务委员会决定，并报全国人民代表大会常务委员会和国务院备案。

四、计税依据

环境保护税的计税依据，按照下列方法确定：

（1）应税大气污染物按照污染物排放量折合的污染当量数确定。

（2）应税水污染物按照污染物排放量折合的污染当量数确定。

（3）应税固体废物按照固体废物的排放量确定。

（4）应税噪声按照超过国家规定标准的分贝数确定。

应税大气污染物、水污染物的污染当量数，以该污染物的排放量除以该污染物的污染当量值计算。

每一排放口或者没有排放口的应税大气污染物，按照污染当量数从大到小排序，对前三项污染物征收环境保护税。

每一排放口的应税水污染物，按照附表《应税污染物和当量值表》，区分第一类水污染物和其他类水污染物，按照污染当量数从大到小排序，对第一类水污染物按照前五项征收环境保护税，对其他类水污染物按照前三项征收环境保护税。

应税大气污染物、水污染物、固体废物的排放量和噪声的分贝数，按照下列方法和顺序计算：

（1）纳税人安装使用符合国家规定和监测规范的污染物自动监测设备的，按照污染物自动监测数据计算。

（2）纳税人未安装使用污染物自动监测设备的，按照监测机构出具的符合国家有关规定和监测规范的监测数据计算。

（3）因排放污染物种类多等原因不具备监测条件的，按照国务院环境保护主管部门规定的排污系数、物料衡算方法计算。

（4）不能按照本条第一项至第三项规定的方法计算的，按照省、自治区、直辖市人民政府环境保护主管部门规定的抽样测算的方法核定计算。

五、计算

环境保护税实行从量定额的办法计算应纳税额。应纳税额的计算公式如下：

应税大气污染物的应纳税额 = 污染当量数 × 具体适用税额

应税水污染物的应纳税额 = 污染当量数 × 具体适用税额

应税固体废物的应纳税额 = 固体废物排放量 × 具体适用税额

应税噪声的应纳税额 = 超过国家规定标准的分贝数对应的具体适用税额

纳税人有下列情形之一的，以其当期应税大气污染物、水污染物的产生量作为污染物的排放量：

（1）未依法安装使用污染物自动监测设备或者未将污染物自动监测设备与环境保护主管部门的监控设备联网。

（2）损毁或者擅自移动、改变污染物自动监测设备。

（3）篡改、伪造污染物监测数据。

（4）通过暗管、渗井、渗坑、灌注或者稀释排放以及不正常运行防治污染设施等方式违法排放应税污染物。

（5）进行虚假纳税申报。

六、税收优惠

（一）暂予免征环境保护税的情形

（1）农业生产（不包括规模化养殖）排放应税污染物的。

（2）机动车、铁路机车、非道路移动机械、船舶和航空器等流动污染源排放应税污染物的。

（3）依法设立的城乡污水集中处理、生活垃圾集中处理场所排放相应应税污染物，不超过国家和地方规定的排放标准的。

（4）纳税人综合利用的固体废物，符合国家和地方环境保护标准的。

（5）国务院批准免税的其他情形。

（二）减税政策

（1）纳税人排放应税大气污染物或者水污染物的浓度值低于国家和地方规定的污染物排放标准30%的，减按75%征收环境保护税。

（2）纳税人排放应税大气污染物或者水污染物的浓度值低于国家和地方规定的污染物排放标准50%的，减按50%征收环境保护税。

七、纳税义务发生时间

环境保护税的纳税义务发生时间为纳税人排放应税污染物的当日。

八、纳税期限

环境保护税按月计算，按季申报缴纳。

不能按固定期限计算缴纳的，可以按次申报缴纳。纳税人按季申报缴纳的，应当自季度终了之日起 15 日内，向税务机关办理纳税申报并缴纳税款。纳税人按次申报缴纳的，应当自纳税义务发生之日起 15 日内，向税务机关办理纳税申报并缴纳税款。

九、纳税地点

纳税人应当向应税污染物排放地的税务机关申报缴纳环境保护税。

纳税人跨区域排放应税污染物，税务机关对税收征收管辖有争议的，由争议各方按照有利于征收管理的原则协商解决；不能协商一致的，报请共同的上级税务机关决定。

基本内容应用

A 企业常年向大气排放污染物，某年 1 月该企业安装符合规定的污染物自动监测仪显示，排放的大气污染物折合 1 000 污染当量。已知当地大气污染物适用税额 3. 5 元/污染当量。

要求： 计算A企业应缴纳的环保税税额。

处理：

应纳环保税税额 = 1 000 × 3.5 = 3 500（元）

情境一　确定征税范围

A企业为畜禽养殖场，达到省级人民政府确定的规模标准并且有污染物排放口；B企业对畜禽养殖废弃物进行综合利用和无害化处理，不直接向环境排放污染物。

要求： 确定A、B企业是否需要缴纳环境保护税。

政策提示

税法规定，达到省级人民政府确定的规模标准并且有污染物排放口的畜禽养殖场，应当依法缴纳环境保护税；依法对畜禽养殖废弃物进行综合利用和无害化处理的，不属于直接向环境排放污染物，不缴纳环境保护税。

业务处理

根据上述规定，A企业需要缴纳环境保护税，B企业则无须缴纳环境保护税。

情境二　确定计税依据——应税固体废物

A企业8月生产形成工业尾矿1 000吨，其中可综合利用的尾矿300吨（符合国家和地方环境保护标准），按符合国家环境保护标准的设施储存200吨。

要求： 确定A企业应纳环保税的计税依据。

政策提示

税法规定，应税固体废物的计税依据，按照固体废物的排放量确定。固体废物的排放量为当期应税固体废物的产生量减去当期应税固体废物的储存量、处置量、综合利用量的余额。纳税人有下列情形之一的，以其当期应税固体废物的产生量作为固体废物的排放量：

（1）非法倾倒应税固体废物；

（2）进行虚假纳税申报。

业务处理

根据上述规定：

A企业8月应缴纳的环境保护税 =（1 000 − 300 − 200）× 15 = 7 500（元）

知识拓展

固体废物的储存量、处置量、综合利用量

固体废物的储存量、处置量，是指在符合国家和地方环境保护标准的设施、场所储存或者处置的固体废物数量；固体废物的综合利用量，是指按照国务院发展改革、工业和信息化主管部门关于资源综合利用要求以及国家和地方环境保护标准进行综合利用的固体废物数量。

情境三　填制环境保护税纳税申报表

一、环境保护税纳税申报流程

环境保护税纳税申报流程图，如图 10－2 所示。

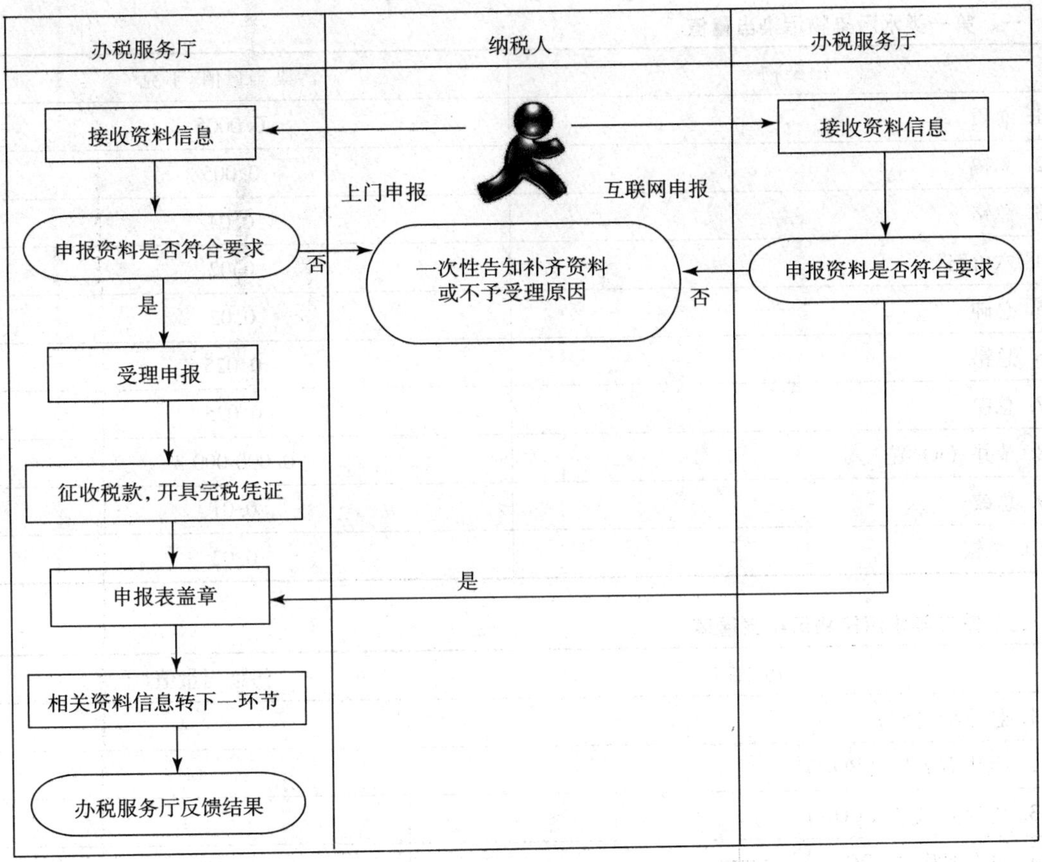

图 10－2　环境保护税纳税申报流程

二、填制环境保护税纳税申报表

（一）纳税人信息

纳税人名称：咸阳天源能源有限公司

纳税人类型：股份公司

法定代表人：李志忠

会计主管：秦山

营业地址：咸阳市滨河西路79号

电话：029-35170832

统一社会信用代码（纳税人识别号）：110203258756098000

开户银行及账号：工商银行渭阳路支行3-13566455

（二）业务资料

咸阳天源能源有限公司2018年4月向大气直接排放二氧化硫、氟化物各10千克，一氧化碳、氯化氢各100千克，当地计税标准大气污染物每污染当量税额为1.2元，这家企业只有一个排放口。（注：0.95、0.87、16.7、10.75分别为相应污染物的污染当量值（单位：千克），见表10-4。

表10-4 应税污染物和当量值表

一、第一类水污染物污染当量值

污染物	污染当量值/千克
1. 总贡	0.0005
2. 总镉	0.005
3. 总铬	0.04
4. 六价铬	0.02
5. 总砷	0.02
6. 总铅	0.025
7. 总镍	0.025
8. 苯并（a）芘	0.000 000 3
9. 总铍	0.01
10. 总银	0.02

二、第二类水污染物污染当量值

污染物	污染当量值/千克
11. 悬浮物（SS）	4
12. 生化需氧量（BOD5）	0.5
13. 化学需氧量（COD）	1
14. 总有机碳（TOC）	0.49
15. 石油类	0.1
16. 动植物油	0.16
17. 挥发酚	0.08
18. 总氰化物	0.05
19. 硫化物	0.125

续表

污染物	污染当量值/千克
20. 氨氮	0.8
21. 氟化物	0.5
22. 甲醛	0.125
23. 苯胺类	0.2
24. 硝基苯类	0.2
25. 阴离子表面活性剂（LAS）	0.2
26. 总铜	0.1
27. 总锌	0.2
28. 总锰	0.2
29. 彩色显影剂（CD-2）	0.2
30. 总磷	0.25
31. 元素磷（以P计）	0.05
32. 有机磷农药（以P计）	0.05
33. 乐果	0.05
34. 甲基对硫磷	0.05
35. 马拉硫磷	0.05
36. 对硫磷	0.05
37. 五氯酚及五氯酚钠（以五氯酚计）	0.25
38. 三氯甲烷	0.04
39. 可吸附有机卤化物（AOX）（以Cl计）	0.25
40. 四氯化碳	0.04
41. 三氯乙烯	0.04
42. 四氯乙烯	0.04
43. 苯	0.02
44. 甲苯	0.02
45. 乙苯	0.02
46. 邻-二甲苯	0.02
47. 对-二甲苯	0.02
48. 间-二甲苯	0.02
49. 氯苯	0.02
50. 邻二氯苯	0.02
51. 对二氯苯	0.02

续表

污染物	污染当量值/千克
52. 对硝基氯苯	0. 02
53. 2. 4 - 二硝基氯苯	0. 02
54. 苯酚	0. 02
55. 间 - 甲酚	0. 02
56. 2. 4 - 二氯酚	0. 02
57. 2. 4. 6 - 三氯酚	0. 02
58. 邻苯二甲酸二丁酯	0. 02
59. 邻苯二甲酸二辛酯	0. 02
60. 丙烯腈	0. 125
61. 总硒	0. 02

说明：1. 第一、二类污染物的分类依据为《污水综合排放标准》（GB 8978—1996）。
2. 同一排放口中的化学需氧量（COD）、生化需氧量（BOD5）和总有机碳（TOC），只征收一项。

三、pH 值、色度、大肠菌群数、余氯量污染当量值

污染物		污染当量值
1. pH 值	1. 0 ~ 1，13 ~ 14	0. 06 吨污水
	2. 1 ~ 2，12 ~ 13	0. 125 吨污水
	3. 2 ~ 3，11 ~ 12	0. 25 吨污水
	4. 3 ~ 4，10 ~ 11	0. 5 吨污水
	5. 4 ~ 5，9 ~ 10	1 吨污水
	6. 5 ~ 6，	5 吨污水
2. 色度		5 吨水·倍
3. 大肠菌群数（超标）		3. 3 吨污水
4. 余氯量（用氯消毒的医院废水）		3. 3 吨污水

说明：1. 大肠菌群数和总余氯只征收一项。
2. pH5 ~ 6 指大于等于 5，小于 6；pH9 ~ 10 指大于 9，小于等于 10，其余类推。

四、禽畜养殖业、小型企业和第三产业污染当量值

类型		污染当量值
禽畜养殖场	1. 牛	0. 1 头
	2. 猪	1 头
	3. 鸡、鸭等家禽	30 羽
4. 小型企业		1. 8 吨污水
5. 饮食娱乐服务业		0. 5 吨污水

续表

类型		污染当量值
6. 医院	消毒	0.14 床
		2.8 吨污水
	不消毒	0.07 床
		1.4 吨污水

说明：1. 本表仅适用于计算无法进行实际监测或物料衡算的禽畜养殖业、小型企业和第三产业等小型排污者的污染当量数。

2. 仅对存栏规模大于 50 头牛、500 头猪、5 000 羽鸡、鸭等的禽畜养殖场征收。

3. 医院病床数大于 20 张的按本表计算污染当量。

五、大气污染物污染当量值

污染物	污染当量值/千克
1. 二氧化硫	0.95
2. 氮氧化物	0.95
3. 一氧化碳	16.7
4. 氯气	0.34
5. 氯化氢	10.75
6. 氟化物	0.87
7. 氰化氢	0.005
8. 硫酸雾	0.6
9. 铬酸雾	0.000 7
10. 汞及其化合物	0.000 1
11. 一般性粉尘	4
12. 石棉尘	0.53
13. 玻璃棉尘	2.13
14. 炭黑尘	0.59
15. 铅及其化合物	0.02
16. 镉及其化合物	0.03
17. 铍及其化合物	0.000 4
18. 镍及其化合物	0.13
19. 锡及其化合物	0.27
20. 烟尘	2.18
21. 苯	0.05
22. 甲苯	0.18
23. 二甲苯	0.27

续表

污染物	污染当量值/千克
24. 苯并（a）芘	0.000 002
25. 甲醛	0.09
26. 乙醛	0.45
27. 丙烯醛	0.06
28. 甲醇	0.67
29. 酚类	0.35
30. 沥青烟	0.19
31. 苯胺类	0.21
32. 氯苯类	0.72
33. 硝基苯	0.17
34. 丙烯腈	0.22
35. 氯乙烯	0.55
36. 光气	0.04
37. 硫化氢	0.29
38. 氨	9.09
39. 三甲胺	0.32
40. 甲硫醇	0.04
41. 甲硫醚	0.28
42. 二甲二硫	0.28
43. 苯乙烯	25
44. 二硫化碳	20

（三）计算税额

第一步，计算各污染物的污染当量数。

二氧化硫：10/0.95 = 10.53

氟化物：10/0.87 = 11.49

一氧化碳：100/16.7 = 5.99

氯化氢：100/10.75 = 9.3

第二步，按污染物的污染当量数排序（每一排放口或者没有排放口的应税大气污染物，对前三项污染物征收环境保护税）。

选取前三项污染物：

氟化物（11.49）> 二氧化硫（10.53）> 氯化氢（9.3）> 一氧化碳（5.99）

第三步，计算应纳税额。

氟化物：11.49 × 1.2 = 13.79（元）

二氧化硫：10.53 × 1.2 = 12.63（元）

氯化氢：9.3×1.2=11.16（元）

（四）填制申报表

根据应纳环境保护税的相关金额填制《环境保护税纳税申报表（A类）》及附表一，见表10-5、表10-6。

表10-5　环境保护税纳税申报表（A类）

税款所属期：自＊年4月1日至＊年6月30日　　　填表日期：＊年7月14日

金额单位：元至角分

＊纳税人名称	咸阳天源能源有限公司（公章）				＊统一社会信用代码（纳税人识别号）		110203258756098000		
税源编号	＊排放口名称或噪声源名称	＊税目	＊污染物名称	＊计税依据或超标噪声综合系数	＊单位税额	＊本期应纳税额	本期减免税额	＊本期已缴税额	＊本期应补（退）税额
(1)	(2)	(3)	(4)	(5)	(6)	(7)=(5)×(6)	(8)	(9)	(10)=(7)-(8)-(9)
		大气污染物	二氧化硫	10.53	1.2	12.63			
			氟化物	11.49	1.2	13.79			
			氯化氢	9.3	1.2	11.16			
合计	—	—	—	—	—	37.58			
授权声明	如果你已委托代理人申报，请填写下列资料： 为代理一切税务事宜，现授权（地址）　　　（统一社会信用代码）　　　为本纳税人的代理申报人，任何与本申报表有关的往来文件，都可寄予此人。 授权人签字：				＊申报人声明		本纳税申报表是根据国家税收法律法规及相关规定填写的，是真实的、可靠的、完整的。 声明人签字：李志忠		

经办人：　　　主管税务机关：　　　受理人：　　　受理日期：　　　年　　月　　日

本表一式两份，一份纳税人留存，一份税务机关留存。

表10－6　环境保护税按月计算报表

（大气污染物适用）

税款所属期：自＊年4月1日至＊年4月30日

纳税人名称：咸阳天源能源有限公司　　统一社会信用代码（纳税人识别号）：110203258756098000

＊月份	＊税源编号	＊排放口名称	＊污染物名称	＊污染物排放量计算方法	监测计算		排污系数计算				＊污染物排放量/千克	＊污染当量值/千克	＊污染当量数
					废气排放量/万标立方米	实测浓度值/（毫克/标立方米）	计算基数	产污系数	排污系数	污染物单位			
（1）	（2）	（3）	（4）	（5）	（6）	（7）	（8）	（9）	（10）	（11）	（12）=（6）×（7）÷100 （112）=（8）×（9）×N （112）=（8）×（10）×N	（13）	（14）=（12）÷（13）
4月			二氧化硫	自动监测							10	0.95	10.53
			氟化物	自动监测							10	0.87	11.49
			一氧化碳	自动监测							100	16.7	5.99
			氯化氢	自动监测							100	10.75	9.3

附：

税收征收管理法概述

为了规范税款的征收和缴纳行为，保证国家财政收入，维护纳税人合法权益，促进经济发展和社会和谐，1992 年 9 月 4 日，第七届全国人大常委会第 27 次会议通过了《中华人民共和国税收征收管理法》，于 1993 年 1 月 1 日起施行，后又于 2001 年 4 月 28 日第九届全国人民代表大会常务委员会第二十一次会议对其进行了修订。2002 年 9 月 7 日，国务院又颁布了《中华人民共和国税收征收管理法实施细则》。

税收征管法及实施细则适用于依法由税务机关征收的各税种的征收管理。

任务一 了解税收法律关系及征纳双方的权利和义务

一、税收、税法、税收法律关系

税收是国家为了满足公共需要，凭借政治权力，强制、无偿地参与国民收入的分配，以取得财政收入的形式。税法是调节国家与纳税人之间在征纳税过程中的权利和义务的法律规范的总称。

税收和税法是密切相关的：税收是税法的具体内容；税法是税收的法律表现形式。税收是经济活动，属于经济基础；税法是法律规范，属于上层建筑。税收必须依税法进行；税法是税收的依据和保障。

税收法律关系是指税法所确认和调整的税收征纳双方在税款征纳过程中形成的权利和义务关系，由主体、客体和内容三要素构成。税收法律关系的主体，是指在税收法律关系中依法享有权利和承担义务的当事人，包括征税主体和纳税主体。征税主体是指在税收法律关系中代表国家享有征税权利的一方当事人，具体指各级税务机关和海关等。纳税主体是指税收法律关系中负有纳税义务的一方当事人，包括法人、自然人和其他组织。在税收法律关系中，征税主体和纳税主体是行政管理中管理和被管理的关系，但法律地位是平等的。税收法律关系的客体，是指税收法律关系主体双方权利和义务共同指向的对象。可以是提供产品、劳务所取得的流转额、所得额，也可以是财产、资源或行为。

税收法律关系的内容，是指税收法律关系的主体双方所享受的权利和应承担的义务。

二、征纳双方的权利和义务

（一）税务机关的权利

税务机关，作为税收法律关系的征收主体，作为税收征收管理的职能部门，享有以下权利：

1. 税收法规的起草、拟定权。税务机关有权提出税收政策建议，拟定税收法规草案，制定税收征管的部门规章等。

2. 税务管理权。税务机关有权对纳税人进行税务登记、账簿凭证、纳税申报等日常税务管理。

3. 税款征收权。税务机关有权征收税款。这是税务机关最基本、最主要的权利。

4. 税务检查权。税务机关有权检查纳税人的纳税义务履行情况。

5. 行政处罚权。税务机关有权对税收违法行为依法进行行政制裁。

6. 其他权利。税务机关在税收征管过程中，根据不同的情形，有审批减免税、延期纳税申请的权力，委托代征税款的权力，阻止纳税人离境的权力，等。

（二）税务机关的义务

税务机关在行使职权的过程中，也应承担相应的义务：

1. 无偿宣传、辅导税法的义务。

2. 保密义务。税务机关在税收征管过程中，应为纳税人、扣缴义务人保守商业秘密和隐私，为检举者保密。

3. 办理税务登记的义务。在纳税人依法办理各种税务登记时，应及时提供相关服务。

4. 开具完税凭证的义务。在受理纳税人缴纳税款业务时，应及时开具完税凭证。

5. 受理税务行政复议的义务。当征纳双方发生税收争议，纳税人或其代理人向相关税务机关提出税务行政复议申请时，应积极受理。

6. 回避义务。税务人员在实施税收征管过程中，与纳税人或相关人员有利害关系，可能影响到公正执法的，应当回避。

7. 其他义务。税务机关在税收征管过程中，根据不同的情形，有进行纳税检查时出示证明义务，返还多征税款的义务，保护纳税人合法权益的义务，等。

（三）纳税人、扣缴义务人的义务

纳税人，作为税收法律关系的纳税主体，作为税收征收管理中的被管理者，应履行以下义务：

1. 按规定办理纳税登记，正确使用税务登记证的义务。

2. 按规定设置、使用和保管账簿凭证的义务。

3. 按期办理纳税申报的义务。

4. 接受税务检查的义务。

5. 其他义务。视具体情形，有在解决税收征以前先按税务机关决定缴纳税款和滞纳金的义务，欠税较大的纳税人在处分较大财产前向税务机关报告的义务，提供纳税担保的义务，等。

（四）纳税人、扣缴义务人的权利

纳税人、扣缴义务人在主要履行纳税义务的同时，也享有一定权利：

1. 有向税务机关了解税收法律、行政法规权利。

2. 有要求税务机关就相关信息保密的权利。

3. 有依法申请减税、免税、退税的权利。

4. 对税务机关所作出的决定，有陈述、申辩的权利。

5. 对税务机关所作出的决定不服时，有依法申请行政复议、提起行政诉讼、请求国家赔偿等权利。

6. 对税务机关、税务人员的违法违纪行为有控告和检举的权利。

三、税收征收管理体制

我国现行的财政管理体制是分税制，即在划分中央与地方政府事权的基础上，根据税种划分中央与地方的财政收入。按照分税制的要求，将开征的所有税种划分为中央税、地方税和中央地方共享税。中央税为影响面涉及全国、需要国家统一管理、收入较大的税种；共享税为税源较广、征管难度较大的税种；地方税为与地方资源和经济联系紧密、税源较分散的税种。

我国的税收主要由税务机关、海关等部门负责征收管理。在省级以下，税务机关分设国家税务机关和地方税务机关。

国家税务机关系统负责征收和管理的税种有：增值税；消费税；车辆购置税；铁道部门、各银行总行、各保险公司总公司集中缴纳的营业税、企业所得税和城市维护建设税；中央企业缴纳的所得税；中央与地方所属企业、事业单位组成的联合企业、股份制企业缴纳的企业所得税；地方银行、非银行金融企业缴纳的企业所得税；海洋石油企业缴纳的所得税、资源税；从2009年起，新增企业中缴纳增值税的企业和在国家税务局缴纳营业税的企业的企业所得税。

地方税务机关系统负责征收和管理的税种有：营业税；企业所得税；个人所得税；资源税；印花税；城市维护建设税；房产税；城镇土地使用税；耕地占用税；土地增值税；车船税；烟叶税。

海关系统负责征收管理的税种有：关税；船舶吨税；进口环节的增值税、消费税。

任务二　掌握税务管理的基本内容

税务管理是税务机关为了执行国家税收法规而对纳税人、扣缴义务人实施的基础管理。税务管理是税收征管工作的基础，主要包括税务登记管理、账簿凭证管理、纳税申报等方面的内容。

一、税务登记管理

税务登记是指纳税人为履行纳税义务，就有关纳税事宜依法向税务机关办理登记的一种法定手续，是税收征收管理的起点，也是税务机关掌握税源的手段。办理了税务登记，纳税人的身份及征纳双方的法律关系即得到确认。

（一）税务登记的范围

凡是从事生产经营的纳税人，包括企业、企业在外地设立的分支机构和从事生产经营的场所、个体工商业户和从事生产经营的事业单位均应办理税务登记。

依法负有扣缴税款义务的扣缴义务人，应当办理扣缴税款登记。

（二）办理税务登记的主管机关

县以上（含）国家税务局、地方税务局是税务登记的主管机关，负责办理各项税务登记，以及税务登记证的验证、换证等事项。

各级工商行政管理机关应当向同级国家税务机关或地方税务机关定期通报办理开业、变更、注销登记，以及吊销营业执照的情况。

（三）税务登记的种类

1. 设立（开业）税务登记

设立税务登记是指纳税人依法成立，进行工商行政登记后，为确认其纳税人身份、确定税收法律关系、纳入国家税务管理体系而进行的登记。

（1）登记地点。

从事生产经营的纳税人，向生产经营地税务机关办理税务登记。

（2）登记时间。

从事生产经营、领取营业执照的纳税人，自领取营业执照之日起30日内办理税务登记；从事生产经营、未领取营业执照、但经有关部门批准设立的纳税人，自有关部门批准设立之日起30日内办理税务登记；从事生产经营、未领取营业执照、未经有关部门批准设立的纳税人，自纳税义务发生之日起30日内办理税务登记；有独立的生产经营权、独立核算、定期上交承包（租）费的承包（租）人，应当自承包（租）合同签订之日起30日内办理税务登记；从事生产经营的纳税人外出经营、在同一县（市）实际经营在连续的12个月内累计超过180天的，应当自期满之日起30日内向生产经营所在地办理税务登记；境外企业在境内承包建筑、安装、勘探工程和提供劳务的，应当自项目合同签订之日起30日内向项目所在地主管税务机关办理税务登记。

非从事生产经营但依法负有纳税义务的单位和个人，除国家机关、个人和无固定经营场所的流动性农村小商贩外，均应自纳税义务发生之日起30日内，向纳税义务发生地税务机关办理税务登记。

已经办理税务登记的扣缴义务人，应当自扣缴义务发生之日起30日内，向税务登记地税务机关办理扣缴税款登记。依法可不办理税务登记的扣缴义务人，应当自扣缴义务发生之日起30日内向机构所在地税务机关办理扣缴税款登记。

（3）登记需提供的资料。

办理设立税务登记时，根据不同情形提供以下资料和证件：工商营业执照或其他执业证件；有关合同、章程、协议书；组织机构统一代码证书；法定代表人或业主的合法身份证件；各地方规定的其他证件。

（4）登记的内容。

纳税人在办理税务登记时，应如实、完整填写税务登记表。主要内容包括：单位名称、法定代表人或业主的合法身份证件及其号码；住所及经营地点；企业类型；核算方式；生产经营方式、经营范围及经营期限；注册资金；财务负责人及联系方式；其他事项。

2. 变更税务登记

变更税务登记是指纳税人办理税务登记后，因登记内容发生变化，需要对原内容进行更改而向主管税务机关办理的税务登记。

（1）登记时间。

需在工商行政管理机关办理变更登记的纳税人，应自工商变更登记之日起 30 日内向原税务机关办理变更税务登记；不需在工商行政管理机关办理变更登记的纳税人，应自税务登记内容实际发生变化或自有关部门批准或宣布变更之日起 30 日内向原税务机关办理变更税务登记。

（2）登记需提供的资料。

需在工商行政管理机关办理变更登记的纳税人，在办理变更税务登记时应提供：工商登记变更表；工商营业执照；变更登记内容的有关文件；原税务登记证件；其他有关资料。

不需在工商行政管理机关办理变更登记的纳税人，在办理变更税务登记时应提供：变更登记内容的有关文件；原税务登记证件；其他有关资料。

3. 停业、复业税务登记

停业、复业税务登记是指实行定期定额征收方式的纳税人，因自身经营的需要而向税务机关办理的暂停经营或恢复经营的税务登记。

（1）停业税务登记。

纳税人在停业前应办理停业税务登记。如实填写停业申请登记表，包括停业理由；停业期限；停业前的税款缴纳情况，并结清应纳税款、滞纳金、罚款；停业前发票的领用存情况，并交由税务机关保管其税务登记证件、发票领购簿、未使用完的发票和其他税务证件。

纳税人在停业期间发生纳税义务的，应依法申报纳税。

（2）复业税务登记。

纳税人在恢复生产经营前应办理复业税务登记。如实填写《停、复业报告书》，领回并启用税务登记证件、发票领购簿、未使用完的发票和其他税务证件。

纳税人停业期满不能及时恢复生产经营的，应在停业期满前向税务机关提出延长停业登记申请，并如实填写《停、复业报告书》。

4. 外出经营报验登记

外出经营报验登记是指从事生产经营的纳税人，到外县（市）进行临时性的生产经营活动时，按规定办理的税务登记。

纳税人应在外出经营前，持税务登记证件向主管税务机关申请开具《外出经营活动税收管理证明》（简称《外管证》）。税务机关按照一地一证的原则核发《外管证》。《外管证》的有效期限一般为 30 日，最长不得超过 180 日。

纳税人在《外管证》注明地进行生产经营前，提供税务登记证副本和《外管证》，应向当地税务机关办理报验登记。若纳税人在《外管证》注明地销售货物的，还应如实填写《外出经营货物报验单》。

纳税人外出经营活动结束，应向《外管证》注明地税务机关填报《外出经营活动情况申报表》，结清税款，缴销发票。并在《外管证》有效期满后 10 日内，回原登记地税务机关办理《外管证》缴销手续。

5. 注销税务登记

注销税务登记是指纳税人发生解散、破产、撤销等情形，依法终止纳税业务时，向原税务机关办理的登记。办理注销税务登记后，该当事人不再受原税务机关的管理。

（1）登记时间。

纳税人依法终止纳税义务的，应在向原工商行政管理机关办理注销登记前，向原税务登记机关办理注销税务登记。按规定不需在工商行政管理机关办理注销登记的，应自有关机关批准或宣布终止之日起 15 日内，向原税务登记机关办理注销税务登记。纳税人被工商行政管理机关吊销营业执照或被其他机关予以撤销登记的，应自营业执照被吊销或被其他机关登记撤销之日起 15 日内，向原税务登记机关办理注销税务登记。纳税人因住所或经营地点变动，需改变税务登记机关的，应在向工商管理机关办理变更、注销登记前，或住所、经营地点变动前向原税务机关办理注销税务登记，并自注销税务登记之日起 30 日内向迁达地税务机关办理税务登记。境外企业在境内承包建筑、安装、勘探工程和提供劳务的，应在项目完工、离境前 15 天内，向原税务机关办理注销税务登记。

（2）登记的手续。

纳税人办理注销税务登记前，应向税务机关提交相关证明文件和资料，如实填报《注销税务登记申请审批表》，结清应纳税款、滞纳金、罚款，缴销发票、税务登记证件和其他税务证件，经税务机关核准后，办理注销税务登记手续。

（四）税务登记证件及其使用和管理

纳税人提交资料齐全、税务登记表填写符合规定的，税务机关应及时发放税务登记证件。纳税人办理变更税务登记的，若变更的内容未涉及税务登记证中的内容的，不重新核发税务登记证件。

税务登记证件包括税务登记证及其副本，临时税务登记证及其副本，扣缴税款登记证及其副本。

税务登记证件的主要项目有：纳税人名称；税务登记号码；法定代表人名称；生产经营地址；经营范围；批准设立机关；发证日期及有效期等。

纳税人应将税务登记证正本在其生产经营或办公场所公开悬挂，接受税务机关检查。纳税人在办理以下业务时，必须提供或出示税务登记证：开立银行账户（纳税人应自开立账户之日起 15 日内向税务机关报告其全部账号；银行和其他金融机构应在纳税人的账户中登录税务登记证号，并在税务登记证件中登录账户账号）；领购发票；申请减、免、退税；申请延期申报、延期纳税；申请开具《外管证》；其他税务事项。

纳税人、扣缴义务人遗失税务登记证件的，应自遗失税务登记证件之日起 15 日内，书面报告主管税务机关，如实填写《税务登记证件遗失报告表》，并就税务登记证件的相关信息在税务机关认可的报刊上登出遗失声明，凭报刊上登出的遗失声明向主管税务机关申请补办税务登记证件。

二、账簿、凭证管理

（一）账簿、凭证的设置

账簿是指纳税人连续登记各类经济业务的账册、簿籍，包括总账、明细账、日记账及其他辅助性账簿。凭证是指记录经纪业务、明确经济责任的书面证明。纳税人、扣缴义务人应按规定设置账簿，根据有效凭证进行核算。

从事生产经营的纳税人，应自领取营业执照或发生纳税义务之日起 15 日内设置账簿。生产规模小、无建账能力的纳税人，可聘请有资格的专业人员代为建账和处理账务。聘请专业人员有困难的，经县以上税务机关批准，可按规定建立收支凭证粘贴簿、进货销货登记簿或使用税控装置。扣缴义务人应自规定的扣缴义务发生之日起 10 日内，按税种分别设置代扣代缴、代收代缴税款账簿。纳税人、扣缴义务人会计制度健全，能够通过计算机正确完整记录收入、所得和代扣代缴税款情况的，其计算机输出的完整的书面会计记录，视同会计账簿。

（二）发票管理

发票是指在购销货物、提供或接受劳务及从事其他经济业务时，开具或收取的收付款凭证。发票是会计核算的原始凭证，也是税务检查的重要依据。

税务机关是发票的主管机关，发票从印制、领购、开具、取得、保管到缴销，均由税务机关负责。全国统一发票监制章是税务机关管理发票的法定标志，除特殊情况外，发票均应套印全国统一发票监制章。

发票通常按行业特点分为普通发票、增值税专用发票、专业发票。普通发票主要由营业税纳税人和增值税小规模纳税人使用。增值税专用发票是专供增值税一般纳税人销售货物或提供应税劳务时使用的发票。专业发票是由国有金融、邮电、铁路、民航、公路、水运等单位开具的行业特点很明显的发票。

1. 普通发票的管理

（1）基本联次。

发票的基本联次分为三联：第一联为存根联，开票方留存备查；第二联为发票联，由收执方作为收付款的原始凭证；第三联为记账联，开票方作为记账的原始凭证。县以上税务机关可根据需要适当增减联次，并确定其用途。

（2）印制。

普通发票由省级税务机关指定企业印制，实行不定期换版制度。

（3）领购。

纳税人在领取税务登记证件后，即可向主管税务机关申请领购发票。依法不需要办理税务登记的单位需要领购发票时，可按规定向主管税务机关申请领购发票。临时到本省、自制区、直辖市以外从事生产经营活动的纳税人，凭证明向经营地税务机关申请领购经营地发票。

单位、个人在申请领购发票时，须提出购票申请，提供经办人身份证明、税务登记证件、财务印章或发票专用章的印模。经税务机关审核后，发给发票领购簿，并核准其购票种类、数量和购票方式。单位和个人可凭发票领购簿和核准的相关事宜向税务机关领购发票。

（4）开具、使用的基本要求。

当单位、个人销售商品、提供劳务收取款项，收款方应向付款方开具发票，特殊情况下由收款方向付款方开具发票。开具发票应项目填写齐全、内容真实、字迹清楚、加盖印章。其他要求一般有：

①取得发票方不得要求变更品名和金额。

②开票人应在发生业务、确认收入时开具发票，未发生业务一律不准开发票。

③全部联次一次填开，内容完全一致。

④发票限于领购人在本省、自制区、直辖市内开具，省级税务机关可以规定跨市县开发票的办法。

⑤未经批准，不得跨区携带、邮寄、运输空白发票。

⑥开具发票应使用中文，民族自治区可同时使用当地通用的一种民族文字，涉外企业可同时使用一种外国文字。

⑦不得转借、转让、代开发票。

⑧应按号码顺序开具发票，未经批准，不得拆本使用发票。

（5）保管。

对已开具的发票存根联和发票登记簿，应当保存5年，期满后，报经税务机关查验销毁，不得擅自销毁。

若发生发票丢失，应于丢失当日书面报告主管税务机关，并在报刊和电视等传播媒体上公告声明作废。

（6）检查。

税务机关有权对发票的印制、领购、开具、取得和保管情况进行检查；可以对与发票有关的凭证和资料进行查阅、复制、录音、录像；询问与发票有关的问题。印制、使用发票的单位和个人必须如实反映情况，积极配合税务机关的检查。

2. 增值税专用发票的管理

（1）基本联次。

增值税专用发票的联次由基本联次、附加联次构成。基本联次为三联：发票联，作为购货方核算采购成本和增值税进项税额的记账凭证；抵扣联，作为购买方报送主管税务机关作进项税额抵扣认证和留存备查的凭证；记账联，作为销售方核算收入和增值税销项税额的记账凭证。

其他联次由纳税人自行确定。

（2）印制。

增值税专用发票由国家税务总局指定的企业统一印制。

（3）开具、使用的基本要求。

一般纳税人应通过增值税防伪税控系统领购、开具、缴销、认证增值税专用发票。

增值税专用发票实行最高开票限额管理。纳税人应填写《最高开票限额申请表》，报税务机关审批。在开具专用发票时，单份专用发票开具的销售额合计不得达到核定的上限额度。

3. 专业发票的管理

专业发票由于具有很强的行业特点，通常由行业主管部门统一管理，自行设计样式，不套印税务机关的统一发票监制章，但也不排除根据需要将其纳入统一发票管理。

（三）财会制度的上报

从事生产经营的纳税人，应自领取税务登记证件之日起15日内，将其财务会计制度报送主管税务机关备案。若实行了会计电算化管理，则应在使用前将会计核算软件及说明书等资料报送主管税务机关备案。

账簿、会计凭证和报表应用中文填报，民族自治区可同时使用当地通用的一种民族文字，涉外企业可同时使用一种外国文字。

（四）涉税资料的保管

账簿、会计凭证、报表、发票、完税凭证等涉税资料，不得伪造、变造、擅自损毁，应妥善保存10年（另有规定的除外）。

三、纳税申报

纳税申报是指纳税人按照税务机关核定的期限就计算缴纳税款的相关事宜向税务机关提交的书面报告的过程。

（一）申报的内容

纳税人进行纳税申报、扣缴义务人报告其代扣（代收）代缴税款时，由于对不同税种的管理和需掌握的信息的不同，各税种的《纳税申报表》所反映的纳税申报内容有所区别。但基本的内容有：税种、税目、计税依据、适用税率、应纳税额、应代扣（代收）税款额、税款所属期限，等等。

纳税人办理纳税申报时，应如实填写各税种的纳税申报表，同时按规定报送相关资料。一般有：财会报表及说明材料；与纳税相关的合同、协议和凭证；税控装置的电子报税资料；若有外出经营活动，则应报送《外管证》和异地完税凭证；其他有关证件资料。

（二）申报的方式

纳税申报方式是指纳税人、扣缴义务人在纳税申报期限内，按规定到指定税务机关进行纳税申报的形式。一般有：

1. 自行申报

自行申报是指纳税人、扣缴义务人按照税务机关核定的纳税申报期限直接到主管税务机关报税大厅办理纳税手续的申报方式。

2. 邮寄申报

邮寄申报是指纳税人、扣缴义务人经税务机关核准后，使用统一的申报专用信封，交由邮政部门邮寄至税务机关，以进行申报的方式。邮寄申报以邮戳日期为实际申报日期。

3. 数据电文申报

数据电文申报是指以税务机关确定的电话语音、电子数据交换和网络传输等方式进行申报的方式。

4. 其他方式

实行定期定额方式缴纳税款的纳税人，可以实行简易申报、简并征期等申报方式。

简易申报是指实行定期定额方式缴纳税款的纳税人，在规定的期限内缴纳税款的，可以视同申报；简并征期是指实行定期定额方式缴纳税款的纳税人，经税务机关核准后，可以采取将纳税期限合并为按季、按半年、按年进行申报。

（三）申报的其他要求

（1）纳税人在申报期限内无应纳税额，也应按规定办理纳税申报。

（2）纳税人享受税收优惠待遇的，在减免税期间内也应办理纳税申报。

（3）纳税人、扣缴义务人按期办理纳税申报或报送代扣代缴报告表确有困难需延期的，应在规定的期限内向税务机关提出书面延期申请，经税务机关审批，在核准的期限内办理申报。

（4）纳税人、扣缴义务人因不可抗力不能按期办理纳税申报或报送代扣代缴报告表的，可以延期申报，但应在不可抗力消除后立即向税务机关报告。

任务三　了解税款征缴方式，掌握税款征收措施

税款征收是税务机关以税收法律法规为依据，组织税款入库的一系列活动的总称。它是税收征管的核心、目的和归宿。

一、税款征收方式

税款征收方式是指税务机关根据不同税类、税种的特点和不同纳税人的实际情况，确定的税款征收方式。

（一）查账征收

查账征收是指税务机关对会计核算健全的纳税人，依据其报送的纳税申报表、会计报表和其他资料，确定计税依据和适用税率，计算应纳税额的征收方式。查账征收是较规范的征收方式，适用于会计核算健全、能够正确计算税款、如实履行纳税义务的纳税人。

（二）查定征收

查定征收是指会计核算不健全，但能如实反映成本、产量或销售量其中的一部分，税务机关可据此对其核定产量或销售额并据以计算税款的征收方式。适用于会计核算不健全、经营规模小、产品零星、税源分散，但能提供部分会计资料的纳税人。

（三）查验征收

查验征收是指税务机关通过查验纳税人的应税商品数量，按市场一般销售单价确认其销售额，并据以计算应纳税额的征收方式。适用于会计核算不健全、流动性大的纳税人。

（四）定期定额征收

定期定额征收是指对纳税人在特定的经营地点、经营时期和经营范围前提下核定其销售额或所得额，并据以计算应纳税额的征收方式。适用于经批准可不设置账簿、无任何资料可以参考的纳税人，主要为城乡个体工商业企业、个人独资企业。

二、税款的缴纳方式

税款缴纳方式是指税务机关根据不同税类、税种的特点和不同纳税人的实际情况，确定的税款缴纳方式。

（一）纳税人直接向国库经收处缴纳税款

纳税人自行向国库经收处缴纳税款，以国库经收处的回执和填报的纳税申报表、附报的会计资料等资料向税务机关申报纳税。这种缴纳方式适用于在设有国库经收处的银行开设账户，向税务机关办理申报的纳税人。

（二）税务机关自收税款并办理入库手续

由税务机关直接收取税款并办理入库手续。这种缴纳方式适用于需要税务机关代开发票、发生临时纳税义务、被税务机关采取强制执行措施时的纳税人。

（三）代扣代缴

由支付款项给纳税人的单位和个人，从所支付的款项中依法扣收税款并代为缴纳。这种缴纳方式适用于零星分散的纳税人。

（四）代收代缴

由收取款项的单位和个人，在向纳税人收取款项的同时依法收取税款并代为缴纳。适用

于发生易被忽略或较隐蔽的应税情形的纳税人。

（五）委托代征

由受托单位按照税务机关的要求，以税务机关的名义，在为纳税人提供服务或对纳税人实施管理的同时向纳税人征收税款。适用于须向受托单位办理相关事宜的纳税人。

除上述几种缴纳方式外，随着经济的发展、科技的进步，出现了新的纳税方式，如利用网络、磁卡等。

无论是税款征收方式，还是缴纳方式，都是为了既保证国家税款及时足额入库，又方便纳税人申报缴纳，还应使税收成本尽量少。

三、税款征收措施

为了保证税款的即是足额入库，税务机关可以采取相应的措施。

（一）核定应纳税额

当纳税人有下列情形之一时，税务机关有权核定其应纳税额：

1. 依法律法规可不设置账簿的。

2. 依法律法规应设置、但未设置账簿的。

3. 擅自销毁账簿后拒不提供纳税资料的。

4. 虽设账簿，但账簿混乱、凭证不全，难以查账的。

5. 发生纳税义务，但未按规定期限办理纳税申报，经税务机关责令限期申报后逾期仍未申报的。

6. 纳税人申报的计税依据明显偏低又无正当理由的。

税务机关在核定应纳税额时，可采用的方法有：参照当地同类行业、同类经营规模的纳税人的税负水平核定；以收入（或成本与合理费用、利润合计）核定；以耗用的原料推算核定；其他方法。

（二）对关联企业间的往来进行纳税调整

纳税人与关联企业有业务往来时，应当按照独立企业之间的业务往来进行收入和费用的结算，否则，税务机关有权调整。当纳税人与其关联企业有下列情形之一时，税务机关有权进行纳税调整：

1. 购销业务、提供接受劳务、转让财产、提供财产使用权等业务未按独立企业之间的业务往来收取收入或支付费用。

2. 融通资金所支付或收取的利息超过或者低于独立企业间所能同意的数额，或者利率超过或低于同类业务正常利率。

3. 未按独立企业间业务往来处理的其他情形。

纳税人可以向主管税务机关报告与其关联企业之间业务往来的定价原则，经与主管税务机关协商，预先约定有关定价事项，由主管税务机关监督执行。

税务机关在调整关联企业间业务往来时，可采用以下方法：参照独立企业间进行同类业务的价格费用；参照再销售给无关联的第三者的价格费用；按照成本与合理费用、利润合计确定；其他方法。

（三）责令缴纳，加收滞纳金

纳税人未按规定期限缴纳税款的，扣缴义务人未按规定期限解缴税款的，税务机关可责令限期缴纳，并从滞纳税款之日起，至纳税人、扣缴义务人实际缴纳或解缴税款之日止，按日加收滞纳税款万分之五的滞纳金。

对未按规定办理税务登记的从事生产经营及临时从事经营的纳税人，税务机关核定其应纳税额，责令缴纳。不缴纳者，税务机关可扣押其相当于应纳税款的商品。扣押后纳税人履行纳税义务的，税务机关必须及时解除扣押，归还商品；扣押后纳税人仍不履行纳税义务的，经县以上税务局（分局）长批准，依法拍卖或变卖所扣押的商品，以所得抵缴税款。

（四）责令提供纳税担保

纳税担保是指经税务机关同意或确认，法人、组织、自然人以保证、抵押、质押方式，为纳税人应当缴纳的税款及滞纳金提供担保的行为。担保人应就纳税人应纳的税款、滞纳金及实现税款、滞纳金的费用提供担保。

当纳税人发生下列情形时，应提供纳税担保：

1. 税务机关有根据认为从事生产经营的纳税人有逃避纳税义务行为，在纳税期限满之前已责令限期缴纳税款，但在限期内发现纳税人有明显的转移、隐匿其应税商品、财产或收入的迹象时。

2. 欠缴税款、滞纳金的纳税人或其法定代表人需要出境时。

3. 纳税人与税务机关发生纳税争议而未缴清税款，需申请行政复议时。

4. 其他情形。

（五）采取税收保全措施

税务机关责令纳税人提供纳税担保，而纳税人拒绝或无力提供纳税担保的，经县以上税务局（分局）长批准，税务机关可以采取税收保全措施。

税收保全措施有两种：书面通知纳税人开户行或其他金融机构冻结纳税人相当于应纳税款的存款；扣押、查封纳税人的价值相当于应纳税款的商品、货物或财产。

当需扣押纳税人的财产做保全措施时，财产是指纳税人的豪华住宅、一处以外的住房、现金、有价证券、机动车辆、金银首饰、古玩字画等。个人及其所扶养的家属维持生活必需的住房和用品，单价在5 000元以下的其他生活用品，不在税收保全措施的范围内。

（六）采取强制执行措施

纳税人未按规定期限缴纳税款、扣缴义务人未按规定期限解缴税款和纳税担保人未按规定期限缴纳所担保的税款的，税务机关已责令限期缴纳，但逾期仍未缴纳的，经县以上税务局（分局）长批准，税务机关可以采取强制执行措施。强制执行措施有两种：书面通知纳税人开户行或其他金融机构从其存款中扣缴税款及滞纳金；依法拍卖或变卖纳税人的价值相当于应纳税款的商品、货物或财产，以所得抵缴税款及滞纳金。财产范围同税收保全措施中的相关规定。

（七）阻止出境

欠缴税款的纳税人或其法定代表人在出境前未按规定结清税款、滞纳金、罚款，或未提供纳税担保的，税务机关可以通知管理机关阻止其出境。

（八）其他措施

1. 行使税收优先权、代位权与撤销权

为了保护国家利益，当不同的利益权利均需维护时，国家征税有优先权。具体有：

税收优先于无担保债权（法律另有规定除外）；税收优先于欠税发生在其以财产设定抵

押、质押之前的抵押权、质权和留置权；税收优先于行政机关处以的罚款、没收违法所得。

欠缴税款的纳税人因怠于行使或放弃到期债权，或无偿转让财产，或以明显不合理低价转让财产而受让人知道该情形，税务机关可以依照《合同法》的规定行使代位权、撤销权。税务机关行使代位权、撤销权的，不免除纳税人的纳税义务和应承担的法律责任。

2. 公告纳税人的涉税事项

县（含）以上税务机关应按期在办税场所或媒体上公告纳税人的欠缴税款情况，以督促纳税人自觉缴纳欠税。

3. 参与纳税人的财产清算

纳税人解散、撤销、破产，在清算前应向其主管税务机关报告。未结清税款的，其主管税务机关参加清算。

4. 税款的追缴与退还

当应征税款与实收税款有出入时，应按规定的期限予以纠正，以保证国家和纳税人的利益。

税务机关发现纳税人多缴税款时，应自发现之日起 10 日内办理退还手续。纳税人自结算缴纳税款之日起 3 年内发现多缴税款的，可以要求税务机关退还多缴的税款并加算银行同期活期存款利息，税务机关及时查实后应当立即退还。

因税务机关的责任，使纳税人、扣缴义务人未缴或少缴税款的，税务机关在 3 年内可以要求纳税人、扣缴义务人补缴税款，但不得加收滞纳金。因纳税人、扣缴义务人非主观故意的失误导致未缴或少缴税款的，税务机关在 3 年内可以追征税款及滞纳金，当未缴或少缴税款累计在 10 万元以上的，追征期可延长至 5 年。因纳税人的故意违法税法行为导致未缴或少缴税款的，税务机关可无限期追征。

当纳税人既有多缴税款，又有欠税时，允许将应退税款和利息先抵扣欠缴税款。

另外，为了保证税款的及时足额征收，纳税人应执行以下规定：欠税数额较大（5 万元以上）的纳税人在处分其不动产或大额财产之前应向税务机关报告；欠缴税款的纳税人以其财产设置抵押、质押时，应向抵押权人、质押权人说明其欠税情况；纳税人发生合并、分立时应向税务机关报告并依法结清税款，否则合并后或分立后的纳税人继续履行未履行的纳税义务。

任务四　了解税务检查的形式、方法和职责

税务检查是指税务机关依法对纳税人、扣缴义务人履行纳税义务、扣缴义务和其他税务事项进行检查、核实、监督等活动的总称，是保证国家利益、税收法律法规贯彻落实的重要手段。

一、税务检查的形式

（一）调账检查

税务机关在税务检查中依法将被查对象的账簿、凭证、报表及其他有关资料调回税务机关进行检查。

（二）现场检查

税务机关委派检查人员到被查纳税人的办公地点对其账务资料进行检查。

（三）委托协查

当税务检查需跨地区进行，但又不便直接派人到外地查证时，请求对方主管税务机关予以协助，包括函件协查、网络协查。

二、税务检查的方法

（一）全查法

对被查纳税人一定时期内所有的会计凭证、账簿、报表、其他会计资料及各种存货进行全面、系统的检查。

（二）抽查法

对被查纳税人一定时期内的会计凭证、账簿、报表、其他会计资料及各种存货抽取一部分进行检查。

（三）顺查法

按照被查纳税人会计核算的顺序，依次检查会计凭证、账簿、报表，并将其进行核对。

（四）逆查法

按照被查纳税人会计核算的逆序，依次检查会计报表、账簿、凭证，并将其进行核对。

（五）比较分析法

将被查纳税人一定时期的财务指标进行横向、纵向比较，分析异常变化情况，从中发现存在问题的线索。

（六）逻辑推算法

根据财务数据的相互关系，用科学测定的数据与被查纳税人的账面记录或申报数据进行比对，以验证其真实、合理性，从中发现存在问题的线索。

（七）核对法

将被查纳税人提供的会计资料及实物进行相互核对，验证其真实性，从中发现存在问题的线索。

三、征纳双方在纳税检查中的权利和义务

（一）税务机关的权利和义务

1. 税务机关的权利

（1）查账权。税务机关有权检查纳税人的账簿、凭证、报表等，检查扣缴义务人代扣代缴、代收代缴税款账簿、凭证、报表等。

（2）场地检查权。税务机关有权到纳税人的生产经营场所和货物存放地检查其货物或其他财产。

（3）责成提供资料权。税务机关有权责成纳税人、扣缴义务人提供与纳税或代扣代缴、代收代缴有关的文件、证明等资料。

（4）询问权。税务机关有权询问纳税人、扣缴义务人与纳税或代扣代缴、代收代缴有关的问题和情况。

（5）交通邮政检查权。税务机关有权到车站、码头、机场、邮政部门等场所检查纳税人托运、邮寄应税商品、货物的有关单据、凭证及资料。

（6）存款账户检查权。经县以上税务局（分局）长批准，凭全国统一格式的检查存款

账户许可证明，可以查询被查纳税人的存款账户。经设区的市、自治州以上税务局（分局）长的批准，可以查询个人的储蓄存款。

（7）获取证据权。税务机关在调查税务违法案件时，对与案件有关的情况和资料，可以记录、录音、录像、复制和照相。

2. 税务机关的义务

（1）税务机关派出人员进行税务检查时，应当出示税务检查证和税务检查通知书。

（2）税务检查人员有责任为被检查人员保守秘密。

（3）税务机关在税务及检查中获得的资料不得用于税收以外的用途。

3. 纳税人的权利

对税务检查人员未出示税务检查证和税务检查通知书的，纳税人有权拒绝检查。

4. 纳税人的义务

（1）必须接受税务机关依法进行的税务检查。

（2）纳税人在接受税务检查时，应如实反映情况、提供有关资料，不得拒绝、隐瞒。有关单位和个人也有义务向税务机关如实提供有关资料及证明资料。

任务五 掌握税务行政复议、税务行政诉讼的受案范围和审理程序

为保障纳税人、扣缴义务人机其他税务当事人的合法权益，监督税务机关依法行使职权，国家税务总局依据《中华人民共和国行政复议法》等有关法律法规，经过试行、修改，于2004年2月24日发布《税务行政复议规则（暂行）》，自2004年5月1日起施行。

一、税务行政复议

纳税人及其他当事人（申请人，下同）认为税务机关（被申请人，下同）的具体行政行为侵犯了其合法权益，可依法向税务行政复议机关（简称复议机关，下同。是指依法受理税务行政复议申请，对具体行政行为进行审查并作出行政复议决定的税务机关）申请行政复议。

（一）受案范围

复议机关受理申请人就下列具体行政行为提出的复议申请：

1. 税务机关的征税行为，包括确认纳税主体、征税对象、征税范围、减免退税、适用税率、计税依据、纳税环节、纳税期限、纳税地点、税款征收方式、加收滞纳金、扣缴义务人的代扣（收）代缴行为。

2. 税务机关实施的税收保全措施。

3. 税务机关未及时解除保全措施，使申请人合法权益遭受损失的行为。

4. 税务机关实施的强制执行措施。

5. 税务机关作出的行政处罚行为，包括罚款、没收财物和违法所得、停止出口退税权。

6. 税务机关不予依法办理或答复涉税事宜，包括不予审批减免税或出口退税、不予抵扣税款、不予退还税款、不予颁发税务登记证、不予发售发票、不予开具完税凭证或出具票据、不予认定为增值税一般纳税人、不予核准延期申报、不予批准延期纳税。

7. 税务机关做出的取消增值税一般纳税人资格的决定。

8. 税务机关收缴发票、停止发售发票的行为。

9. 税务机关做出的责令提供纳税担保的决定或不依法确认纳税担保有效的行为。

10. 税务机关不依法给予举报奖励的行为。

11. 税务机关通知出境管理机关阻止出境的行为。

12. 税务机关的其他具体行政行为。

（二）复议的参加人

提起税务行政复议的前提是申请人不服税务机关作出的具体征税行为，所以，申请人必须是行政相对人本人，申请人只要认为其权益受到侵犯，就可以申请复议。申请人也可以请代理人代为申请复议。被申请人一般为主管税务机关。

（三）复议程序

1. 申请

申请人以口头或书面的方式，在接到处罚决定之日起 60 日内，向复议机关提出申请。

2. 受理

复议机关接到申请之日起 5 日内在审查申请的合法性的前提下，决定是否受理。不受理的，应告知其理由和在不受理裁决书接到之日起 15 日内有起诉权利。受理的，自受理之日起 7 日内将申请复印件送达被申请人。

3. 审查

被申请人收到申请复印件之日起 10 日内提出书面答复，提交当时做出税务行政行为的相关证据资料，证明其行为的合法性。不答复或不提交的视为无证据。

4. 决定

复议机关在受理申请之日起 60 日内，就被申请人提交的证据资料进行审查、核实，经复议机关负责人同意或集体讨论后作出维持、变更或撤销等处理决定，在决定撤销、变更具体行政行为时，对符合规定的赔偿请求依法给予赔偿。复议机关应将复议决定制作成《行政复议决定书》送达申请人。

5. 执行

《行政复议决定书》送达申请人之日即生效。若申请人不服处理决定，可在接到决定书之日起 15 日内起诉。若申请人不起诉也不履行，由相应机关强制执行：作出维持处理决定的，由原税务机关申请法院或依法强制执行；作出变更处理决定的，由复议机关申请法院依法强制执行。

二、税务行政诉讼

税务行政诉讼是当事人认为税务机关及其工作人员的税务具体行政行为违法或不当，侵犯了其合法权益，依法向法院提起诉讼，由法院对税务具体行政行为的合法性和适当性进行审理并作出裁判的司法活动。

当事人对税务机关作出的征税行为不服的，应当先申请行政复议，对行政复议决定不服的，再向法院提起行政诉讼。当事人对税务机关作出的其他具体行政行为不服的，可以直接向法院提起行政诉讼。

（一）受案范围

法院受理原告就下列具体行政行为提出的诉讼申请：

1. 税务机关作出的征税行为。

2. 税务机关责令提供纳税担保的行为。

3. 税务机关实施的税收保全措施。

4. 税务机关实施的行政处罚行为。

5. 税务机关作出的不予办理或答复税收相关事宜行为。

6. 税务机关作出的取消一般纳税人资格的决定。

7. 税务机关阻止原告出境的行为。

8. 税务机关作出的其他行政行为。

（二）参加人

税务行政诉讼的参加人，指依法法参加税务行政诉讼活动，享有诉讼权利，承担诉讼义务，并且与诉讼争议和诉讼结果有利害关系的主体。一般包括原告、被告。

1. 原告

税务行政诉讼的原告，指认为税务机关及其工作人员的税务具体行政行为侵犯其合法权益，而向人民法院提起诉讼的纳税人、扣缴义务人、纳税担保人等税务当事人及其他行政相对人。

必须符合以下三个法定条件，才具备原告资格：必须是税务具体行政行为所针对的行政相对人；必须是认为税务具体行政行为侵犯其合法权益的行政相对人；必须是向人民法院提起税务行政诉讼的行政相对人。

原告在税务行政诉讼中享有以下权利：提起税务行政诉讼的权利；索取被告税务机关答辩状的权利；申请审判人员及其他有关人员回避的权利；申请撤诉的权利；对生效的法院裁判提出申诉的权利；依法请求行政赔偿的权利；其他捍卫自己合法权益的权利，如委托代理人进行诉讼的权利、使用本民族语言文字的权利等。

原告在税务行政诉讼中必须履行的义务：根据人民法院的要求提供或补充证据的义务；接受人民法院的传唤参加诉讼活动的义务；履行人民法院发生法律效力的判决和裁定的义务；遵守法定期限、服从法庭指挥的义务；不妨碍干涉他人诉讼权利的义务；不滥用诉讼权利的义务；不得伪造、隐藏、毁灭证据的义务；等等。

2. 被告

税务行政诉讼的被告，指其实施的税务具体行政行为被原告指控侵犯其合法权益，并由人民法院通知应诉的各级税务机关。具体为：

（1）税务具体行政行为未经复议的，以作出税务具体行政行为的税务机关为被告。

（2）税务具体行政行为经过复议的，复议机关维持原税务具体行政行为，作出原税务具体行政行为的税务机关是被告；复议机关改变原税务具体行政行为的，税务复议机关是被告；复议机关逾期不作决定的，作出原税务具体行政行为的税务机关是被告。

（3）两个以上税务机关或税务机关与其他行政机关作出同一税务具体行政行为的，共同作出税务具体行政行为的机关是共同被告。

（4）受税务机关委托的组织所作的税务具体行政行为，委托的税务机关是被告。

（5）税务机关被撤销的，继续行使其职权的税务机关是被告。

（三）诉讼程序

1. 起诉

当事人不服税务机关行政复议决定的，可以在收到复议决定书之日起 15 日内向法院提起诉讼。复议机关逾期不作决定的，申请人可以在复议期满之日起 15 日内向法院提起诉讼。不需先经过复议程序、可直接向法院提起诉讼的，当事人可在知道作出具体行政行为之日起 3 个月内向法院提起诉讼。

税务行政诉讼只能由行政相对人提起，而且被告明确。

2. 受理

法院接到起诉状，应首先进行审查，并在 7 日内决定立案受理或不予受理。

3. 开庭审理

法院审理行政案件，实行合议、回避、公开审判、两审终结制度。

诉讼期间，一般不停止具体行政行为的执行。当出现下列情形之一的，则停止具体行政行为的执行：被告认为需要停止执行；原告申请停止执行，法院认为该具体行政行为的执行会造成难以弥补的损失而裁定停止执行；法律、法规规定停止执行。

4. 判决

法院一般应在立案之日起三个月内作出一审判决。经过审理，法院根据不同情况，可以作出如下判决：

（1）具体行政行为证据确凿，适用法律、法规正确，符合法定程序的，判决维持。

（2）具体行政行为主要证据不足，或适用法律法规错误，或违反定程序，或超越、滥用职权的，判决撤销或部分撤销，并可以判决被告重新作出具体行政行为。

（3）被告不履行或拖延履行法定职责的，判决其在一定期限内履行。

（4）行政处罚显失公平的，判决变更。

原告、被告对一审判决或裁定不服的，均有权利提起上诉。当事人不服法院一审判决的，有权在判决书送达之日起 15 日内向上一级法院提起上诉；当事人不服法院一审裁定的，有权在裁定书送达之日起 10 日内向上一级法院提起上诉，逾期不上诉的，一审判决或裁定生效。

法院对上诉案件，一般应在收到上诉状之日起两个月内作出终审判决。

5. 执行

已生效的法院判决或裁定，当事人必须在规定期限内如实执行。

若原告不执行，税务机关可向一审法院申请或依法强制执行；若税务机关不执行，一审法院可通知税务机关开户行划款，从期满之日起按日处 50～100 元罚款，并向其上一级机关提出司法建议，追究刑事责任。

法院判决被告重新作出具体行政行为的，被告不得以同一个事实和理由作出与原具体行政行为基本相同的具体行政行为。

任务六　了解征纳双方违反税收法律制度的法律责任

一、纳税人、扣缴义务人及其他行政相对人违反税收法律制度的法律责任

税收法律责任是指税收法律关系的主体因其违反税收法律法规的行为须承担的处罚，包括行政责任和刑事责任。

（一）纳税人有下列行为之一的，由税务机关责令限期改正，可以处 2 000 元以下的罚

款；情节严重的，处2 000元以上10 000元以下的罚款：

1. 未按照规定的期限申报办理税务登记、变更或者注销登记的。

2. 未按照规定设置、保管账簿或者保管记账凭证和有关资料的。

3. 未按照规定将财务、会计制度或者财务、会计处理办法和会计核算软件报送税务机关备查的。

4. 未按照规定将其全部银行账号向税务机关报告的。

5. 未按照规定安装、使用税控装置，或者损毁或者擅自改动税控装置的。

6. 未按照规定使用税务登记证件，或者办理换证手续，或者转借、涂改、损毁、买卖、伪造税务登记证件的。

7. 未按照规定的期限办理纳税申报和报送纳税资料的，或者扣缴义务人未按照规定的期限向税务机关报送代扣代缴、代收代缴税款报告表和有关资料的。

（二）扣缴义务人未按照规定设置、保管代扣代缴、代收代缴税款账簿或者保管代扣代缴、代收代缴税款记账凭证及有关资料的，由税务机关责令限期改正，可以处2 000元以下的罚款；情节严重的，处2 000元以上5 000元以下的罚款。

（三）对纳税人、扣缴义务人不进行纳税申报，少缴或不缴税款的，采取转移或者隐匿财产的手段妨碍税务机关追缴欠缴的税款的，由税务机关追缴其不缴或者少缴的税款、滞纳金，并处不缴或者少缴的税款百分之五十以上五倍以下的罚款；构成犯罪的，依法追究刑事责任。

（四）纳税人、扣缴义务人编造虚假计税依据的，由税务机关责令限期改正，并处50 000元以下的罚款。

（五）以假报出口或者其他欺骗手段，骗取国家出口退税款的，由税务机关追缴其骗取的退税款，并处骗取税款一倍以上五倍以下的罚款；构成犯罪的，依法追究刑事责任，可在规定期间内停止为其办理出口退税。

（六）纳税人抗税的，除由税务机关追缴其拒缴的税款、滞纳金外，依法追究刑事责任。情节轻微，未构成犯罪的，由税务机关追缴其拒缴的税款、滞纳金，并处拒缴税款一倍以上五倍以下的罚款。

（七）纳税人、扣缴义务人在规定期限内不缴或者少缴应纳或者应解缴的税款，经税务机关责令限期缴纳，逾期仍未缴纳的，税务机关除按规定采取强制执行措施追缴其不缴或者少缴的税款外，可以处不缴或者少缴的税款百分之五十以上五倍以下的罚款。纳税人拒绝代扣、代收税款的，扣缴义务人应当向税务机关报告，由税务机关直接向纳税人追缴税款、滞纳金；纳税人拒不缴纳的，税务机关可依据本条规定处理。

（八）扣缴义务人应扣未扣、应收而不收税款的，由税务机关向纳税人追缴税款，对扣缴义务人处应扣未扣、应收未收税款百分之五十以上三倍以下的罚款。

（九）纳税人、扣缴义务人逃避、拒绝、隐匿或销毁有关资料或者以其他方式阻挠税务机关检查的，由税务机关责令改正，可以处10 000元以下的罚款；情节严重的，处10 000元以上50 000元以下的罚款。

（十）非法印制发票的，由税务机关销毁非法印制的发票，没收违法所得和作案工具，并处10 000元以上50 000元以下的罚款；构成犯罪的，依法追究刑事责任。

（十一）从事生产、经营的纳税人、扣缴义务人有税收违法行为，拒不接受税务机关处理的，税务机关可以收缴其发票或者停止向其发售发票。

二、税务机关和税务人员违反税收法律法规的法律责任

（一）税务机关擅自改变税收征收管理范围和税款入库预算级次的，责令限期改正，对直接负责的主管人员和其他直接责任人员依法给予降级或者撤职的行政处分。

（二）税务人员徇私舞弊，对依法应当移交司法机关追究刑事责任的不移交，情节严重的，依法追究刑事责任。

（三）税务机关、税务人员查封、扣押纳税人个人及其所扶养家属维持生活必需的住房和用品的，责令退还，依法给予行政处分；构成犯罪的，依法追究刑事责任。

（四）税务人员与纳税人、扣缴义务人勾结，唆使或者协助纳税人、扣缴义务人不进行纳税申报、少缴或不缴税款、妨碍税务机关追缴所欠税款、编造虚假计税依据，构成犯罪的，依法追究刑事责任；尚不构成犯罪的，依法给予行政处分。

（五）税务人员有以下行为，构成犯罪的，依法追究刑事责任；尚不构成犯罪的，依法给予行政处分：

1. 利用职务上的便利，收受或者索取纳税人、扣缴义务人财物或者谋取其他不正当利益的。

2. 徇私舞弊或者玩忽职守，不征或者少征应征税款，致使国家税收遭受重大损失的。

3. 对控告、检举税收违法违纪行为的纳税人、扣缴义务人以及其他检举人进行打击报复的。

4. 违反法律、行政法规的规定，故意高估或者低估农业税计税产量，致使多征或者少征税款，侵犯农民合法权益或者损害国家利益的。

（六）税务人员滥用职权，故意刁难纳税人、扣缴义务人的，调离税收工作岗位，并依法给予行政处分。

（七）税务机关违反法律、行政法规的规定提前征收、延缓征收或者摊派税款的，由其上级机关或者行政监察机关责令改正，对直接负责的主管人员和其他直接责任人员依法给予行政处分。

（八）税务机关违反法律、行政法规的规定，擅自作出税收的开征、停征或者减税、免税、退税、补税以及其他同税收法律、行政法规相抵触的决定的，除依照本法规定撤销其擅自作出的决定外，补征应征未征税款，退还不应征收而征收的税款，并由上级机关追究直接负责的主管人员和其他直接责任人员的行政责任；构成犯罪的，依法追究刑事责任。

（九）税务人员在征收税款或者查处税收违法案件时，未按照本法规定进行回避的，对直接负责的主管人员和其他直接责任人员，依法给予行政处分。

（十）税务人员未按照本法规定为纳税人、扣缴义务人、检举人保密的，对直接负责的主管人员和其他直接责任人员，由所在单位或者有关单位依法给予行政处分。

参考文献

[1] 关于在部分行业试行农产品增值税进项税额核定扣除办法的通知（财税〔2012〕38号）

[2] 财政部　国家税务总局关于营业税改征增值税试点有关文化事业建设费政策及征收管理问题的通知（财税〔2016〕25号）

[3] 财政部　国家税务总局关于全面推开营业税改征增值税试点的通知（财税〔2016〕36号）

[4] 国家税务总局关于全面推开营业税改征增值税试点后增值税纳税申报有关事项的公告（国家税务总局公告2016年第13号）

[5] 国家税务总局关于发布《纳税人转让不动产增值税征收管理暂行办法》的公告（国家税务总局公告2016年第14号）

[6] 国家税务总局关于发布《纳税人提供不动产经营租赁服务增值税征收管理暂行办法》的公告（国家税务总局公告2016年第16号）

[7] 国家税务总局关于发布《纳税人跨县（市、区）提供建筑服务增值税征收管理暂行办法》的公告（国家税务总局公告2016年第17号）

[8] 国家税务总局关于发布《房地产开发企业销售自行开发的房地产项目增值税征收管理暂行办法》的公告（国家税务总局公告2016年第18号）

[9] 国家税务总局关于营业税改征增值税委托地税机关代征税款和代开增值税发票的公告（国家税务总局公告2016年第19号）

[10] 国家税务总局关于全面推开营业税改征增值税试点有关税收征收管理事项的公告（国家税务总局公告2016年第23号）

[11] 国家税务总局关于明确营改增试点若干征管问题的公告（国家税务总局公告2016年第26号）

[12] 国家税务总局关于调整增值税纳税申报有关事项的公告（国家税务总局公告2016年第27号）

[13] 国家税务总局关于发布《营业税改征增值税跨境应税行为增值税免税管理办法（试行）》的公告（国家税务总局公告2016年第29号）

[14] 国家税务总局关于营业税改征增值税委托地税局代征税款和代开增值税发票的通知（税总函〔2016〕145号）

［15］国家税务总局关于简化建筑服务增值税简易计税方法备案事项的公告（国家税务总局公告2017年第43号）

［16］国家税务总局关于增值税发票管理若干事项的公告（国家税务总局公告2017年第45号）

［17］财政部　税务总局关于资管产品增值税有关问题的通知（财税〔2017〕56号）

［18］财政部　税务总局关于租入固定资产进项税额抵扣等增值税政策的通知（财税〔2017〕90号）

［19］中华人民共和国烟叶税法（2017年12月27日第十二届全国人民代表大会常务委员会第三十一次会议通过）

［20］国家税务总局关于增值税一般纳税人登记管理若干事项的公告（国家税务总局公告2018年第6号）

［21］国家税务总局关于统一小规模纳税人标准等若干增值税问题的公告（国家税务总局公告2018年第18号）

［22］财政部　税务总局关于调整增值税税率的通知（财税〔2018〕32号）

［23］财政部　税务总局关于统一增值税小规模纳税人标准的通知（财税〔2018〕33号）

［24］国家税务总局网站（http：//www. chinatax. gov. cn/）

纳税实务实训教程
（第2版）

主　编　黄　敏

北京理工大学出版社
BEIJING INSTITUTE OF TECHNOLOGY PRESS

目　录

项目一

认识税收

一、单项选择题

1. 税收分配的对象是（　　）。

A. 流转额　　B. 所得额　　C. 财产　　D. 一部分社会产品

2. 税收分配活动的主体是（　　）。

A. 国家　　B. 征税对象　　C. 纳税人　　D. 政权

3. 税收“三性”的核心是（　　）。

A. 强制性　　B. 无偿性　　C. 系统性　　D. 固定性

4. 体现征税深度的税法要素是（　　）。

A. 征税对象　　B. 税率　　C. 纳税人　　D. 纳税环节

5. 规定了征税对象的具体项目的税法要素是（　　）。

A. 税目　　B. 计税依据　　C. 税率　　D. 纳税环节

6. 税法是由一系列要素构成的，其中被称为“基本三要素”的是（　　）。

A. 纳税人、税率、违章处理　　B. 纳税人、税率、税目

C. 纳税人、税率、征税对象　　D. 纳税人、税率、纳税期限

7. 将征税对象数额划分为若干部分，规定不同的税率，数额越大，税率越高。对每个等级分别按各自对应的税率计征税额。这种税率是（　　）。

A. 定额税率　　B. 全额累进税率

C. 超额累进税率　　D. 超率累进税率

二、多项选择题

1. 我国现行税法中使用的税率形式有（　　）。

A. 比例税率　　B. 累进税率　　C. 定额税率　　D. 超率累进税率

2. 下列税率中属于比例税率的有（　　）。

A. 3‰　　B. 10 元/吨　　C. 17%　　D. 5% ~20%

3. 税收的特征有（　　）。

A. 无偿性　　B. 强制性　　C. 规范性　　D. 固定性

三、判断题

（　　）1. 国家凭借政权征税，体现国家意志。

（　　）2. 税收的固定性是指税收在征税对象、征收比例上是固定不变的。

（　　）3. 税收的无偿性是指国家取得税收收入时，既不需要偿还，也不需要对纳税人付出任何代价。

（　　）4. 目前，不少企业是自觉、及时、足额纳税的，这意味着税收在一定程度上不具有强制性。

（　　）5. 国家是凭借政权取得财政收入的。

（　　）6. 税收分配的目的是满足社会的公共需要。

（　　）7. 税收的强制性是税收“三性”的核心。

（　　）8. 扣缴义务人负有代扣代收税款并将税款解缴入库的义务。

（　　）9. 税目是征税对象的范围，计税依据是征税对象的数量。

（　　）10. 税率反映征税的深度，是税制的核心要素。

（　　）11. 纳税期限分为计算期和入库期。

（　　）12. 纳税地点为纳税人机构所在地的主管税务机关。

四、应用题

A 公司是一家经营家具批发、零售的商场。税务机关核定：以销售收入计征增值税，适用 16% 的税率，按月征收；以商场实际占地面积计征城镇土地使用税，适用 3 元/平方米的税率，按年征收。

要求：根据以上资料填写下表：

纳税人	税种	税率形式	计税依据形式	计税期限
	增值税			
	土地使用税			

项目二

增值税的计算与申报

一、单项选择题

1. 我国现行的增值税类型是（　　）。

A. 生产型　　B. 收入型　　C. 消费型　　D. 混合型

2. 增值税的征税对象是提供应税业务的（　　）。

A. 全部价款和价外费用　　B. 货款

C. 法定增值额　　D. 制造成本

3. 下列各项中，属于增值税“销售无形资产”征收范围的是（　　）。

A. 销售商品　　B. 进口货物

C. 转让土地使用权　　D. 提供修理修配劳务

4. 下列属于混合销售行为且应按“销售货物”征收增值税的是（　　）。

A. 甲电信局给乙公司提供电话安装的同时销售电话机等物品

B. 甲建材商店分别向不同的客户销售建材和提供装修劳务的经营活动

C. 甲塑钢门窗商店向乙客户销售一套门窗并到买方家中进行安装

D. 汽车制造厂既生产销售汽车，又提供汽车维修服务

5. 甲汽车制造厂 6 月份动用于 4 月份已抵扣了进项税额 16 万元的钢材 100 万元生产一种农用机械，则应（　　）。

A. 将该批钢材的进项税额 16 万元计入 6 月份进项税额予以抵扣

B. 按 10% 计算该批钢材的进项税额

C. 对进项税额不作任何调整

D. 按 10% 计算该批钢材的进项税额并据此调整 4 月份的进项税额

6. 下列项目中应按“商务辅助服务”征收增值税的是（　　）。

A. 歌厅销售饮料的收入　　B. 房地产中介

C. 工厂销售货物时收取的储备费　　D. 客轮的歌厅营业收入

7. 购进农产品可加计扣除进项税额的是（　　）。

A. 用作产品辅料且取得增值税专用发票

B. 用于生产增值税率10%的产品且取得收购发票

C. 用于生产增值税率16%的产品且取得增值税专用缴款书

D. 用于直接销售且开具了增值税专用发票

8. 某公园（一般纳税人）本月取得游艺场含税经营收入3.18万元，另外给某民间艺术团表演提供场所（2010年4月取得）取得含税租金收入4.2万元。该公园对不同业务进行分别核算，出租场地选择简易计税方法计税。则该公园本月计算增值税的销售额为（　　）万元。

A. 7　　B. 7.03　　C. 7.17　　D. 7.38

9. 甲事务所（一般纳税人）为乙公司提供资产评估服务，应收取不含税评估费5 000元，经协商，将收费金额打九折，并开具增值税折扣发票。计算销项税额的销售额为（　　）元。

A. 300　　B. 500　　C. 4 500　　D. 5 000

10. 甲商店（一般纳税人）为促销，将50台彩电以旧换新的方式销售。一台新彩电的零售价为2 552元，一台旧彩电折价500元。该商店共取得含税销售额102 600元，收回旧彩电50台，则该商店计算销项税额的销售额为（　　）元。

A. 85 000　　B. 102 600　　C. 110 000　　D. 127 600

11. 甲啤酒厂（一般纳税人）2月份销售啤酒一批，专用发票注明价款15 000元，税额2 400元。另收取酒桶押金1 160元。4月份，收回酒桶时依据约定不退还押金，则该啤酒厂（　　）。

A. 将2 400元计为4月份的销项税额

B. 将2 560元计为2月份的销项税额

C. 将2 560元计为4月份的销项税额

D. 将2 400元计为2月份的销项税额，将170元计为4月份的销项税额

12. 甲文具厂（一般纳税人）生产钢笔一批，生产成本15元/支。本期出售了1 000支，专用发票注明价款22 000元，税额3 520元。另赠送了50支，则本期的销项税额为（　　）元。

A. 3 520　　B. 3 640　　C. 3 652　　D. 3 696

13. 甲公司（小规模纳税人）为提供应税服务，进口了一台设备，海关核定的关税完税价格为150万元，关税为15万元，则应缴纳增值税（　　）万元。

A. 4.95　　B. 16.5　　C. 24　　D. 26.4

14. 丙公司一项已抵扣进项税额的专利（增值税税率6%）因故提前终止使用期限。查账得知：原值为50万元，累计摊销额30万元，则丙公司应将（　　）万元作进项税额转出。

A. 1.13　　B. 1.2　　C. 1.8　　D. 3

二、多项选择题

1. 下列业务中应征增值税的有（　　）。

A. 境内的甲公司给境外的乙公司提供一项运输劳务

B. 境外的甲公司购买了境内的乙公司的一项专利

C. 境外的甲公司从境内的乙公司处受让了一处境内土地的使用权

D. 境内的甲公司从境外的乙公司处购买了境内的一处不动产

2. 下列业务属于增值税“居民日常服务”征税范围的有（ ）。

A. 家政服务　　B. 美容美发服务

C. 度假村住宿服务　　D. 餐饮服务

3. 下列业务应按“旅游娱乐服务”缴纳增值税的有（ ）。

A. 旅行社提供旅游服务　　B. 文艺团体的演出

C. 电影放映　　D. 电子游戏厅提供的服务

4. 下列业务属于增值税“文化体育服务”征税范围的有（ ）。

A. 经营娱乐场所　　B. 动物园门票收入

C. 体育项目训练指导　　D. 举办文艺表演

5. 下列业务属于增值税“建筑服务”征税范围的有（ ）。

A. 设计建筑物的图纸　　B. 承包办公室装修工程

C. 承包一旧建筑加固工程　　D. 承包厂房建筑工程

6. 属于视同销售行为，应缴纳增值税的有（ ）。

A. 委托他人代销货物　　B. 将自产的货物分配给投资者

C. 将购买的货物对外投资　　D. 将购买的货物用于集体福利

7. 销售方在销售价款外，向购买方收取下列费用，应并入销售额计算销项税额的有（ ）。

A. 违约金　　B. 手续费

C. 单独核算的包装物押金　　D. 包装物租金

8. 下列有关确定增值税计税依据的表述中正确的是（ ）。

A. 外汇买卖业务以卖出价为营业额

B. 直接收费金融服务，以收取的手续费、佣金、酬金等各类费用为销售额

C. 经纪代理服务，以取得的全部价款和价外费用为销售额

D. 贷款服务，以提供贷款服务取得的全部利息及利息性质的收入为销售额

9. 下列进项税额不得从销项税额中抵扣的有（ ）。

A. 用于应税项目的应税劳务的进项税额

B. 用于免税项目的应税劳务的进项税额

C. 用于集体福利的货物的进项税额

D. 发生了非正常损失的在产品所耗用的货物的进项税额

10. 小规模纳税人进口货物，海关代征增值税可能使用的税率有（ ）。

A. 3%　　B. 6%　　C. 10%　　D. 16%

11. 下列购进业务的进项税额允许从销项税额中抵扣的有（ ）。

A. 购进原材料用于应税项目，取得增值税专用发票

B. 进口应税货物用于应税项目，取得海关进口增值税专用缴款书

C. 购进包装物用于免税项目，取得增值税专用发票

D. 购进燃料用于应税项目，取得普通发票

12. 一般纳税人购进下列货物，进项税额的处理正确的有（ ）。

A. 用于提供建筑服务的外购建材，可以凭增值税专用发票抵扣
B. 用于免税项目的外购货物，若取得增值税专用发票，允许抵扣
C. 用于集体福利的外购货物，即使取得增值税专用发票，也不得抵扣
D. 购进用于非应税项目的货物所发生的运输费用，不得抵扣

13. 一般纳税人购进下列固定资产的进项税额不得抵扣的有（　　）。
A. 用于职工食堂的面包机　　B. 用于生产免税货物的设备
C. 用于在建工程的设备　　D. 用于应税业务的设备

三、判断题

（　　）1. 增值税定义的“加工”指由委托方提供原料及主要材料，受托方按照委托方的要求制造货物并收取加工费，加工后货物的所有权仍属委托方的业务。

（　　）2. 出版社发行报刊应按“生活服务”征收增值税。

（　　）3. 以租赁方式为文化演出提供场所的单位，场租收入应按文化体育服务征收增值税。

（　　）4. 纳税人将自建的房屋销售，其自建行为应按建筑服务缴纳增值税，销售行为按销售不动产缴纳增值税。

（　　）5. M旅行社（小规模纳税人）组织50人去景点旅游，每人收取含税旅游费800元，旅游中由旅行社支付每人房费140元，餐费160元，交通费130元，门票等费用70元，各费用支付时均取得合法凭证。则M旅行社计算增值税的销售额为15 000元。

（　　）6. 按照增值税有关规定，销售折扣可以从销售额中扣除。

（　　）7. 已抵扣进项税额的购进货物，如果作为福利发放给职工个人的，发放时应视同销售，应确认一笔销项税额。

（　　）8. 若企业的一笔销售行为既涉及货物又涉及增值税应税服务，则该项销售行为均应视为销售货物征收增值税。

（　　）9. 一般纳税人取得的防伪税控系统开具的增值税专用发票，必须通过认证方可抵扣相应的进项税额。

（　　）10. 一般纳税人销售不动产从购买方收取的价外费用，在计征增值税时应视为含税收入，经换算为不含税收入后方能计入销售额。

（　　）11. 甲厂受乙公司委托加工产品，合同规定，由甲厂购入原材料后按乙公司的要求生产。这笔业务属于甲厂提供加工劳务，征收增值税。

（　　）12. 甲运输公司对自己拥有的一辆客车进行维修，这一行为属于增值税的“提供修理修配劳务”。

（　　）13. 按照生产经营规模及财务核算健全程度，增值税的纳税人可分成一般纳税人和小规模纳税人。

（　　）14. 销项税额是纳税人销售货物或提供应税劳务时应向税务机关申报缴纳的增值税。

（　　）15. 甲厂（一般纳税人）销售货物一批，并提供运输劳务。开具增值税专用发票注明价款为28 000元，税额为4 760元，另收取运输费用3 510元。则该笔业务的销项税额为5 107.84元。

（　　）16. 甲杂货铺（小规模纳税人）本月取得含税销售额 4 120 元，则应纳增值税为 120 元。

（　　）17. 一般纳税人计算应纳增值税额时，必须采用一般计税方法。

（　　）18. D 建筑公司（一般纳税人）承包一项异地建筑工程，工程含税承包额 1 000 万元。若选择按一般计税方法计税，则应在建筑工程所在地预缴增值税 18. 02 万元。

（　　）19. E 房地产开发公司（一般纳税人），选择一般计税方法计算增值税。现销售其开发的一处小区，建设规模 50 000m^2，本期销售了 30 000m^2，取得含税销售额 12 000 万元。向土地管理部门支付土地出让金 7 000 万元并取得有效票据。则 E 公司计算销项税额的销售额为 4 504. 5 万元。

（　　）20. 纳税人发生销售不动产的业务时，应向不动产所在地主管地税机关预缴税款，再向机构所在地主管国税机关申报纳税。申报纳税时，预缴的增值税税款可以在当期增值税应纳税额中抵减，抵减不完的，不可结转抵减。

四、计算题（不考虑票据的认证，所有购销业务均作为“本期”的业务）

1. A 厂（一般纳税人）9 月份销售自产货物，取得不含税销售额 700 万元；当月购入原材料、零部件，取得的增值税专用发票上注明税额 51 万元。当月购进一台机械设备，取得的增值税专用发票上注明价款 500 万元，税额 85 万元。另外该企业还把不含税价款为 210 万元的自产货物投资给乙厂。购、销货物均用 17% 的税率。

要求：计算 A 厂 9 月份应纳的增值税额。

2. B 建材公司，主营建筑装修材料销售，兼营装修业务和工具租赁业务，各类业务分别核算，在计算增值税时均为增值税一般纳税人。本月有如下业务：

（1）购进涂料一批取得的增值税专用发票上注明的价款为 6 万元，税额 1. 02 万元。用于批发零售和承揽的装修业务。

（2）销售各种建筑装修材料，取得含税收入 39. 78 万元。

（3）出租装修工具，取得不含税收入 1. 2 万元。

（4）承揽装修业务取得含税收入 9 万元。

（5）已抵扣进项税额的一批购进材料因管理不善被盗，其成本为 0. 5 万元

要求：计算 B 公司本月应缴纳的增值税。

3. C 理发馆为小规模纳税人。8 月份购进各类理发洗发染发用品，部分购进业务取得了增值税专用发票，合计价款为 50 000 元，合计增值税额为 6 500 元。当月洗发染发服务取得含税收入 61 800 元。

要求：计算理发馆本月应缴纳的增值税额。

4. D商场为一般纳税人，5月份发生以下业务：

（1）购入服装两批，两张增值税专用发票注明的货款分别为20万元、36万元，增值税额分别为3.4万元、6.12万元，分别已支付运费2万元、4万元，并取得承运部门开具的运费增值税专用发票。

（2）批发销售服装一批，取得不含税销售额18万元。

（3）零售各种服装，取得含税销售额44.46万元，同时将零售价为1.17万元的服装小饰品作为礼品随零售业务赠送给了顾客。

（4）采取以旧换新方式销售冰箱30台，每台新冰箱的零售价为3 510元，一台旧冰箱可抵顶货款400元，D商场实际收取款项93 300元。

要求：计算甲商场当月应纳的增值税额。

5. E汽车制造公司为一般纳税人。本月，该厂购进用于汽车生产的各种原材料，取得的增值税专用发票上注明的税款共计800万元；进口检测设备一台，取得的海关进口增值税专用缴款书上注明的增值税税款17万元；销售汽车取得不含税销售额9 000万元；兼营汽车修理修配业务取得含税收入35.1万元，用于汽车修理修配业务所购进的零部件、原材料所取得的增值税专用发票注明增值税额共计4万元；兼营汽车租赁业务取得收入含税50万元。该厂分别核算汽车销售、维修、租赁业务的销售额及租金等。

要求：计算甲公司本月应纳的增值税额。

6. F药厂（一般纳税人）3月份发生以下业务：

（1）购进原料药，增值税专用发票注明价款2万元，增值税0.34万元。

（2）购进包装物，增值税专用发票注明价款1万元，增值税0.17万元。

（3）委托小规模纳税人加工原料药，支付含税加工费1.545万元，取得税务机关代开的增值税专用发票。

上述三笔所购进的原材料，在本期应税产品、免税产品的生产中均有领用。

（4）销售A种药20箱，取得不含税收入16万元。

（5）销售免税的B种药4箱，取得收入3万元。

要求：计算F药厂当月应纳的增值税额。

项目三

消费税的计算与申报

一、单项选择题

1. 消费税的征税对象是（　　）。

A. 消费品　　B. 应税消费品　　C. 增值额　　D. 销售额

2. 下列业务中，应征收消费税的是（　　）。

A. 化妆品厂生产销售高档化妆品　　B. 商店销售的卷烟

C. 加油站销售的汽油　　D. 汽车制造厂生产销售的卡车

3. 委托加工应税消费品，其消费税一般（　　）。

A. 由委托方收回产品后自己缴纳

B. 由受托方在交付产品时代收代缴

C. 委托方、受托方协议决定如何缴纳

D. 由销售方缴纳

4. 金银首饰缴纳消费税的纳税环节是（　）环节。

A. 生产　　B. 销售　　C. 消费　　D. 零售

5. 甲委托乙加工啤酒 20 吨，实际收回 18 吨，则乙厂代扣消费税的计税依据是（　　）。

A. 18 吨　　B. 20 吨　　C. 17 784 升　　D. 19 760 升

6. 进口应税消费品复合计征消费税时的组成计税价格是（　　）。

A. 关税完税价格 + 关税

B. 关税完税价格 + 关税 + 增值税

C. （关税完税价格 + 关税）÷（1 – 消费税税率）

D. （关税完税价格 + 关税 + 进口数量 × 定额税率）÷（1 – 比例税率）

7. 下列各项中，应当以纳税人同类小汽车的最高销售价格作为计税依据计算消费税的是（　　）。

A. 将自产小汽车用于广告宣传

B. 将自产小汽车用于职工奖励

C. 将自产小汽车用于抵偿债务

D. 将自产小汽车用于管理部门

二、多项选择题

1. 我国现行消费税是对纳税人在我国境内（　　）应税消费品征收的一种税。

A. 生产　B. 委托加工　C. 进口　D. 购进

2. 下列业务需缴纳消费税的有（　　）。

A. 木器加工厂自产木制一次性筷子销售

B. 日化厂自产化妆品用于广告样品

C. 家具厂将自产实木地板对外投资

D. 汽车制造厂将自产越野车赞助拉力赛

3. 下列消费品中属于消费税应税消费品的有（　　）。

A. 电动车　B. 成套高档化妆品　C. 酒精　D. 铅蓄电池

4. 下列消费品中，实行复合征收消费税的有（　　）。

A. 超豪华小汽车　B. 卷烟　C. 白酒　D. 游艇

5. 消费税的纳税环节包括（　　）。

A. 商业批发环节　B. 报关进口环节

C. 商业零售环节　D. 生产销售环节

6. 酒厂生产销售白酒，收取的下列款项中，应并入销售额缴纳消费税的有（　　）。

A. 包装物租金　B. 包装物押金

C. 品牌使用费　D. 全额上缴财政的政府性基金

7. 委托加工应税消费品计征消费税时，确定计税依据的顺序是（　　）。

A. 组成计税价格

B. 委托方当月或最近月份同类应税消费品售价

C. 税务机关核定价格

D. 受托方当月或最近月份同类应税消费品售价

8. 消费税的计税方法有（　　）计税方法。

A. 从价定率　B. 从量定额　C. 复合　D. 选择

三、判断题

（　　）1. 酒类生产企业销售啤酒、黄酒，收取的包装物押金，因逾期未收回包装物而不退还的，则押金应交增值税和消费税。

（　　）2. 消费税从价定率计算方法中销售额的确定方法与增值税是一致的，均为不含增值税销售额。

（　　）3. 现行消费税规定，纳税人将自产的应税消费品与外购或自产的非应税消费品组成套装销售的，以套装产品的销售额（不含增值税）为计税依据，应按照不含增值税的全部收入额缴纳消费税。

（　　）4. 纳税人将自产应税消费品继续生产应税消费品，于移送使用环节计征消费税。

(　　) 5. 消费税纳税人发生适用不同税率的纳税义务时，一律从高适用税率。

四、计算题

1. A 厂主营手表生产，8 月份销售两种手表，甲种手表的不含增值税销售价格为 300 元/只，销售了 500 只；乙种手表的不含增值税销售价格为 12 000 元/只，销售了 100 只。

要求：计算 N 厂 8 月份应纳消费税额。

2. B 公司将自产的玉石工艺品一批、钻石首饰一批销售给 C 金店，增值税专用发票注明销售额分别为 5 万元、20 万元。C 金店在本月将其全部销售给消费者，分别取得含税销售额 7. 02 万元、26. 91 万元。经审核，C 金店为从事金银首饰零售业务的纳税人，为增值税一般纳税人。

要求：计算 B 公司、C 金店应纳的消费税。

3. D 公司进口游艇 2 艘，海关核定的关税完税价格为 1 000 万元/艘。关税税率为 10%，关税 = 关税完税价格 × 关税税率。

要求：计算当月 D 公司应缴纳的进口环节消费税、增值税。

4. E 厂为增值税小规模纳税人，既生产木制一次性筷子，也生产塑料包装袋。本月，该厂生产出售木制一次性筷子取得含增值税销售额 41 200 元，生产出售塑料包装袋取得含增值税销售额 20 600 元。

要求：计算 E 厂当月应纳消费税。

5. F 酒厂某月份有以下业务：

（1）自制白酒 4 000 千克，对外销售了 3 000 千克，收到不含增值税销售额 20 万元，另收取单独核算的包装物押金 0. 5 万元，品牌使用费 1. 17 万元。

（2）以自制白酒 1 000 千克继续加工成药酒 1 500 千克出售，取得含增值税销售额 9. 36 万元。

（3）特制粮食白酒 1 000 千克发放给职工，无同类产品售价，生产成本 80 元/千克。

要求：计算 F 厂某月份应纳的消费税。

6. G公司委托H化工厂加工高档化妆品一批，G公司提供原材料3 000万元，并支付加工费500万元，加工成甲成品3 000千克。H化工厂无同类产品售价。G公司收回后全部作为原材料继续加工成乙种化妆品。G公司当月销售乙种化妆品800箱，每箱不含增值税价格为60 000元。

要求：计算当月G化妆品公司应纳消费税。

7. I汽车制造厂，为增值税一般纳税人。某月份有以下业务：

（1）外购汽车轮胎，取得税控专票注明价款100万元，增值税17万元。

（2）进口汽车发动机一批，海关核定的关税完税价格300万元，关税率20%，海关已代征进口环节税金。A厂将货物提回时支付境内运输费1万元，取得增值税专用发票。

（3）销售小轿车（汽缸容量1.8L）一批，开具税控专票上注明销售额400万元。

（4）销售污染达标的小轿车（汽缸容量1.4L），取得价税合计的价款234万元。消费税规定，可减征应纳税额的30%。

（5）应客户要求，用自产小轿车（汽缸容量2.5L）的底盘改装一辆抢险车取得含税收入13万元，另价税合并收取改装费2万元。

各种票据均已通过认证。

要求：计算I汽车厂某月份应纳的消费税和增值税。

项目四

关税的计算与管理

一、单项选择题

1. 关税属于（　　）。

A. 流转税　B. 所得税　C. 行为税　D. 财产税

2. 关税的征收机关是（　　）。

A. 税务机关　B. 财政机关　C. 工商行政管理局　D. 海关

3. 甲公司进口一批货物，海关于3月1日填发关税专用缴款书，但公司迟至3月27日才缴纳500万元的关税。海关应征收关税滞纳金（　　）万元。

A. 2.75　B. 3　C. 6.5　D. 6.75

4. 下列各项中，计征关税实行从价计征税率的货物是（　　）。

A. 啤酒　B. 原油　C. 摄像机　D. 汽车

二、多项选择题

1. 下列物资是关税中“物品”的有（　　）。

A. 个人邮物　B. 入境人员携带的行李

C. 贸易性进口商品　D. 馈赠物品

2. 下列各项中属于关税法定纳税人的有（　　）。

A. 进口货物的收货人　B. 进口货物的卖方

C. 出口货物的发货人　D. 邮寄进境物品的收件人

3. 确定货物原产地是为了正确运用关税税则。我国原产地的确定基本上采用了国际上通用的两个标准，即（　　）。

A. 全部产地生产标准　B. 产地生产标准

C. 实质性加工标准　D. 参与加工标准

4. 进口关税的计税方法包括（　　）。

A. 从价定率　B. 从量定额　C. 累进计税　D. 复合计税

5. 进口货物的关税税率形式有（　　）。

A. 最惠国税率　B. 协定税率　C. 特惠税率　D. 普通税率

三、判断题

（　）1. 为了鼓励出口，我国只对进口货物或物品征收关税，不征出口关税。

（　）2. 进口货物从价计征关税时，以海关审定的货款与运抵我国海关起卸前的各项费用之和为完税价格。

（　）3. 关税的征税对象是贸易性商品，不包括入境旅客携带的个人物品。

（　）4. 如果一个国家的境内设有自由贸易港，则其关境大于国境。

（　）5. 出口货物的完税价格，是由海关以该货物的成交价格为基础审查确定的，包括货物运至我国境内输出地点装载前的运输费用及保险费，但不包括出口关税。

四、计算题

1. A企业进口一批小轿车，海关审定的关税完税价格为500万元，关税税率为10%，消费税率为9%。

要求：计算该批车辆在进口环节应纳的关税、消费税、增值税。

2. B高档化妆品生产企业，为增值税一般纳税人。10月份有如下业务：

（1）进口一批散装高档化妆品，支付给国外卖方货价120万元、相关税金10万元、运抵我国海关前的运杂费和保险费18万元，进口关税税率20%。

（2）进口设备一套作为生产设备，支付给国外卖方货价35万元，运抵我国海关前的运杂费和保险费5万元，进口关税税率10%。

（3）企业将进口散装高档化妆品的80%领用，共生产高档化妆品8 000件。

（4）将生产的高档化妆品销售了6 000件，取得不含税销售额300万元。

（5）将生产的高档化妆品零售了1 000件，取得含税销售额93.6万元。

要求：

（1）计算B企业在进口环节应缴纳的关税、消费税、增值税。

（2）计算B企业在国内生产销售环节应缴纳的消费税、增值税。

3. C公司进口摩托车100辆，经海关审定的产地合理销售价格为0.58万元/辆，运抵我国海关之前还支付了包装费5万元，运输费8万元，保险费2万元。该批摩托车的关税税率为20%。C公司缴纳了进口环节相关税金后，将货物提回，支付运费0.1万元，取得增值税专用发票。

要求：计算C公司进口该批摩托车的应纳关税。

4. D 贸易公司 7 月份发生以下业务：

进口小汽车 20 辆，每辆货价 20 万元，运抵我国海关之前的运输费、保险费为每辆 2 万元。公司向海关缴纳了相关税款，并取得了完税凭证。委托 E 运输公司将小汽车从海关运回本公司，支付运费 5 万元，取得了 E 公司开具的增值税专用发票。当月售出小汽车 16 辆，每辆含税销售额 58.5 万元，D 公司自用了 2 辆小汽车。（小汽车关税税率为 20%，消费税税率为 5%。）

要求：

（1）计算小汽车在进口环节应缴纳的关税、消费税、增值税。

（2）计算 D 公司国内销售环节应缴纳的增值税。

项目五

企业所得税的计算与申报

一、单项选择题

1. 依照国际惯例，我国企业所得税法按照（　　）标准将纳税人划分为居民纳税人和非居民纳税人。

A. 有无住所和居住时间　　B. 注册地和实际管理机构所在地

C. 机构、场所所在地　　D. 注册地和总机构所在地

2. 下列说法正确的是（　　）。

A. 居民纳税人履行无限纳税义务

B. 居民纳税人履行无限纳税义务，就境外所得申报纳税

C. 非居民纳税人履行有限纳税义务，只就境外所得申报纳税

D. 居民纳税人履行有限纳税义务

3. 下列不是我国企业所得税的纳税人的是（　　）。

A. 国有企业　　B. 中外合资企业

C. 集体企业　　D. 合伙企业

4. 下列各项中，不允许在企业所得税前扣除的是（　　）。

A. 无形资产开发支出未形成资产的部分

B. 超出标准的捐赠

C. 未如实履行合同的违约金支出

D. 经营租入的固定资产的租金支出

5. 不得在计算企业所得税前扣除的税金有（　　）。

A. 企业所得税和增值税　　B. 消费税

C. 资源税和关税　　D. 土地增值税和印花税

6. 允许企业税前弥补的亏损是指（　　）。

A. 企业申报的亏损额

B. 企业自己核定的亏损额

C. 企业财务报表反映的亏损额

D. 税务机关按税法规定核实、调整后的亏损额

7. 甲公司本年度的销售收入为1 000万元，实际发生的符合条件的广告宣传费支出为200万元。该公司应按照（ ）万元予以税前扣除。

A. 50 B. 100 C. 150 D. 200

8. 甲厂本年度实现销售收入4 000万元，实际发生的与经营活动有关的业务招待费为100万元。该公司本年度应按照（ ）万元予以税前扣除。

A. 20 B. 60 C. 100 D. 240

9. 乙公司本年1月份以经营租赁方式租入固定资产，支付了5年的租赁费500万元，则本年度该公司应按照（ ）万元予以税前扣除。

A. 50 B. 100 C. 250 D. 500

10. 下列各项支出中，不允许在企业所得税前扣除的是（ ）。

A. 企业间的管理费用 B. 劳动保护支出

C. 未履行经济合同的违约金 D. 筹建期间的广告费

11. 企业开发新技术、新产品、新工艺发生的研究开发费用，可以在计算应纳税所得额时（ ）扣除。

A. 全额 B. 加计50% C. 加倍 D. 减计10%

12. 纳税人以《资源综合利用企业所得税优惠目录》规定的资源作为主要原材料，生产国家非限制和禁止并符合国家和行业相关标准的产品取得的收入，在确定应纳税所得额时减按（ ）计入收入总额。

A. 60% B. 70% C. 80% D. 90%

13. 甲公司本年度取得境内应税所得额为200万元，已预缴税款50万元。来源于A国的税前所得100万元，境外已纳税款20万元。该企业年终应补税（ ）万元。

A. 5 B. 10 C. 12 D. 79

14. 计征企业所得税时，超过规定标准列支的招待费，应计入（ ）。

A. 营业外支出 B. 成本 C. 费用 D. 应纳税所得额

二、多项选择题

1. 根据不同的原则，税收管辖权可分为（ ）。

A. 属人主义原则 B. 居民管辖权

C. 属地主义原则 D. 来源地管辖权

2. A、B两国均同时行使居民管辖权和来源地管辖权。A国的居民甲公司有一笔来源于B国的所得。下列说法正确的有（ ）。

A. A国依据居民管辖权对该项所得征税

B. B国依据来源地管辖权对该项所得征税

C. A国依据来源地管辖权对该项所得征税

D. B国依据居民管辖权对该项所得征税

3. 根据企业所得税法规定，下列保险费可以税前扣除的有（ ）。

A. 企业参加财产保险，按规定缴纳的保险费

B. 企业为投资者支付的商业保险费

C. 企业为职工支付的商业保险费

D. 企业依照有关规定为特殊工种职工支付的人身安全保险费

4. 企业的下列支出，不得从收入总额中扣除的有（　　）。

A. 各种与生产经营活动有关的广告性赞助支出

B. 企业为他人提供贷款担保而承担的贷款本息

C. 未超过标准的筹建期间的业务招待费

D. 企业向投资者支付的股息

5. 下列各项中，在计算应纳税所得额时有加计扣除规定的包括（　　）。

A. 企业开发新技术、新产品、新工艺发生的研究开发费用

B. 创业投资企业从事国家需要重点扶持和鼓励的创业投资项目

C. 企业综合利用资源，生产符合国家产业政策规定的产品

D. 企业安置残疾人员及国家鼓励安置的其他就业人员所支付的工资

三、判断题

（　　）1. 对企业的境外所得进行税额抵免时，应当分国不分项计算抵免限额。

（　　）2. 发生年度亏损的企业，不必向税务机关送报会计报表，进行纳税申报。

（　　）3. 企业以融资租赁的方式取得的大型机床不准在计算应纳税所得额时计算扣除折旧额。

（　　）4. 企业所得税实行按年计征，一个纳税年度为公历1月1日至12月31日。

（　　）5. 按现行的企业所得税法的有关规定，企业持有国债所取得的利息收入不计入应纳税所得额。

（　　）6. 我国的企业所得税规定，企业来源于中国境外的所得已在境外缴纳的所得税，准予在汇总纳税时从应纳税所得额中全额扣除。

（　　）7. 企业所得税规定，中外合资经营企业是企业所得税的居民纳税人。

（　　）8. 企业将不征税收入用于支出所形成的费用或资产，在计算应纳税所得额时，不得扣除、计算折旧、计算摊销。

（　　）9. 固定资产应以不低于10年的期限按照直线法计提折旧。

（　　）10. 企业综合利用资源，生产符合国家产业政策规定的产品取得的收入，免征企业所得税。

四、计算题

1. A公司本年产品销售收入100万元，销售成本60万元，销售税金及附加10万元，管理费用20万元，销售费用8万元（包括业务招待费5万元），国债利息收入1万元，非广告赞助支出3万元，符合扣除条件的捐赠支出2万元。

要求：计算A公司应纳企业所得税。

2. B厂本年收入总额为350万元，成本、费用、税金和损失为200万元。经查账，得到

以下资料：

（1）通过红十字协会向一山区修建医疗机构捐赠 5 万元，向本省举办的博览会捐赠工艺品，价值 10 万元，通过市政府向一养老院捐赠经费 3 万元，均已计入“营业外支出”。

（2）“管理费用”中列支了新产品研究开发费用 23 万元、广告费 80 万元、业务宣传费 2 万元、存货跌价准备金 3 万元（未经核准）、业务招待费 21 万元。

（3）在“营业外支出”中有非广告性赞助 1 万元、因故未完全履行合同而支付的违约金 2.8 万元。

（4）已在成本费用中列支实发工资总额 40 万，并实际列支职工福利费 6 万元，上缴工会经费 1 万元，职工教育经费支出 1 万元。

要求：计算 B 厂本年的企业所得税。

3. C 公司是我国的居民纳税人，在 A、B 两国设有分支机构。本年境内机构实现应纳税所得额 2 000 万元；A 国分支机构实现应纳税所得额 600 万元，税率为 20%；B 国分支机构实现应纳税所得额为 400 万元，其中生产经营所得为 280 万元，税率为 30%，租金所得为 120 万元，税率为 10%。

要求：计算 C 公司本年应纳的企业所得税。

4. 下表是 D 厂 8 年的盈亏情况。单位：万元。各年适用税率为 25%。

年度	第 1 年	第 2 年	第 3 年	第 4 年	第 5 年	第 6 年	第 7 年	第 8 年
应税所得	-60	-80	-30	50	10	30	30	80

要求：分别计算 D 厂各年度应纳的企业所得税。

5. E 厂为工业企业，全年经营业务如下：

（1）取得销售收入 2 500 万元。

（2）销售成本 1 343 万元。

（3）发生销售费用 670 万元（其中广告费 320 万元）；管理费用 400 万元（其中业务招待费 15 万元）；财务费用 60 万元。

（4）销售税金 160 万元。

（5）营业外收入 70 万元，营业外支出 50 万元（含通过公益性社会团体向贫困山区捐款 5 万元，支付税收滞纳金 6 万元）。

（6）计入成本、费用中的实发工资总额 150 万元、拨缴职工工会经费 3 万元、支出职工福利费 24 万元、职工教育经费 5 万元。

根据上述资料回答下列问题：

（1）在确定应纳税所得额时，企业应就销售费用和管理费用将利润调增（　　）万元。

A. 0　　B. 5　　C. 6　　D. 61

（2）在确定应纳税所得额时，企业应就营业外支出将利润调增（　　）万元。

A. 9. 6　　B. 11　　C. 15. 16　　D. 20. 16

（3）在确定应纳税所得额时，企业应就“工会经费、职工教育经费、福利费”将利润调增（　　）万元。

A. 1. 25　　B. 2. 25　　C. 4. 25　　D. 7. 25

（4）本年应纳企业所得税为（　　）万元。

A. 0　　B. 4. 48　　C. 5. 48　　D. 6. 71

项目六

个人所得税的计算与申报

一、单项选择题

1. 依照国际惯例，我国个人所得税法按照（　　）标准将纳税人划分为居民纳税人和非居民纳税人。

A. 有无住所和居住时间　　B. 有无房屋和居住时间

C. 有无国籍和居住时间　　D. 注册和总机构所在地

2. 下列属于个人所得税非居民纳税人的是（　　）。

A. 在中国境内无住所也不居住，但有来源于中国境内所得的个人

B. 在中国境内无住所，也没有来自中国境内所得的个人

C. 在中国境内无住所，但居住时间满一个纳税年度的个人

D. 在中国境内有住所，但目前未居住的个人

3. 下列各项中属于个人所得税应税所得的是（　　）。

A. 储蓄利息所得　　B. 省政府颁发的教育奖金

C. 保险赔款所得　　D. 彩票中彩所得

4. 个人所得税规定，个人将其所得通过中国境内非营利机构向公益事业捐赠的，可以从其应纳税所得额中扣除，但捐赠额一般不超过应纳税所得额的（　　）。

A. 10%　　B. 20%　　C. 30%　　D. 40%

5. 个人所得税规定，应纳税所得额达到一定标准，实行加成征收的应税项目是（　　）。

A. 劳务报酬所得　　B. 稿酬所得

C. 特许权使用费所得　　D. 偶然所得

6. 个人所得税规定，实行税额减征的应税项目是（　　）。

A. 工资薪金所得　　B. 稿酬所得

C. 财产转让所得　　D. 利息股息红利所得

7. 每次以减除费用 800 元或收入的 20% 后的余额为应纳税所得额的应税项目是（　　）。

A. 个人承包承租经营所得　　B. 财产租赁所得

C. 劳务报酬所得　　D. 偶然所得

8. 甲作家的一篇小说在一家报纸上连载3个月，每月稿酬收入分别是3 000元、4 000元、5 000元。该作家应纳个人所得税（　　）元。

A. 1 316　　B. 1 344　　C. 1 568　　D. 1 920

9. 下列属于工资、薪金所得项目的是（　　）。

A. 规定范围的商业健康险　　B. 差旅费津贴

C. 退休工资　　D. 职工年金

10. 甲个人承租经营乙企业，合同规定，甲除每月取得工资1 000元外，年终还分得60 000元，则计征个人所得税的收入总额为（　　）元。

A. 12 000　　B. 60 000　　C. 61 000　　D. 72 000

二、多项选择题

1. 下列有来自于中国境内所得的个人，属于个人所得税居民纳税人的有（　　）。

A. 在中国境内有住所的个人

B. 在中国境内无住所，但居住满一个纳税年度的个人

C. 在中国境内无住所又不居住的外籍人员及港、澳、台同胞

D. 在中国境内无住所而居住，但居住不满一个纳税年度的外籍人员

2. 下列所得实行按月计征个人所得税的有（　　）。

A. 工资薪金　　B. 财产租赁

C. 连续性劳务报酬　　D. 报刊上连载作品的稿酬所得

3. 下列所得在计征个人所得税时，不得扣除任何费用的有（　　）。

A. 存款利息所得　　B. 股息红利所得

C. 彩票中奖所得　　D. 特许权使用费所得

4. 个人取得下列所得，属于个人所得税的劳务报酬所得的项目有（　　）。

A. 技术服务所得　　B. 发表文章所得

C. 应外单位聘请提供讲学所得　　D. 出版书籍所得

5. 个人对企事业单位的承包承租经营所得包括（　　）。

A. 个人承包承租经营所得　　B. 投资的股息所得

C. 承包人按月取得的工资所得　　D. 个人转包转租取得的所得

6. 下列各项中适用五级超额累进税率计征个人所得税的有（　　）。

A. 个体出租车运营的驾驶员取得的所得

B. 个人从事彩票代销业务所得

C. 对企事业单位的承包承租经营所得

D. 合伙企业的生产经营所得

7. 下列个人所得中，免征个人所得税的有（　　）。

A. 单位按规定标准替职工缴纳的年金　　B. 退休人员领取退休工资

C. 按当地标准取得的通信补贴　　D. 国债利息

8. 个人通过非营利性的社会团体和国家机关进行的下列公益性救济性捐赠支出中，准

予在个人所得税前的所得额中全额扣除的有（ ）。

A. 向贫困地区的捐赠　　B. 向农村义务教育

C. 向公益性青少年活动场所的捐赠　　D. 向红十字事业的捐赠

三、判断题

（ ）1. 个人所得税的非居民纳税人履行有限纳税义务。

（ ）2. 承包人对企业经营成果不拥有所有权，仅按约定取得一定所得的，其所得计征个人所得税时按"工资薪金所得"项目征税。

（ ）3. 个体工商户发生"三新"研发费可在当期直接扣除。

（ ）4. 企业实行个人承包，若工商登记仍为企业的，不论其分配形式如何，均应先纳企业所得税，然后对承包人所得征收个人所得税。

（ ）5. 按个人所得税法规定，我国的居民纳税人来源于中国境内和境外的所得，应当合并计算应纳税额。

（ ）6. 个人转让财产时，以收入总额扣除收入的 20% 后的余额为个人所得税的计税依据。

（ ）7. 多人共有一项应税所得收入时，应先纳税，后分给每个人。

（ ）8. 李某承揽一项房屋装修工程，工程 3 个月完工。业主按月分别付给李某 20 000 元、10 000 元、8 000 元，则李某应缴纳个人所得税 6 080 元。

（ ）9. 我国个人所得税采取源泉扣缴，自行申报相结合的缴纳方式。

（ ）10. 编剧取得的剧本收入属于稿酬所得。

（ ）11. 个人取得的住房转租收入不缴个人所得税。

四、计算题

1. 个人 A 本月在甲单位领取工资收入 3 600 元、奖金 1 000 元，其中包括：应按规定缴纳的养老金、失业保险金 100 元，每月发放公务交通、通信补贴 200 元（当地税务机关核定的标准为 150 元/月）；为自己购买符合规定的价值 10 000 元的商业健康保险一份，已向单位提供了保单凭证。

要求：计算 A 本月应纳的个人所得税额。

2. 个人 B 本年 12 月份领取本月工资 4 200 元、第四季度出勤奖 300 元，全年一次性奖金 36 000 元。

要求：计算 B 本月应纳的个人所得税额。

3. 个人 C 取得本年 1 月工资 5 000 元，个人缴费工资基数 4 000 元。当月计入个人年金账户的企业缴费部分是 300 元且未超过国家规定的标准、个人缴费部分是 200 元，另外还有

100元年金基金运营收益分配收入计入个人账户（不考虑社保和公积金）。

要求：计算C应纳个人所得税额。

4. 个人D和甲公司签订了一份承包经营一个招待所的合同。合同规定：每年向甲公司上缴承包费5万元，其余经营成果归D支配。本年年终，该招待所税后利润为15万元。

要求：计算D应纳个人所得税额。

5. 个人E是甲歌舞团的歌唱演员。本月：在甲团领取工资6 000元；与乙歌舞厅签约，双休日每晚在歌舞厅演唱一场，每场酬金800元，本月共演出8场，总收入为6 400元；受邀参加一次丙团的文艺演出，取得出场费50 000元。

要求：计算E本月应纳个人所得税额。

6. 个人F将自己创作的一部文学作品交付甲出版社出版发行，先得到出版社预付稿酬4 000元，出版后最终结算又得到稿酬31 000元。半年后经协商加印2 000册，再得到稿酬2 500元。另外，F还创作一部剧本，取得电视剧制作组的剧本费收入70 000元。

要求：计算F应纳个人所得税额。

7. 个人G本年1月将自有一套单元房出租给王金居住，租期1年，月租金为6 000元，F每月缴纳的有关税费200元，均有完税凭证；当年5月份由G负责支付修缮费2 000元。

要求：计算G本年应纳个人所得税额。

8. 个人H本月将住房按市场价格出租给个人I，收取含税月租金4 060元，发生其他可税前扣除的税费280元，未发生修缮费用。I于本月将其住房转租给J，收取含税月租金6 090元，发生其他可税前扣除的税费460元。

要求：计算H、I应纳个人所得税额。

9. 个体工商户K通过有关部门将其所得5 000元捐赠给红十字事业。已知该个体工商户年收入总额 100 000 元，各项扣除共计 40 000 元。

要求：计算个人 K 应纳个人所得税额。

10. 我国公民 L，在 A 国有如下收入：取得本年度工薪收入 69 600 元，取得特许权使用费收入 30 000 元，两项所得分别已在 A 国缴纳个人所得税额 1 200 元、4 000 元；在 B 国出版著作获得稿酬收入 15 000 元，在 B 国缴纳个人所得税额 1 600 元（均已换算为人民币）。

要求：计算公民 L 应在我国缴纳的个人所得税。

项目七

特定目的税类的计算与申报

一、单项选择题

1. 纳税人在发生下列行为时，应缴纳城建税的是（　　）。

A. 取得利息收入　　B. 购买小汽车

C. 销售家具　　D. 为本单位修理小汽车

2. 下列对城建税的表述不正确的是（　　）。

A. 城建税是一种附加税

B. 税款专门用于城市的公用事业和公共设施的维护建设

C. 外商投资企业和外国企业需征收城建税

D. 海关对进口产品代征增值税、消费税、城建税

3. 以下各项中，可以作为计算城市维护建设税的依据是（　　）。

A. 补缴的消费税税款　　B. 滞纳金

C. 因漏缴营业税而缴纳的罚款　　D. 进口货物缴纳的增值税税款

4. 某城市纳税人本月应纳增值税 2 万元，应减征增值税 1 万元，补缴上月漏缴增值税 0.5 万元，则本月应纳城建税为（　　）万元。

A. 0.14　　B. 0.07　　C. 0.175　　D. 0.105

5. 教育费附加的征收率是（　　）。

A. 2%　　B. 3%　　C. 5%　　D. 7%

6. 耕地是指种植农作物的土地，包括（　　）。

A. 人工开掘的水产养殖水面　　B. 药材种植园

C. 铁路范围内的林地　　D. 花圃

7. 下列关于耕地占用税的描述正确的是（　　）。

A. 耕地占用税实行地区差别幅度定额税率

B. 人均耕地面积越少，耕地占用税单位税额越高

C. 耕地占用税由地方税务机关负责征收

D. 农村居民占用应税土地新建住宅免征耕地占用税

8. 车辆购置税的税率是（　　）。

A. 10%　　B. 13%　　C. 17%　　D. 33%

9. 车辆购置税应纳税额的计算公式为（　　）。

A. 应纳税额 = 计税价格 × 税率　　B. 应纳税额 = 计税数量 × 税率

C. 应纳税额 = 计税数量 × 单位税额　　D. 应纳税额 = 计税价格 × 单位税额

10. 纳税人进口自用应征消费税的小汽车，其组成计税价格为（　　）。

A. 关税完税价格 + 关税

B. （关税完税价格 + 关税）÷（1 − 消费税税率）

C. （关税完税价格 + 关税）÷（1 + 消费税税率）

D. （关税完税价格 + 关税）÷（1 + 增值税税率）

11. 纳税人购买自用或者进口自用应税车辆，申报的计税价格低于同类型应税车辆的最低计税价格且又无正当理由的，按照（　　）计算车辆购置税。

A. 同类产品价格　　B. 最低计税价格

C. 市场价格　　D. 调拨价格

12. 进口自用应税车辆的纳税期限为进口之日起（　　）。

A. 10 日内　　B. 20 日内　　C. 30 日内　　D. 60 日内

13. A 公司接受捐赠小汽车 10 辆，国家税务总局核定的同类型车辆的最低计税价格为 100 000 元/辆，小汽车的成本为 80 000 元/辆，成本利润率为 8%，则该公司应纳的车辆购置税额为（　　）。

A. 80 000 元　　B. 86 400 元　　C. 93 919.04 元　　D. 100 000 元

14. 纳税人购置应税车辆，应当向（　　）的主管税务机关申报纳税。

A. 车辆注册地　　B. 售车方所在地　　C. 购车地　　D. 纳税人所在地

15. 下列车辆不属于车辆购置税征收范围的是（　　）。

A. 挂车　　B. 电车　　C. 农用运输车　　D. 高空作业车

16. A 公司购买一辆小轿车自用，支付的含税价款为 117 000 元。A 公司应纳车辆购置税税额为（　　）。

A. 10 000 元　　B. 11 000 元　　C. 11 700 元　　D. 12 700 元

17. 烟叶税的税率为（　　）。

A. 15%　　B. 20%　　C. 30%　　D. 40%

18. 纳税人收购烟叶，应当向烟叶收购地的主管税务机关申报纳税。纳税人应当自纳税义务发生之日起（　　）日内申报纳税。

A. 5　　B. 10　　C. 15　　D. 30

19. 烟叶税的纳税义务发生时间为纳税人收购烟叶的当天。"收购烟叶的当天"，是指（　　）。

A. 向烟叶销售者付讫收购烟叶运输费用的当天

B. 支付给烟叶销售者的价外补贴的当天

C. 支付给烟叶销售者的烟叶收购价款的当天

D. 向烟叶销售者付讫收购烟叶款项或者开具收购烟叶凭据的当天

二、多项选择题

1. 某公司在北京转让自己位于上海市区的一处房产，购进价格为52万元，转让价格为65万元，则下列说法中正确的有（　　）。

A. 城建税应在上海缴纳　　B. 城建税应在北京缴纳

C. 城建税计算适用7%的税率　　D. 城建税为0.032 5万元

2. 下列各项中，属于城建税计税依据的有（　　）。

A. 偷逃营业税而被查补的税款　　B. 偷逃消费税而加收的滞纳金

C. 出口货物免抵的增值税税额　　D. 出口产品征收的消费税和关税

3. 下列关于教育费附加的表述中，正确的有（　　）。

A. 教育费附加的征收率按照地区差别设定。

B. 对海关进口产品征收增值税、消费税，但不征收教育费附加。

C. 出口产品退还增值税、消费税的，同时退还已征收的教育费附加。

D. 外商投资企业和外国企业也要缴纳教育费附加。

4. 下列属于耕地占用税征税范围的是（　　）。

A. 占用花圃、苗圃用地用于建房　　B. 鱼塘用地

C. 茶园、果园用地　　D. 种植经济林木土地

5. 下列免征耕地占用税的有（　　）。

A. 铁路系统职工宿舍占用的耕地　　B. 学校建校舍占用的耕地

C. 水利工程用于发电占用的耕地　　D. 职工夜校、培训中心占用的耕地

6. 耕地占用税由（　　）负责征收。

A. 国家税务总局　　B. 省级税务机关

C. 地方税务机关　　D. 地方人民政府

7. 某企业占用林地40万平方米建造生态高尔夫球场，还占用林地100万平方米开发经济林，所占用耕地适用的税率为20元/平方米。该企业应缴纳耕地占用税（　　）。

A. 800万元　　B. 1 400万元　　C. 2 000万元　　D. 2 800万元

8. 属于车辆购置税的应税车辆有（　　）。

A. 汽车　　B. 摩托车　　C. 电车　　D. 自行车

9. 车辆购置税的计税依据有（　　）。

A. 不含增值税的价款和价外费用　　B. 最低计税价格

C. 关税完税价格＋关税＋消费税　　D. 含增值税的全部价款

10. 下列人员中属于车辆购置税的纳税人的有（　　）。

A. 应税车辆的馈赠人　　B. 应税车辆的购置人

C. 免税车辆的受赠者　　D. 应税车辆的进口使用者

11. 下列行为属于车辆购置税应税行为的有（　　）。

A. 应税车辆的购买使用行为　　B. 应税车辆的销售行为

C. 自产自用应税车辆的行为　　D. 以获奖方式取得并自用应税车辆的行为

12. 有关我国烟叶税的特点，下列说法正确的有（　　）。

A. 烟叶税实行比例税率

B. 烟叶税在烟叶收购环节征收

C. 纳税人应当自烟叶验收入库之日起 60 日内申报缴纳烟叶税

D. 烟叶税由地方税务机关征收

13.《中华人民共和国烟叶税暂行条例》所称烟叶是指（　　）。

A. 晾晒烟叶

B. 烤烟叶

C. 列入名晾晒烟名录的晾晒烟叶

D. 未列入名晾晒烟名录的其他晾晒烟叶

14. 某烟草公司 2015 年 12 月向烟叶生产者收购晾晒烟叶一批，支付收购价款 20 000 元，价外补贴 2 000 元，同时收购烤烟叶一批，支付收购价款 15 000 元，价外补贴 1 500 元。已知烟叶税税率为 20%，则下列说法正确的有（　　）。

A. 烟草公司收购晾晒烟叶应纳烟叶税 4 400 元

B. 烟草公司收购烤烟叶应纳烟叶税 3 300 元

C. 烟草公司收购烟叶共计应纳烟叶税 7 700 元

D. 烟草公司收购晾晒烟叶应纳烟叶税 4 000 元

三、判断题

（　　）1. 纳税人违反增值税税法、消费税税法而加收的滞纳金和罚款，是税务机关对纳税人违法行为的经济制裁，不作为城市维护建设税的计税依据。

（　　）2. 某企业本月接受其他企业委托，加工一批应税消费品，代扣消费税 100 元的同时，应按委托方所在地适用税率代扣城建税。

（　　）3. 所有出口企业，在出口货物退还增值税时，一般均会同期退还城建税。

（　　）4. 海关对进口产品征收的增值税、消费税不作为教育费附加的征收基础。

（　　）5. 教育费附加是对缴纳增值税、消费税、营业税的单位和个人，就其应当缴纳税额为计税依据征收的一种附加费。

（　　）6. 建设直接为农业生产服务的生产设施占用农业用地征收耕地占用税。

（　　）7. 耕地占用税是由地方税务机关负责征收的。

（　　）8. 耕地占用税对耕地的界定为：耕种农作物的土地，不包括花圃、鱼塘等。

（　　）9. 车辆购置税的纳税人是销售应税车辆的单位和个人。

（　　）10. 甲公司进口小轿车用于在国内销售，其在进口环节应缴纳车辆购置税。

（　　）11. 汽车专卖店尚未售出的车辆属汽车专卖店所有，也应缴纳车辆购置税。

（　　）12. 车辆购置税税负不能转嫁，只能由纳税人负担。

（　　）13. 购置已缴纳车辆购置税的二手车，还应再缴纳车辆购置税。

（　　）14. 在中华人民共和国境内收购烟叶的单位是烟叶税的扣缴义务人。

（　　）15. 烟叶税是国家对从事烟叶生产以及收购的单位和个人征收的一种税。

（　　）16. 烟叶“收购金额”，是指纳税人支付给烟叶销售者的烟叶收购价款。

四、计算题

1. 某市区 A. 企业某月缴纳进口关税 65 万元，进口环节增值税 15 万元，进口环节消费税26.47万元；本月境内业务缴纳的增值税36万元，消费税7万元。

要求：计算A.企业本月应缴纳的城建税和教育费附加。

2. 农村村民B新建住宅，经批准占用耕地200平方米。该地区耕地占用税适用税率为10元/平方米。

要求：计算村民B应缴纳的耕地占用税。

3. C厂购进2辆小轿车自用，其中一辆是未上牌照的新车，不含增值税成交价格12万元，另支付购置工具件和零配件价款1 000元；另一辆车是已使用2年的旧车（未取得车辆购置税完税凭证），不含税成交价为5万元，经税务机关核定同类型车辆的最低计税价格为8万元/辆。

要求：计算C厂应纳车辆购置税。

4. D集团进口小轿车3辆自用，海关核定的关税完税价格为12万元/辆，关税税率为30%，消费税率9%。

要求：计算D集团进口环节和登记环节应纳的各种税。

5. E卷烟厂是增值税一般纳税人，本月收购烟叶一批，取得合法收购凭证注明的烟叶收购价格50万元；该卷烟厂按照规定的方式向烟叶生产者支付了价外补贴，并与烟叶收购价款在同一收购凭证上分别注明。

要求：计算E卷烟厂本月应缴纳的烟叶税。

项目八

资源税类的计算与申报

一、单项选择题

1. 下列自然资源中，应征资源税的是（　　）。
A. 森林资源　B. 土地资源　C. 矿产资源　D. 光能资源
2. 下列产品中列为资源税征税对象的是（　　）。
A. 人造石油　B. 金银首饰　C. 汽油　D. 机油
3. 对天然气征收资源税，是指对（　　）的天然气征税。
A. 煤矿开采　B. 专门购买
C. 从境外购买　D. 专门开采或与原油同时开采
4. 在资源税中，煤炭的征税范围不包括（　　）。
A. 选煤　B. 洗煤　C. 其他煤炭制品　D. 原煤
5. 甲企业3月份共开采锡矿原矿5万吨，提炼加工精矿4万吨并进行销售，不含税单价130元/吨，资源税率为2%。3月份应纳资源税为（　　）万元。
A. 13　B. 10.4　C. 24.2　D. 30
6. 由扣缴义务人代收代缴资源税的纳税环节为（　　）。
A. 收购环节　B. 销售环节　C. 开采环节　D. 转移使用环节
7. 城镇土地使用税的计税依据是（　　）。
A. 实际占用的土地面积　B. 纳税人申报面积
C. 评估面积　D. 建筑面积
8. 不征城镇土地使用税的区域是（　　）。
A. 城市　B. 县城　C. 工矿区　D. 农村
9. 下列应征城镇土地使用税的是（　　）。
A. 国家机关公务用地　B. 军队办公用地
C. 商场经营用地　D. 农业生产用地
10. 我国现行城镇土地使用税的税率形式为（　　）。
A. 比例税率　B. 累进税率　C. 定额税率　D. 复合税率

11. 甲公司位于市区，办公楼占地面积20 000平方米，运营的体育场馆5 000平方米，城镇土地使用税年税率为5元/平方米。该公司本年应纳城镇土地使用税（　　）元。

A. 10 500　　B. 7 500　　C. 112 500　　D. 100 000

12. 城镇土地使用税的征收机关是（　　）。

A. 土地使用单位机构所在地的地方税务机关

B. 土地所在地的地方税务机关

C. 土地所在地的国家税务机关

D. 土地使用人住所所在地的地方税务机关

13. 下列属于土地增值税征税范围的是（　　）。

A. 房产所有人将房屋产权无偿赠送给女儿

B. 房产所有人将房屋产权有偿转让给他人

C. 甲厂通过希望工程基金会将土地使用权赠送给某贫困小学

D. 乙公司将土地使用权出租给丙养老院

14. 下列各项业务中需要缴纳土地增值税的是（　　）。

A. 出让国有土地使用权　　B. 转让国有土地使用权

C. 继承房地产　　D. 出租房地产

15. 下列各项中不属于土地增值税纳税人的是（　　）。

A. 以房屋抵债的甲公司

B. 转让国有土地使用权的乙学校

C. 将写字楼投资的丙房地产开发公司

D. 住房增值的丁个人

16. 我国现行土地增值税的税率形式是（　　）。

A. 比例税率　　B. 超额累进税率

C. 全额累进税率　　D. 超率累进税率

17. 土地增值税是以纳税人转让房地产所取得的（　　）作为计税依据的。

A. 增值额　　B. 收入　　C. 货币收入　　D. 货币和实物收入

18. 计算土地增值税时可扣除的税费是（　　）。

A. 房地产开发企业转让房地产应缴纳的所得税

B. 房地产开发企业转让房地产时缴纳的教育费附加

C. 个人购买房地产时缴纳的契税

D. 个人转让房地产时缴纳的个人所得税

19. 对于房地产开发公司，可以作为加计20%扣除的基数的是（　　）。

A. 销售费用　　B. 与房地产开发相关的财务费用

C. 建筑工程安装费　　D. 与房地产开发相关的管理费用

20. 土地增值税由（　　）征收。

A. 房产管理部门　　B. 纳税人所在地主管税务机关

C. 房产坐落地主管税务机关　　D. 纳税人经营地税务机关

21. 纳税人应在转让房地产合同签订后的（　　）日内，向税务机关办理土地增值税纳税申报。

A. 5　　B. 7　　C. 10　　D. 15

二、多项选择题

1. 下列关于资源税的正确表述有（　　）。
   A. 资源税实行一次课征制
   B. 缴纳资源税的产品，也是缴纳增值税的货物
   C. 资源税与增值税的计税依据一致
   D. 资源税实行从量定额征收
2. 根据我国资源税法律制度规定，应征收资源税的有（　　）。
   A. 开采井矿盐　B. 开采地下水　C. 开采原煤　D. 开采原油
3. 下列单位和个人应纳资源税的有（　　）。
   A. 冶炼企业进口铁矿石　B. 个体经营者开采煤矿
   C. 中外合作开采天然气　D. 军工企业开采石油
4. 属于资源税征税对象的有（　　）。
   A. 原矿　B. 精矿　C. 金锭　D. 氯化钠初级产品
5. 资源税适用从量定额办法征收的有（　　）。
   A. 原油　B. 黏土　C. 铁矿石　D. 矿石
6. 城镇土地使用税的纳税人包括（　　）。
   A. 拥有土地使用权的单位　B. 拥有土地使用权的个人
   C. 土地使用权共有的双方　D. 土地代管人
7. 城镇土地使用税的征税对象包括（　　）。
   A. 市区的土地　B. 县城的国有土地
   C. 农村的土地　D. 工矿区的土地
8. 下列占用城镇土地的行为中，需征城镇土地使用税的有（　　）。
   A. 军办企业用地　B. 商业经营用地
   C. 公园附设茶社用地　D. 市政绿化用地
9. 下列项目中，属于土地增值税的征税范围的有（　　）。
   A. 出让国有土地使用权
   B. 地上建筑物及附着物连同国有土地使用权一并转让
   C. 将房屋赠送给直系亲属
   D. 企业之间交换房屋
10. 土地增值税的特点包括（　　）。
    A. 采用扣除法计算增值额　B. 采用评估法计算增值额
    C. 实行超额累进比例税率　D. 征收管理上实行按次征收
11. 下列房地产转让行为中不征收土地增值税的有（　　）。
    A. 个人之间互换自有居住用　B. 被兼并企业将房屋并入兼并企业中
    C. 合作建房有偿转让的　D. 企业改建将房屋权属变更到改建后企业

12. 转让国有土地使用权、地上建筑物及附着物并取得收入的（　　），都是土地增值税的纳税人。

A. 学校　　B. 税务机关　　C. 外籍个人　　D. 国有企业

13. 计算土地增值税计税依据时，可扣除的有（　　）。

A. 取得土地使用权所支付的金额

B. 房地产开发项目实际发生的成本

C. 与转让房地产有关的税金

D. 房地产开发完工后的利息支出

14. 土地增值税的纳税人转让房地产取得的收入，包括（　　）。

A. 利息收入　　B. 货币收入　　C. 实物收入　　D. 其他收入

15. 下列项目中属于房地产开发成本的有（　　）。

A. 土地征用及拆迁补偿费　　B. 建筑安装工程费

C. 公共配套设施费　　D. 前期工程费

16. 下列项目中，应征收土地增值税的有（　　）。

A. 以房地产抵债而发生房地产产权转移的

B. 建造普通标准住宅出售，增值额超过扣除项目金额 20% 的

C. 居民个人转让住房

D. 国家收回国有土地使用权、征用地上建筑物及附着物

三、判断题

（　　）1. 对加工过的矿产品不征资源税。

（　　）2. 对开采应税煤炭征收资源税，不包括以未税原煤加工的洗选煤。

（　　）3. 资源税一律实行差别税额，从量征收。

（　　）4. 对同一种应税产品，无论征税对象为精矿或原矿，都应以纳税人实际销售的矿产品确认销售额缴纳资源税。

（　　）5. 资源税扣缴义务人代扣代缴税款的纳税义务发生时间为支付货款的当天。

（　　）6. 土地使用权未确定或权属纠纷未解决的土地，暂不缴纳城镇土地使用税。

（　　）7. 城镇土地使用税的征税范围是市区、县政府所在城镇的土地，不包括市郊、农村土地。

（　　）8. 使用国有土地的任何单位都应缴纳城镇土地使用税。

（　　）9. 城镇土地使用税征税方式是按年计征，分期缴纳。

（　　）10. 免税单位无偿使用纳税单位的土地应征收城镇土地使用税。

（　　）11. 土地增值税的计税依据为转让房地产的全部收入。

（　　）12. 房地产开发费用是指相关的销售费用、管理费用、财务费用。

（　　）13. 非房地产企业将土地投资于房地产企业不需缴纳土地增值税。

（　　）14. 自建自用的房屋，应在修建期间缴纳土地增值税。

（　　）15. 房地产代建企业应代收代缴建设方的土地增值税。

（　　）16. 一方以房地产与另一方的房地产进行交换，虽然这种行为发生了房产产权、土地使用权的转移，但交换双方只取得了实物形态的收入，而未取得货币收入，因此不属于土地增值税的征税范围。

（　　）17. 外商投资企业是不缴纳土地增值税的。

( ) 18. 凡不能按转让房地产项目计算分摊利息支出或不能提供金融机构证明的，房地产开发费用以土地使用权费和房产开发成本的金额之和的10%以内计算扣除。

( ) 19. 个人之间交换房地产，经税务机关核实，可免征土地增值税。

( ) 20. 房地产企业的印花税可在计算土地增值税时，在“房地产开发费用”项目中扣除。

四、计算题

1. A油田11月份开采原油10万吨，销售了7万吨，不含增值税售价为5 000元/吨；用于加热、修井的原油1万吨；待销售2万吨。当月在采油过程中回收并销售伴生天然气2 000万立方米，不含增值税售价0.98元/立方米。已知原油、天然气税率为6%。

要求：计算A油田11月份应纳资源税税额。

2. B煤矿企业本月生产原煤15万吨，将其中10万吨原煤继续加工洗煤6万吨进行销售，不含税售价65元/吨，其余5万吨原煤自用。已知原煤不含税售价60元/吨，洗煤折算率为87%，该煤矿煤炭资源税适用税率为3%。

要求：计算B煤矿企业本月应纳资源税税额。

3. C厂位于县城，提供的土地使用证书显示：实际占地面积30 000平方米，其中：办公楼占地面积1 500平方米，厂房仓库占地面积20 000平方米，厂区内铁路专用线用地3 500平方米，厂区内职工生活用地5 000平方米。当地的城镇土地使用税每半年征收一次，该地每平方米土地年税额2元。

要求：计算C厂今年上半年的城镇土地使用税。

4. D房地产开发公司建造商品楼出售，取得不含税销售收入4 000万元，公司缴纳了有关税费92.5万元。按规定，将印花税列入“管理费用”。该公司为取得土地使用权支付的地价款和按国家统一规定缴纳的有关费用为500万元，房地产开发成本为800万元。房地产开发费用中的利息支出为150万，且不能按转让房地产项目进行分摊并提供金融机构贷款证明，已知该公司所在地适用的房地产开发费用计算扣除比例为10%。

要求：计算D公司应缴纳的土地增值税。

项目九

财产税类的计算与申报

一、单项选择题

1. 纳税人自有自用的房屋计征房产税的计税依据是（　　）。

A. 房屋原值　　B. 房屋净值　　C. 市场价格　　D. 计税余值

2. 不征房产税的地域是（　　）。

A. 城市　　B. 县城　　C. 工矿区　　D. 农村

3. 纳税人缴纳房产税时，应根据规定在（　　）所在地纳税。

A. 房产　　B. 税务机关　　C. 当事人　　D. 产权所有人

4. 下列关于房产税纳税人的表述不正确的是（　　）。

A. 房屋产权出典的，以出典人为纳税人

B. 产权属于国家的，以经营单位为纳税人

C. 产权所有人不在房屋所在地的，以代管人或使用人为纳税人

D. 房屋产权未确定的，以代管人或使用人为纳税人

5. 房产税实行按（　　）计征、分期缴纳。

A. 年　　B. 季度　　C. 月　　D. 周

6. 甲厂本年度自有生产用房原值5 000万元，账面已提折旧1 000万元。当地政府房产余值扣除比例为30%。该企业本年度应纳房产税（　　）万元。

A. 18　　B. 33.6　　C. 42　　D. 48

7. 甲公司，其生产用房原值8 000万元中，价值280万元的房产正进行大修，目前已修整7个月，预计年底完工。已知当地政府规定的扣除比例为20%，该企业应缴纳房产税（　　）万元。

A. 76.8　　B. 74.112　　C. 78.72　　D. 82.56

8. 个人A自有一处房产，共16间，其中用于个人开餐馆的7间（房屋原值为20万元）。本年1月1日，将其余9间中的4间出典给李某，取得出典价款12万元，将剩余的5间出租给A公司，每月收取租金1万元。已知该地区规定按照房产原值一次核定的扣除比例为20%，则个人A本年应纳房产税额为（　　）万元。

A. 0.516　　B. 0.672　　C. 1.632　　D. 1.652

9. 契税是向（　　）征收的一种税。

A. 产权承受人　　B. 产权所有人　　C. 产权中介人　　D. 产权登记人

10. 甲公司本年以自己价值500万元的办公用房与乙厂交换一处厂房，并支付差价款200万元，同年政府有关部门批准向甲公司出让土地一块，甲公司支付土地出让金300万元。该地区契税税率为5%。甲公司应缴纳的契税为（　　）万元。

A. 10　　B. 15　　C. 25　　D. 40

11. 甲、乙双方发生房屋交换行为，当交换价格相等时，契税（　　）。

A. 由甲方缴纳　　B. 由乙方缴纳

C. 由甲、乙双方各缴纳一半　　D. 甲、乙双方都不缴纳

12. 契税的纳税义务发生时间为（　　）。

A. 纳税人签订土地、房屋权属转移合同的当天

B. 纳税人支付土地、房屋权属转让价款的当天

C. 办理土地、房屋权属变更登记手续的当天

D. 实际取得土地、房屋使用权的当天

13. 下列行为不缴纳契税的是（　　）。

A. 以房产抵债　　B. 以获奖方式取得房屋产权

C. 房屋赠与　　D. 继承遗产的房屋

14. 下列属于契税纳税人的是（　　）。

A. 出售房屋的个体工商户　　B. 典当房屋的企业

C. 获得住房奖励的个人　　D. 抵押房屋的个人

15. 车船税实行（　　）。

A. 比例税率　　B. 定额税率　　C. 累进税率　　D. 累退税率

16. 下列各项中，属于载货汽车计税依据的是（　　）。

A. 排气量　　B. 整备质量　　C. 载重量　　D. 购置价格

17. 下列各项中，按照货车税额的50%计算的车辆是（　　）。

A. 半挂牵引车　　B. 挂车　　C. 低速载货汽车　　D. 客货两用汽车

18. 下列免征车船税的是（　　）。

A. 工业企业拥有并使用的车船　　B. 警用车船

C. 救护车　　D. 家庭自用的纯电动乘用车

19. 下列车辆应征收车船使用税的有（　　）。

A. 人力三轮车　　B. 外商投资企业拥有车辆

C. 残疾人专用车　　D. 农用拖拉机

20. 跨省、自治区、直辖市使用的车船税的纳税地点为（　　）。

A. 车辆所在地　　B. 车辆行驶地

C. 纳税人所在地　　D. 车船登记地

二、多项选择题

1. 房产税的计税依据有（　　）。

A. 房产原值　　B. 房产年租金　　C. 房产计税余值　　D. 房产售价

2. 下列房产中可以免征房产税的有（　　）。

A. 已停止使用的损坏不堪使用的房屋

B. 居民个人出租的房产

C. 农贸市场自用土地

D. 地下人防设施

3. 房产税纳税义务的发生时间为（　　）。

A. 新建房屋办理竣工手续并出借出租，从出租出借次月起缴纳房产税

B. 新建房屋办理竣工手续并出借出租，从出租出借当月起

C. 原有房产用于生产经营，从生产经营之月起

D. 自建新房用于生产经营，从建成之次月起

4. 属于契税征税范围的有（　　）。

A. 土地使用权赠与　　B. 房屋买卖

C. 以房产抵债　　D. 房产做股权转让

5. 下列属于契税纳税人的有（　　）。

A. 个人　　B. 国有企业　　C. 外资企业　　D. 个体工商户

6. 契税计税依据正确的有（　　）。

A. 房屋买卖的成交价格　　B. 房屋交换的价格差额

C. 房屋赠与的市场价格　　D. 补交的土地出让费用

7. 下列有关契税的征税范围表述正确的有（　　）。

A. 国家将国有土地使用权出让的不征契税

B. 将土地使用权赠与和交换的不征契税

C. 非债权人取得破产清算的土地应征收契税

D. 买房拆料或翻建新房应征收契税

8. 下列土地使用权或房屋产权的承受者，可免征契税的有（　　）。

A. 购买房屋用作教学楼的高等院校

B. 购买房屋用作办公楼的社会团体

C. 按规定第一次购买公房的城镇职工

D. 承受荒山土地使用权并用于农业生产的

9. 居民甲有三套住房，将一套住房出售给居民乙，成交价格为60 000元；将一套住房与居民丙交换，得到另一套住房和对方支付的换房差价款4 000元；将第三套住房无偿赠送其姑母丁，该住房市场价格80 000元。当地政府规定契税税率为4%，则下列关于所缴契税的说法中正确的有（　　）。

A. 甲不缴纳契税　　B. 乙应缴纳契税2 400元

C. 丙应缴纳契税160元　　D. 丁应缴纳契税3 200元

10. 下列关于车船税的计税依据说法不正确的是（　　）。

A. 载人汽车以辆为计税依据

B. 载货汽车以整备质量吨位为计税依据

C. 三轮汽车以辆为计税依据

D. 机动船以船身长度为计税依据

11. 下列属于车船税征税范围的有（　　）。

A. 用于接送员工的客车　　B. 用于休闲娱乐的游艇

C. 供企业经理使用的小汽车　　D. 养殖捕捞的渔船

三、判断题

（　　）1. 本市郊区居民甲，将他价值 50 万元的住房出租给他人用于经营，取得年租金收入 30 000 元。则甲当年应纳房产税 3 600 元。

（　　）2. 我国现行房产税对从价计征和从租计征实行不同标准的比例税率。

（　　）3. 融资租赁的房屋，以该房产的计税余值计算房产税。

（　　）4. 以房产投资联营，投资者参与投资利润分红、共担风险的，按照房产原值作为计税依据计征房产税。

（　　）5. 甲将本人拥有产权的房屋出典给乙，则乙为该房屋房产税的纳税人。

（　　）6. 房产税征税对象是房屋，包括与房屋不可分割的各种附属设备和独立于房屋之外的建筑物。

（　　）7. 房屋交换，双方都不缴纳契税。

（　　）8. 契税的纳税人是我国境内土地、房屋权属的承受者，但不包括国有单位和在我国境内承受土地权属的外国企业。

（　　）9. 各省、自治区、直辖市主管税务机关可以在 3% ~5% 的幅度税率规定范围内，按照本地区的实际情况决定契税税率。

（　　）10. 买旧房翻建新房的，应当按旧房的买价缴纳契税。

（　　）11. 以土地、房屋权属作价投资、入股的，按规定可以免征契税。

（　　）12. 车船税采取按年计征、分期预缴的办法。

（　　）13. 车辆所有人或管理人未缴纳车船税的，由使用人代为缴纳。

（　　）14. 购置的新车船，自纳税义务发生的次月起按月计算车船税。

四、计算题

1. A 厂本年年初房产原值 4 000 万元，7 月 1 日起，企业将原值 300 万元、占地面积 200 平方米的一栋仓库出租，租期 1 年，每月租金收入 1 万元。该仓库已于 6 月 25 日交付承租人。8 月 1 日，委托施工单位建设的一生产车间竣工并验收转入固定资产，原值 500 万元。房产税计算余值的扣除比例为 20%。

要求：计算 A 厂本年度应纳的房产税。

2. B 厂对原有甲、乙、丙三处房产进行改建扩建，三处房产原值分别为 11 万元、15 万元和 20 万元。对甲房产进行扩建，增加房产价值 8 万元；更换乙房产的采暖设施，原设施原值 2.2 万元，更换的新设施价值 4.1 万元；更换丙房产的照明线（属零配件），该配件原值 0.1 万元，新配件价值 0.16 万元。房产税计算余值的扣除比例为 30%。

要求：计算B厂应缴纳的房产税。

3. C集团将两处房产投资于甲、乙两公司。投资于甲公司的房产价值100万元，与甲公司约定该集团参与投资利润分红并承担相应风险，本年取得分红8万元；投资于乙公司的房产价值200万元，与乙公司约定该集团不承担联营风险，每年取得固定红利2万元。另外，该C集团以融资租赁方式租入一处房产，期限5年，共应付租金120万元。当地规定允许减除房产原值的20%。

要求：计算相关企业应缴纳的房产税。

4. D公司本年发生下列房地产交易业务：

（1）出售土地使用权，取得收入1 000万元。

（2）购买房屋一栋，成交价格为900万元。

（3）受赠房屋一栋，评估价格为500万元。

（4）受让一面积为600平方米的土地使用权，缴纳全部费用为900万元。

要求：计算D企业应纳的契税税额（契税税率为4%）。

5. E公司于本年5月确认了甲公司以土地使用权作价1 000 000元投入本公司作为资本。11月与乙企业拥有的一座临街厂房相交换，以用作本公司的门市部。双方协议由E公司补付现金520 000元。12月取得当地政府划拨的土地一块用于最新引进的果木的种植及研究，并补交土地出让费2 000 000元。

要求：计算E公司申报缴纳的契税（契税税率为5%）。

6. 员工F获得单位奖励房屋一套，后将其与G拥有的一套房屋进行交换。经房产评估机构评估，F房屋价值30万元，G房屋价值35万元，两人协商后，F向G支付差价5万元。

要求：计算F应缴纳的契税（契税税率为3%）。

7. G企业拥有小轿车2辆，本年4月，1辆小轿车被盗，按照规定已办理退税。通过公安机关侦查，同年9月追回被盗小轿车，并取得公安机关的相关证明。

要求：计算G企业本年应缴纳车船税（小轿车年单位税额480元）。

项目十

行为税类的计算与申报

一、单项选择题

1. 应纳印花税的凭证应于（　　）时贴花。

A. 年度内　　B. 书立或领受时

C. 履行完毕时　　D. 开始履行时

2. 根据印花税的有关规定，资金账簿的纳税人是（　　）。

A. 立合同人　　B. 会计　　C. 立据人　　D. 立账簿人

3. 在印花税的税目中，企业和个人签订的出租门店、柜台的合同，属于（　　）。

A. 技术合同　　B. 财产租赁合同

C. 仓储保管合同　　D. 产权转移书据

4. 根据印花税的有关规定，下列凭证中实行从量计征印花税的是（　　）。

A. 财产租赁合同　　B. 货物运输合同

C. 资金账簿　　D. 房屋产权证

5. 甲厂与乙公司签订一份运输保管合同，合同载明的费用为 50 万元（运费和保管费未分别记载）。该项合同中双方各应缴纳的印花税税额为（　　）元。

A. 250　　B. 375　　C. 500　　D. 1 000

6. 甲运输公司与乙生产厂家签订一份运输合同，将一批货物从丙地运往丁地，合同分别记载收取运输费 30 万元、保险费 10 万元、装卸费 14 万元。甲运输公司该次运输业务应缴纳印花税（　　）元。

A. 120　　B. 150　　C. 200　　D. 270

7. 甲公司从乙公司租入一栋办公楼，合同约定，办公楼价值 3 200 万元，月租金 20 万元，租期一年，则甲公司应纳印花税为（　　）万元。

A. 0. 12　　B. 0. 24　　C. 0. 32　　D. 0. 72

8. 甲乙双方签订一份保管合同，规定甲代乙保管其货物 100 吨，价值 300 万，凡是保管期间货物发生损失的，由甲赔偿，保管期 1 年，保管费 22 万。则双方就该合同各应纳印花税为（　　）元。

A. 220　　B. 440　　C. 660　　D. 1 320

9. 在中华人民共和国领域和中华人民共和国管辖的其他海域，直接（　　）应税污染物的企业事业单位和其他生产经营者为环境保护税的纳税人。

A. 进行生产　　B. 向环境排放　　C. 进行销售　　D. 进行进口

10. 环境保护税实行（　　）方法征收。

A. 从价定率　　B. 从量定额　　C. 复合　　D. 从租

二、多项选择题

1. 印花税的征税对象包括（　　）。

A. 合同　　B. 产权转移书据　　C. 账簿　　D. 权利许可证照

2. 下列各项中，应当征收印花税的有（　　）。

A. 产品加工合同　　B. 工商营业执照

C. 卫生许可证　　D. 修理修配单

3. 印花税的纳税人主要有（　　）。

A. 立合同人　　B. 立据人　　C. 立账簿人　　D. 证件领受人

4. 根据印花税有关规定，各类合同的纳税人包括（　　）。

A. 合同的当事人　　B. 合同的证人

C. 合同的担保人　　D. 合同当事人的代理人

5. 根据印花税有关规定，书立应税凭证的纳税人只涉及单方的有（　　）。

A. 立合同人　　B. 立账簿人

C. 立据人　　D. 权利许可证照的领受人

6. 印花税税率形式有（　　）。

A. 定额税率　　B. 超额累进税率　　C. 比例税率　　D. 复合税率

7. 资金账簿按（　　）合计金额为印花税的计税依据。

A. 实收资本　　B. 固定资金　　C. 资本公积　　D. 流动资金

8. 根据印花税法律制度的规定，下列各项中，按照“产权转移书据”税目征收印花税的有（　　）。

A. 土地使用权出让合同　　B. 土地使用权转让合同

C. 商品房销售合同　　D. 融资租赁合同

9. 下列各项属于印花税缴纳方法的是（　　）。

A. 汇贴汇缴　　B. 邮寄申报　　C. 自行贴花　　D. 委托代征

10. 环境保护税的征税对象包括（　　）。

A. 大气污染物　　B. 水污染物　　C. 固体废物　　D. 噪声

11. 下列属于环境保护税计税单位的是（　　）。

A. 分贝　　B. 污染当量　　C. 焦耳　　D. 吨

三、判断题

（　　）1. 纳税人购买了印花税税票，就等于履行了纳税义务。

（　　）2. 对应税凭证，凡由当事人共同书立的，当事人各方都是印花税的纳税人，应各就其所持凭证的计税金额履行纳税义务。

（　）3. 甲、乙公司签订一份加工合同，甲公司提供价值30万元的辅助材料并收取加工费25万元，乙公司提供价值100万元的原材料。甲公司应纳印花税275元。

（　）4. 货物运输合同印花税的计税依据包括所运货物的价款、运输费、装卸费、保险费。

（　）5. 对房地产管理部门与个人订立的租房合同，凡用于生活居住的，暂免贴花。

（　）6. 印花税由纳税人自行计算应纳税额，并按期向税务机关缴纳。

（　）7. 无论合同是否兑现或能否按期兑现，都应当缴纳印花税。

（　）8. 企业事业单位和其他生产经营者向依法设立的污水集中处理、生活垃圾集中处理场所排放应税污染物的，应当缴纳环境保护税。

（　）9. 环境保护税按月计算，按年申报缴纳；不能按固定期限计算缴纳的，可以按次申报缴纳。

（　）10. 应税固体废物的计税依据为固体废物的排放量，用当期应税固体废物的产生量减去当期应税固体废物的贮存量、处置量、综合利用量的余额。

四、计算题

1. A建设单位与B公司签订一份有关甲项目的勘察设计合同，勘察设计费200万元；与C公司签订一份有关甲项目的工程建设合同，工程总投资2 000万元。C公司承接A项目后，又将其中的装饰工程转包给D公司，转包合同上注明的转包工程总造价500万元。

要求：计算该工程承包中各方应纳的印花税。

2. E厂于本年3月开业经营，领受房产证、工商营业执照、商标注册证、土地使用证各一件。企业经营账册中，实收资本、资本公积账面值为2 000 000元。当月企业与其他单位签订产品购销合同两份，合同金额分别为200 000元和500 000元。12月末，企业经批准增加投资，实收资本增加3 000 000元，资本公积增加500 000元。

要求：计算E厂应纳的印花税。

3. F企业常年向大气排放污染物，某年第一季度该企业安装符合规定的污染物自动监测仪显示，排放的大气污染物分别折合1 000污染当量、1 100污染当量、900污染当量。已知当地大气污染物适用税额3元/污染当量。

要求：计算F企业第一季度应缴纳的环保税税额。

4. G企业8月向水体直接排放第一类水污染物总汞、总镉、总铬、总砷、总铅、总银各10千克。排放第二类水污染物悬浮物（SS）、总有机碳（TOC）、挥发酚、氨氮各10千克。假设水污染物每污染当量税额按《环境保护税税目税额表》最低标准1.4元计算。（注：0.000 5、0.005、0.04、0.02、0.025、0.02分别为相应污染物的污染当量值（单位：千克）。）

要求：计算企业8月水污染物应缴纳的环境保护税。

附：

税收征收管理法概述

一、单项选择题

1. 从事生产经营、领取营业执照的纳税人，自领取营业执照之日起（　　）日内办理税务登记。

A. 30　　B. 60　　C. 90　　D. 180

2. 停业、复业税务登记适用于实行（　　）征收方式的纳税人。

A. 查账征收　　B. 查定征收　　C. 查验征收　　D. 定期定额

3. 税务机关核发的《外管证》的有效期限一般为（　　）日。

A. 30　　B. 60　　C. 120　　D. 180

4. 纳税人在（　　）后，即可向主管税务机关申请领购发票。

A. 领取工商登记证　　B. 领取税务登记证件

C. 按规定设置账簿　　D. 按规定上报会计制度和软件

5. 若发生发票丢失，应于丢失（　　）书面报告主管税务机关，并在报刊和电视等传播媒体上公告声明作废。

A. 当日　　B. 次日　　C. 15 日内　　D. 30 日内

6. 甲单位的营业执照颁发日期为 4 月 3 日，税务登记证的颁发日期为 4 月 25 日。则应将财会制度、办法报送税务机关备案的法定期限为（　　）以前。

A. 4 月 18 日　　B. 5 月 10 日　　C. 5 月 24 日　　D. 5 月 30 日

7. 甲单位 2010 年 4 月份应纳税额 10 000 元，应于 2010 年 5 月 15 日前申报缴纳，但甲单位将税款延迟到 2010 年 5 月 25 日缴纳。则应缴纳的滞纳金为（　　）元。

A. 50　　B. 55　　C. 500　　D. 550

8. 纳税人未按期进行纳税申报，经责令限期申报，仍逾期不办理申报。则税收机关采取的税款征收措施是（　　）。

A. 核定其应纳税额　　B. 采取税收保全措施

C. 采取强制执行措施　　D. 责令提供纳税担保

9. 从事生产经营的纳税人应自领取税务登记证件之日起（　　）内将其财会制度、办法报送税务机关备案。

A. 5 日　　B. 15 日　　C. 30 日　　D. 60 日

10. 根据发票管理的有关规定，纳税人已开具的发票存根和发票登记簿的保存期限是（　　）年。

A. 3　　B. 5　　C. 7　　D. 9

11. 账簿、会计凭证、报表、发票、完税凭证等涉税资料，不得伪造、变造、擅自损毁。除另有规定外，应妥善保存（　　）年。

A. 3　　B. 5　　C. 10　　D. 15

12. 因纳税人、扣缴义务人非主观故意的失误导致未缴或少缴税款的，税务机关在（　　）年内可以追征税款及滞纳金。

A. 1　　B. 3　　C. 5　　D. 10

13. 税务行政复议的申请人可以以口头或书面的方式，在（　　）之日起 60 日内，向复议机关提出申请。

A. 发生违法行为　　B. 结清税款及滞纳金

C. 报送纳税申报表及相关资料　　D. 接到处罚决定

二、多项选择题

1. 构成税收法律关系的要素有（　　）。

A. 主体　　B. 客体　　C. 征税对象　　D. 内容

2. 税务管理是税收征收管理工作的基础，主要包括（　　）。

A. 税务登记管理　　B. 账簿凭证管理

C. 纳税申报　　D. 纳税检查

3. （　　）是税收征收管理的起点，也是税务机关掌握税源的手段。

A. 税务登记　　B. 税务登记证

C. 设立税务登记　　D. 变更税务登记

4. 纳税人在办理停业税务登记时（　　）。

A. 如实填写停业申请登记表

B. 结清应纳税款

C. 滞纳金、罚款可暂不结清

D. 交由税务机关保管其税务登记证件、发票领购簿、所有发票

5. 根据税收征收管理的相关规定，纳税人必须持税务登记证才能办理的事项有（　　）。

A. 开立银行账户　　B. 领购发票

C. 申请减免税　　D. 申请税务行政复议

6. 纳税人应当办理变更税务登记的事项有（　　）。

A. 到外省进行临时经营　　B. 需停业一定时期

C. 法定代表人更换　　D. 变更经营范围

7. 纳税人、扣缴义务人遗失税务登记证件的，应（　　）。

A. 自遗失税务登记证件之日起 30 日内向税务机关报告

B. 以书面或口头的形式报告主管税务机关

C. 如实填写《税务登记证件遗失报告表》

D. 就税务登记证件的相关信息在税务机关认可的报刊上登出遗失声明

8. 实行查账征收的纳税人，可选择的纳税申报方式有（　　）。

A. 自行申报　B. 数据电文申报　C. 简易申报　D. 简并征期

9. 税务机关可以要求纳税人提供纳税担保的情形有（　　）。

A. 税务机关有根据认为从事生产经营的纳税人有逃避纳税义务行为

B. 欠缴税款、滞纳金的纳税人或其法定代表人需要出境

C. 纳税人未缴清税款，就纳税争议申请行政复议

D. 纳税人未办理税务登记

10. 根据税收征收管理法的相关规定，纳税人不办理税务登记的，税务机关可以采取的措施有（　　）。

A. 处以2 000元以下的罚款　B. 提请工商管理机关吊销其营业执照

C. 责令限期改正　D. 没收其经营所得

11. 税务机关实施强制执行措施时，不得涉及的财产、物品包括（　　）。

A. 古玩字画　B. 单价在1 000元以下的生活用品

C. 唯一生活住房　D. 所抚养家属的生活必需用品

12. 税务机关采取强制执行措施的前提条件有（　　）。

A. 纳税人未按规定期限缴纳税款

B. 税务机关已责令限期缴纳税款

C. 在税务机关的限期内还未缴纳税款

D. 经县以上税务局（分局）长批准

13. 须经县以上税务局（分局）局长批准方可实施的措施有（　　）。

A. 依法拍卖、变卖所扣押的商品、货物

B. 书面通知纳税人开户行冻结纳税人相当于应纳税额的存款

C. 责成纳税人提供纳税担保

D. 查询个人的储蓄存款

14. 若纳税人自结算缴纳税款之日起3年内发现其缴纳的税款超过应纳税额的，可以向税务机关要求（　　）。

A. 退回多缴税款　B. 加倍退回多缴的税款

C. 加算同期银行活期存款利息　D. 加算同期银行定期存款利息

15. 纳税人领购发票时应提供的证件有（　　）。

A. 税务登记证件　B. 经办人身份证明

C. 纳税人法定代表人身份证证明　D. 财务印章或发票专用章印模

16. “税收优先权”是指征税权优先于（　　）。

A. 债权　B. 抵押权　C. 罚款　D. 没收违法所得

17. 税务机关实施“阻止出境”这种税款征收措施，是针对纳税人的（　　）情形。

A. 纳税人未进行税务登记　B. 税款已结清但未结清滞纳金

C. 有未结清税款且未提供纳税担保　D. 未提供纳税担保

18. 税务机关可以对纳税人少缴的税款在规定的期限内追征，可以无限期追征的有因（　　）而少缴的税款。

A. 偷税　　B. 抗税　　C. 骗税　　D. 计算错误

19. 当事人对税务机关（　　）不服的，应当先申请行政复议，对行政复议决定不服的，再向法院提起行政诉讼。

A. 确认的适用税率　　B. 加收滞纳金

C. 确认的征税范围　　D. 实施的强制执行措施

三、判断题

（　　）1. 税收与税法不同，税收是法学概念，税法是经济学概念。

（　　）2. 税收法律关系的主体分为征税主体和纳税主体。

（　　）3. 在税收法律关系中，征税主体和纳税主体的法律地位是平等的。

（　　）4. 依法负有扣缴税款义务的扣缴义务人，若已办理税务登记，可不办理扣缴税款登记。

（　　）5. 各级税务机关均是税务登记的主管机关，负责办理各项税务登记，以及税务登记证的验证、换证等事项。

（　　）6. 从事生产经营、未领取营业执照，但经有关部门批准设立的纳税人，自纳税义务发生之日起30日内办理税务登记。

（　　）7. 外出经营报验登记是指从事生产经营的纳税人，到外县（市）进行生产经营活动时，按规定办理的税务登记。

（　　）8. 纳税人发生解散，依法终止纳税义务的，应先办理工商注销手续，再向原税务管理机关办理注销税务登记。

（　　）9. 纳税人因住所或经营地点变动需改变税务登记机关的，应在向工商管理机关办理变更、注销登记前，或住所、经营地点变动前向原税务机关办理注销税务登记，并自注销税务登记之日起30日内向迁达地税务机关办理税务登记。

（　　）10. 纳税人办理变更税务登记的，经税务机关核定后，按新登记内容重新核发税务登记证件。

（　　）11. 从事生产经营的纳税人，应自领取税务登记证之日起15日内设置账簿。

（　　）12. 临时到本省、自制区、直辖市以外从事生产经营活动的纳税人，可凭《外管证》将从机构所在地税务机关领购的发票带至经营地填开。

（　　）13. 一般纳税人应通过增值税防伪税控系统领购、开具、缴销、认证增值税专用发票。

（　　）14. 增值税专用发票实行最高开票限额管理。

（　　）15. 税务机关行使代位权或撤销权时，可免除纳税人尚未履行的纳税义务。

（　　）16. 纳税人在减免税期间或申报期限内无应纳税额的，可不办理纳税申报手续。

（　　）17. 纳税人与关联企业有业务往来时，应按实际收付款项进行收入和费用的结算，否则，税务机关有权进行纳税调整。

（　　）18. 担保人为纳税人提供纳税担保时，只就纳税人应纳的税款和滞纳金提供担保。

(　　) 19. 因税务机关的责任，使纳税人、扣缴义务人未缴或少缴税款的，税务机关在 3 年内可以要求纳税人、扣缴义务人补缴税款，但不得加收滞纳金。

(　　) 20. 合并企业继续履行被合并企业尚未履行的纳税义务。

(　　) 21. 纳税人在停业期间发生纳税义务的，可待复业后一并办理纳税申报。

(　　) 22. 税务机关在纳税检查中享有交通邮政检查权，即税务机关有权到车站、码头、机场、邮政部门等场所检查纳税人托运、邮寄的应税商品、货物。

(　　) 23. 税务行政复议的申请人必须是行政相对人本人，只要申请人认为其权益受到侵犯，就可以申请复议。

(　　) 24. 《行政复议决定书》送达申请人之日即生效。若申请人不服处理决定，可在接到决定书之日起 15 日内起诉。

(　　) 25. 为了保证税款的及时足额征收，在税务行政诉讼期间，无论何种原因，均不停止具体行政行为的执行。

